我的菩提路

——第四輯

——陳晏平 等人著

ISBN：978-986-95830-5-3

執著離念靈知心爲實相心而不肯捨棄者，即是畏懼解脫境界者，即是畏懼無我境界者，即是凡夫之人。謂離念靈知心正是意識心故，若離**俱有依**（意根、法塵、五色根），即不能現起故；若離**因緣**（如來藏所執持之覺知心種子），即不能現起故；復於眠熟位、滅盡定位、無想定位（含無想天中）、正死位、悶絕位等五位中，必定斷滅故。夜夜眠熟斷滅已，必須依於**因緣**、**俱有依緣**等法，方能再於次晨重新現起故；夜夜斷滅後，已無離念靈知心存在，成爲無法，無法則不能再自己現起故；由是故言**離念靈知心是緣起法**、**是生滅法**。不能現觀離念靈知心是緣起法者，即是未斷我見之凡夫；不願斷除**離念靈知心常住不壞之見解**者，即是恐懼解脫無我境界者，當知即是凡夫。

—**平實導師**—

一切誤計**意識心為常**者，皆是佛門中之常見外道，皆是凡夫之屬。意識心境界，依層次高低，可略分爲十：一、處於欲界中，常與五欲相觸之離念靈知；二、未到初禪地之未到地定中，暗無覺知而不與欲界五塵相觸之離念靈知，常處於不明白一切境界之暗昧狀態中之離念靈知；三、住於初禪等至定境中，不與香塵、味塵相觸之離念靈知；四、住於二禪等至定境中，不與五塵相觸之離念靈知；五、住於三禪等至定境中，不與五塵相觸之離念靈知；六、住於四禪等至定境中，不與五塵相觸之離念靈知；七、住於空無邊處等至定境中，不與五塵相觸之離念靈知；八、住於識無邊處等至定境中，不與五塵相觸之離念靈知；九、住於無所有處等至定境中，不與五塵相觸之離念靈知；十、住於非想非非想處等至定境中，不與五塵相觸之離念靈知。如是十種境界相中之覺知心，皆是意識心，計此爲常者，皆屬常見外道所知所見，名爲佛門中之常見外道，不因出家、在家而有不同。

——平實導師——

如聖教所言，成佛之道以親證阿賴耶識心體（如來藏）爲因，《華嚴經》亦說**證得阿賴耶識者獲得本覺智**，則可證實：證得阿賴耶識者方是大乘宗門之開悟者，方是大乘佛菩提之眞見道者。經中、論中又說：證得阿賴耶識而轉依**識上所顯真實性**、**如如性**，能安忍而不退失者即是**證真如**、即是大乘賢聖，在二乘法解脫道中至少爲初果聖人。由此聖教，當知親證阿賴耶識而確認不疑時即是開悟眞見道也；除此以外，別無大乘宗門之眞見道。若別以他法作爲大乘見道者，或堅執**離念靈知**亦是實相心者（堅持意識覺知心離念時亦可作爲明心見道者），則成爲實相般若之見道內涵有多種，則成爲實相有多種，則違實相絕待之聖教也！故知宗門之悟唯有一種：親證第八識如來藏而轉依如來藏所顯眞如性，除此別無悟處。此理正眞，放諸往世、後世亦皆準，無人能否定之，則堅持離念靈知意識心是眞心者，其言誠屬妄語也。

——**平實導師**——

目次

平實導師 序

禪宗眞旨即是實證第八識如來藏，般若之實證關鍵亦在親證第八識如來藏。此如來藏者亦名阿賴耶識，亦名異熟識，佛地易名爲無垢識（菴摩羅識：清淨識）。此識廣有多名，例如《楞伽阿跋多羅寶經》卷四〈一切佛語心品之四〉云：「如是，大慧！『我』於此娑呵世界，有三阿僧祇百千名號，愚夫悉聞，各說『我』名，而不解『我』如來異名。大慧！或有眾生，知『我』如來者，有知一切智者，有知佛者，有知救世者，有知自覺者，有知導師者，有知廣導者，有知一切導者，有知仙人者，有知梵者，有知毘紐者，有知自在者，有知勝者，有知迦毘羅者，有知眞實邊者，有知月者，有知日者，有知主者，有知無生者，有知無滅者，有知空者，有知如如者，有知諦者，有知實際者，有知法性者，有知涅槃者，有知常者，有知平等者，有知不二者，有知無相者，有知解脫者，有知道者，有知意生者。大慧！如是等三阿僧祇百千名號，不增不減。此及餘世界，皆悉知『我』，如水中月，不出不入。彼諸愚夫不能知『我』，墮二邊故，然悉恭敬供養於『我』，而不善解知辭句義趣，不分別名，不解自通，計著種種言說章句，於不生不滅，作無性想，不知『如來』名號差別。」

此眾生各有之自內我方是眞我，方是眞正之造物主、上帝、大梵、創世主、大梵天王、祖父、道、諦、神、古仙人……，禪宗名之爲本來面目、本地風光；然自無始劫來悉無蘊處界等三界我性，是故其體常住而無間斷，乃至無始以來未曾剎那間斷，乃能依因果業力創造各各有情之蘊處界，及以有情受報之器世間，得令有情世世受報又造新業而生死不斷；具眞實體性故其體不空，無三界有性故無形無色而名爲空，如是雙具空與不空，空而有性故名空性，方是眞實而常住不壞之自內我；如是眾生各各本有之自內我又名「如來」，又名爲「我」，以顯示其異於三界中非有眞實性之蘊處界等無我性。

而此有情各自本具之眞實自內我空性，於七地以下名爲阿賴耶識，八地以後捨阿賴耶名，改稱異熟識，佛地獨名無垢識；非如蘊等剎那生滅不可久住，而有能生萬法之自性故，名爲空性。例如《入楞伽經》卷八〈剎那品第十四〉說：「大慧！言剎尼迦者，名之爲空；阿梨耶識名如來藏，無共意轉識熏習故名爲**空**，**具足無漏熏習法故，名爲不空。**」是故第八識如來藏又名空、空性、不空，因爲無形無色而又能生萬法，故非單名爲空，又說不空。此如來藏空性，在禪宗名之爲父母未生前的本來面目、本地風光、莫邪劍、佛、法、佛法大意、石上無根樹、繫驢橛、花藥欄、綠瓦……等無量名，皆是指此識如來藏。

凡我佛子欲入般若實相境界者，皆必須親證此識、知其所在，然後能觀其眞實而如如之常住不壞金剛法性與其種種自性。當知此識性如金剛永不可壞，是一切法所依，亦是三乘菩提之根本依。若無此識，尚無三界有情，何況有一切法？故說此識爲三界萬法之根本，世界之成住壞空悉依此識，是故禪宗六祖悟得此識後說：「**何期自性能生萬法。**」實證之諸佛與諸菩薩的現觀悉皆如此，無可置疑；唯有凡夫生疑乃至誤會，以不解故唯憑臆想猜測，故有種種謬說。

例如昔時聖嚴法師說應該要滅除阿賴耶識才能證悟，應係被香港已故月溪法師著作所誤導；聖嚴當眾演說之後還整理成文字落實於書中，不唯成就謗法大罪，同時誤導廣大學人，其過不可謂輕。所以者何？謂若能滅如來藏阿賴耶識者，豈非故謗　如來說法虛妄耶？如來於前後三轉法輪諸經中都說阿賴耶識名如來藏，性如金剛永不可壞；亦說此識是一切有情生命之根本，亦說三乘菩提依此識如來藏而建立。今觀聖嚴法師主張應滅除阿賴耶識心，豈非公然謗佛妄說法耶？

若阿賴耶識心體可滅或實不存在，即無能世世出生有情之五陰者，此見豈非同於斷見外道？如是邪見，世尊早於經中預爲破斥，不料末法時世名聞四海之大法師仍墮入其中，隨釋印順踵後謗法、謗佛，亦可嘆也！例如《入楞伽經》卷二〈集一切佛法品第三之一〉明載：「大慧！若阿梨耶識滅者，此不異外道斷見戲論。」故說聖嚴法師與釋印順邪見嚴重，更以書籍流通誤導眾生，成就謗佛謗法重罪；彼二人者俱屬名聞當代之大師，乃竟無知若此，誠可嘆也！又，若欲滅阿賴耶識心體，前提必是先找到此心所在，否則焉能滅之？觀乎聖嚴一生，連阿賴耶識自性都無所知，顯示其未曾證得阿賴耶識所在，更何況奢言滅之？而所言盲從月溪法師，主張應滅阿賴耶識方得證悟，都成戲論。

又觀乎喇嘛教外道於網絡上公開貼文，誣謗平實爲「阿賴耶外道」者，更覺可笑；謂平實若是外道者，則親證第八識而成佛之諸佛如來及諸菩薩，豈非同屬外道？則自達摩西來，慧可、僧璨、道信、弘忍，乃至唐朝玄奘以及慧能之後的所有證悟祖師，悉成外道矣！寧有是理乎？然而彼諸祖師皆是實證般若或種智之賢聖，同皆實證阿賴耶識心體而發起般若智慧乃至道種智故，所證之根本同皆第八阿賴耶識心體故。由此事實亦顯見喇嘛教純屬外道而於佛法知見付之闕如，若究其咎，則仍當歸責於佛門諸大法師，顯示彼等弘法護教之能力大有不足之處，都未稍窺大乘見道之門，唯能縱令喇嘛教外道謗第八識如來藏，始終默認而不予究責或無智得以論證其謬。深究其原由，肇因諸大法師自身亦不知三乘菩提皆依如來藏阿賴耶識方得建立，更不知一切有情及宇宙時空亦依如來藏方得生住異滅所致。

如是無知於《佛藏經》所說之無名相法如來藏，於佛法中無絲毫證德，而求名聞利養，廣作營運以成就世間大名聲時，所說諸法同於外道而稱為佛法、名為佛說，本質實屬謗佛、謗法之破戒比丘，已破菩薩十重戒故，是謗三寶者故；而彼等諸大法師都不醒覺自身已是具足大惡業之破戒比丘，亦不檢討自身是否具有 佛所許可廣受利養之實質，而盲目營造世間名聲以求廣大眷屬及隨之而來種種利養，亦不問後世極不可愛異熟果報之恐怖，亦可悲矣！如來曾訶責謗法、謗菩薩藏之破戒比丘，謂其造罪非輕。（編案：《佛藏經》卷二〈淨戒品〉明載：「舍利弗！如是罪惡比丘為是諸天所知惡賊，白衣無異，而受供養、迎送、禮拜、合掌、恭敬。弊人愚癡猶如死屍，所著衣服皆是偷得，鉢中所食皆是盜取，無人與者，乃至少水亦是盜得。舍利弗！破戒比丘所至之方，若至東方、南西北方，皆是偷地而行，何以故？是人所有威儀行法，皆是偷盜假竊所作，行立坐臥來去視瞻，屈伸俯仰著衣持鉢；今但略說身口意業，有所施作皆是偷賊；若有剃是人髮，爲剃賊髮。舉要言之，破戒比丘有所施作皆是賊作，舍利弗！弊惡比丘乃至大小便利澡手，皆是賊法；何以故？舍利弗！閻浮提內，皆是國王及諸大臣、人民所有，及屬非人，是惡比丘於中爲賊。舍利弗！若王大臣於惡賊所，不望功德，不言等我，不言勝我。破戒比丘著聖法服，於是人所望得功德，是故聽使止住國土；若知其惡，乃至唾地亦復不聽；是故舍利弗！弊惡比丘動身所作皆是賊作，名爲常賊、大賊、立幢相賊，打害一切世間人者。何以故？無惡不作故。是故，舍利弗！是惡比丘於諸一切天人世間爲是大賊。」）

然阿賴耶識是一切有情各自悉有，其體性本來具足一切法，各依自身業力而生一切有情五蘊、四蘊之身，世世生死不斷，此識方是有情各自之眞「我」；然因其性本來無有蘊處界我性，故名無我；無始以來本自存在、法爾而有，故名無生。而此阿賴耶識如來藏，無始以來悉被愚癡有情內執爲自我，或外推於造物主、大梵天王……等，其實皆是各自有情之眞實自內我，是故　如來憫諸有情無智而在緣熟時下生人間示教利導，冀諸有情同得解脫。

始從《我的菩提路》第一輯於二〇〇七年問世，第二輯隨後於二〇一〇年與讀者見面，又經七年始有第三輯問世。今過一年，再梓行第四輯於人間，藉以彰顯 如來遺法迄今依然可證，非屬玄談或思想而已，盼得鼓舞佛門清淨守戒、修福、除性障、勤修正知見、已修定力之佛子們，因此發起效法賢聖之心，同以荷擔如來家業爲己任，進而求證此識如來藏，冀能與平實一同復興久已衰落之中國佛教，誠乃報佛恩、國恩、父母恩、眾生恩之大行也。

若是身穿僧衣而暗中修習雙身法，已喪失戒體而不只是佛門外道，已經是地獄種姓；若是公然否定第八識心，並且書之以文、梓行書籍，廣泛流通而嚴重誤導眾生者，已是謗菩薩藏者，根本罪、方便罪、成已罪都具足了，成爲一闡提人，《楞伽阿跋多羅寶經》中具說。如是之人，來世報在無間地獄中，受苦七十大劫以後才能往生餓鬼道；再經多劫受苦之後才能往生畜生道中，再經多劫受盡種種痛苦以後才能回到人間，前五百世中盲聾瘖瘂、五根不具。久後終於能有機緣得聞如來藏妙法時，由於往世邪見種子尚未懺除，於是又造毀謗如來藏勝法的大惡業，於是又重新墮落三惡道。如是循環不斷，終而復始，直到無量劫後懺除外道邪見種子，方能不再淪墮三惡道中；然後久修佛菩提道，終始無數劫而歷事九十九億佛之後，終究不得實證，即使「順忍」亦不可得，如是果報之事實具載於《佛藏經》等諸經中，尚可查驗。

而我佛門一向多有外道邪見流傳者，究其原因，則是三乘菩提難可得證，以是緣故心外求法自以爲是，乃至被附佛外道誘惑而致淪落雙身法中以爲快速成佛，皆坐正知見不足及實證菩提之信心不足所致；今者四度出版《我的菩提路》以爲明證，末法時期廣大佛弟子中或有大心者，當生「佛何人斯？菩薩何人斯？祖師何人斯？有爲者亦若是」之心，則能發起大心求證佛菩提道，勤心熏習正知見以遠離外道邪見，亦了知正法知見不同於表相佛教的所在，如是即可遠離外道惡見及凡夫知見，並能快速證得解脫果、佛菩提果。

大乘佛法之證悟般若，絕對不許外於大乘聖典法教；若有人外於大乘聖教之開示，言其所悟「雖異於教門，然亦是大乘證悟」，當知其人即是佛門中之外道，所悟必定已經異於宗門之悟，同於常見外道法，然不能自覺而誤以爲悟。所以者何？謂宗不離教、教不離宗：先有宗門之證悟，然後有所說法而集爲經，或造諸論，即是聖教；故依聖教所說而悟入者，必定同於宗門所悟；故宗門所悟內涵，亦必定同於聖教中之所說，是故《楞伽經》卷三〈一切佛語心品之三〉說「宗通及說通」，又說：「宗及說通相，緣自與教法；若見善分別，不隨諸覺想。」必得遠離意識覺想境界，不墮常見外道知見中。此是佛門一切學人都須了知的正見，願我佛門一切學人普能建立此一正見，庶乎此世來世得有見道因緣，幸哉！

不論是大乘、二乘中之弘法師，若確實證悟而且依經據論檢查無誤了，若當代無人誤導眾生同犯大妄語業時，只需弘揚正法即可，不必摧邪顯正；但若見有當代大法師正在大妄語業中，也同時誤導座下弟子同犯大妄語業時，則不應獨善其身，爲救被誤導之佛弟子及誤犯大妄語業之大法師，應將彼等錯悟之大名聲法師所說錯誤法義加以辨正，由此摧邪之作爲即可顯示正法異於邪法之處，可免被誤導之眾生繼續墮於大妄語業及破法共業中，亦救彼諸大法師捨壽前對眾懺滅大妄語罪，方屬深生悲憫之大悲心菩薩。

佛子 **平實** 敬序

二〇一八年春分 序於松柏山居

《我的菩提路》

——第四輯

佛弟子吳錫焜見道報告

見道報告

一心頂禮南無　本師釋迦牟尼佛

一心頂禮南無　阿彌陀佛

一心頂禮南無　大悲觀世音菩薩摩訶薩

一心頂禮南無　大願地藏王菩薩摩訶薩

一心頂禮南無 護法韋陀尊天菩薩摩訶薩
一心頂禮南無 克勤圓悟菩薩摩訶薩
一心頂禮南無 平實菩薩摩訶薩
一心頂禮南無 游正光親教師菩薩摩訶薩

學佛的因緣

弟子的學佛因緣是在二〇〇三年三月，因看見同事在看 平實導師的著作《邪見與佛法》而踏入正覺；在未學佛前弟子還是一張白紙，只知道學佛很好，就這樣開啓我的學佛歷程。記得第一次來上週二 平實導師講《楞嚴經》時，看見佛、菩薩的聖像就有一股想掉眼淚的衝動，當時 平實導師在講經時弟子完全不知 平實導師說些什麼，但也安住下來聽完；之後每週二繼續來聽經，後來週三禪淨班開課才正式進入學佛的歷程。

禪淨班成長

感謝游正光老師無比的老婆心切，教導我們從不會無相憶佛拜佛到拜多尊佛、看話頭、參話頭；從不會佛法到具足佛法的正知正見，以及教同修們如何摧邪顯正，把四大山頭、藏密及斷常二見邪師一一列舉出來，讓同修不會被邪師所誤導；並將各各邪師的落處，讓同修們用正知正見來破斥邪說，也因此建立在摧邪顯正上是學佛最重要的事。尤其是在觀行的部分，不斷的詳細解說，目的是要對五陰十八界的虛妄性，建立正確的知見，並要求同修們一定要作五陰十八界觀行，讓我們對於五陰十八界的每一陰每一界，加以深入的觀行而了知其虛妄性，進而能斷我見，以及在參禪的過程中不會眞妄不分。對於游老師的教學用心，就如同父親對自己孩子的呵護，弟子眞的感激不盡。

在禪淨班時游老師及何老師不斷鼓勵同修要作義工，培植福德，弟子也在此時養成作義工的習慣，只要弟子適合的義工一定發心去作，包括打掃講堂、到林口倉庫搬書、校對《如來藏系經律彙編》、法會的義工等等。就這樣在福德、定力、慧力下不斷的增長，兩年半的禪淨班結業。

第一次禪三經歷

很高興的收到禪三錄取通知書，馬上在 佛前感謝佛菩薩的加持及 平實導師加持，能夠參加禪三，就這樣高高興興的上山。在禪三期間因爲不瞭解禪三課程（弟子在此之前未參加任何的禪修課程），在禪三第一天及第二天有些不習慣，故第三天才漸入佳境；可惜福德、定力、慧力尚未具足，冤親債主遮障，性障太重，腦筋一片空白，迷迷糊糊過了四天下山。回家之後就開始自我檢討，首先在福德方面下功夫。因爲工作的關係，可以有時間來作義工，故加入機動組，凡講堂有關搬書、法會義工及所有需要勞動的工作都盡力去作，並在作義工時去消除性障，將心性調柔。在定力方面，遵照親教師的要求每天拜佛一小時，及日常生活中憶佛念佛；在慧力方面週二聽平實導師講《維摩詰經》、《勝鬘經》，週三上游老師的進階班，將慧力不足的方面再熏習。在冤親債主遮障的方面，每日懺悔、發願、迴向與冤親債主溝通請他們不要遮障我，能爲我護持，並發願望將明心功德迴向給冤親債主，將來一起成就佛道。

進階班的成長

在第一次禪三後，自己決定一年後才要再報名禪三，故如實的安住在進階班，努力充實不足的部分。上進階班與禪淨班最大的不同是，游老師的教學內容深細及廣泛：爲何如來藏是萬法的根源，五陰十八界及見聞覺知心是如何的虛妄，更加深細解說讓同修們建立知見，了知如來藏是萬法的根源，能出生萬法卻不在六塵境上作分別，離見聞覺知。而意根處處作主、時時作主，是意識的所依，此意根入無餘涅槃時斷滅。意識的出生必須要根、塵、觸三法才能出生，能分別萬法，在眠熟等五位時斷滅，是虛妄性。並且要同時修學在法上思惟整理，以及如何在日常生活中去作觀行。最重要的是規定每兩個月要交觀行報告，幫同修在五陰十八界觀行中更加深細。

尤其在摧邪顯正上，舉出四大山頭、印順、藏密祖師、達賴喇嘛、法王、仁波切、大陸的八大修行人錯誤的開示，是落入常見或是斷見中，要同修從大師們的文字當中去了知這些大師的落處。這樣的熏習讓同修們養成摧邪顯正，護持正法的習慣。經過一年的努力，在福德、定力、慧力及懺悔、發願、迴向下報名第二次禪三。

第二次禪三經歷

收到禪三錄取通知時，內心非常感動，再次獲得 佛、菩薩的加持及 平實導師加持，能夠參加禪三；雖然有一點緊張，心想一定要好好的參究用破參來報答佛菩薩、平實導師、游老師的恩澤。上山的第一天努力懺悔、發願、求佛菩薩加持。第二天、第三天參究中，因爲遮障現起，只要拜佛參究或是思惟整理時，腦筋一片空白；尤其是拜佛參究，怎麼拜都進入昏沉狀態中，根本無法參究。所以利用與主三和尚及監香老師小參時向老師懺悔：在這學佛當中有意無意中起了對老師不恭敬的心行。之後請老師開示如何參究及用功的方法，以及不斷在佛前懺悔、發願請求佛菩薩的加持，終於在第三天晚上腦筋開始清醒，繼續參究；可是另一個考驗出現，就是性障的現起。第四天看到周邊的同修一個個破參喝水，心中開始緊張反而落入意識心中，完全不在參究當中。到了下午心想絕不能放棄，才再度回到參究中，用心的參究直到禪三結束。

懺悔發願培植福德

禪三回來之後，內心非常難過，心想怎麼會被自己打敗？所以在與游老師小參中請老師針對弟子的缺失檢討改進，請老師給弟子建議應該從哪一方面著手，游老師要弟子在懺悔及福德中去下功夫。弟子就如實的按照游老師的教導，每天早上拜八十八佛懺悔，及每月一天拜慈悲三昧水懺、發願、迴向給冤親債主，及請求佛菩薩的加持；並發願生生世世護持正法，摧邪顯正，救護眾生，並且更積極的作義工累積福德。此時剛好大溪正覺教育中心（祖師堂）要在四月份完工啓用，正在作室內的裝潢及室外的道路整建、庭院施工趕工，弟子就發心每週去禪三道場作義工二至三天，不管下雨或是晴天；希望能爲禪三道場盡一份心力，讓禪三道場能如期完工啓用。終於在四月十五日啓用前完工，在禪三道場啓用當天弟子擔任交通組的義工，當法會唱誦到懺悔時，弟子痛哭流涕至心懺悔；到了《正覺發願文》唱誦時，弟子又是痛哭流涕至心發願，深感承蒙諸佛菩薩的威神之力的加持，能夠以至誠心來懺悔發願；弟子當下向 佛、菩薩發願一定要以明心的功德，來報答 佛、菩薩恩澤及 平實導師、游親教師、正覺講堂所有的義工菩薩恩澤。此時弟子收到錄取禪三的通知書。

第三次禪三及見道

收到禪三錄取通知書，內心百感交集，弟子跪在佛前感謝佛菩薩的加持、平實導師加持，並發願此生用自己的身心來護持正法，護持 平實導師弘法順利。

禪三的第一天早上，到了大溪正覺教育中心，內心平靜，感受到佛菩薩的加持及攝受；進入大殿向 本師釋迦牟尼佛、當來下生彌勒尊佛、大悲觀世音菩薩、護法韋陀尊天菩薩、克勤圓悟菩薩摩訶薩頂禮，發願懇求佛菩薩的加持攝受。上午灑淨時，弟子的眼淚無法制止，認爲只有爲正法付出，荷擔如來家業，才能上報佛恩。下午拜願、懺悔，弟子更是痛哭流涕的至心發願、至心發露懺悔。

接著 主三和尚開示，殺我見。主三和尚把五陰十八界、離念靈知心的虛妄性，深細的解說，讓同修們徹底的了知及現觀來斷我見。弟子經過前二次禪三及這次禪三，終於把我見殺得更徹底，不再以虛妄的覺知心爲我。晚上主三和尚講公案非常精彩，但是弟子似懂非懂，無法體會主三和尚演說的妙法，只能看著主三和尚扮演神頭鬼臉。公案結束後弟子繼續在禪堂用功拜佛參究，到了深夜回寮房就寢。

第二天早上四點起床，到禪堂向 佛與菩薩懺悔發願，懇求佛菩薩的加持攝受，之後用功拜佛參究。過堂後經行，弟子在經行中繼續參究，主三和尚及監香張老師不斷提醒注意腳下：腳下有青蓮花。弟子依舊用心體會參究。經行結束後，開始與主三和尚小參，弟子就安住用功拜佛參究，但是遮障又現起，又與第二次禪三一樣，只要拜佛參究或是思惟整理，腦筋一片空白；尤其是拜佛參究，怎麼拜都進入昏沉狀態中，根本無法參究。在與主三和尚小參時，報告此狀況及在參究的過程中弟子的體驗，就是妄心都□□□□運作，而且要有根塵觸才能分別了知。主三和尚交代弟子繼續拜佛參究，並向 佛、菩薩懺悔發願，懇求佛菩薩的加持攝受，懇求並向冤親債主懺悔發願，不要遮障弟子，讓弟子好好參究，弟子一定將明心的功德迴向給冤親債主，生生世世來度他們，修學佛菩提道，一起成就佛道。

午餐時主三和尚依舊扮演神頭鬼臉，叫同修們吃水果時，要用心吃；此時弟子稍有體會，過堂後回寮房休息。下午繼續拜佛參究時仍有遮障，打起精神不放棄任何一分一秒，並不斷在佛前向 佛與菩薩懺悔發願，懇求 佛與菩薩的加持攝受。在拜佛時體驗眞心的運作，不是以覺知心可以作到；覺知心□□□，而且是在眞心的運作過程中，末那作意、眞心運作，意識才能現起而作分別。但仍然繼續拜佛參究。晚餐後，主三和尚講公案又是非常精彩，此時弟子略有體會；原來祖師禪不是在文字上，而是要用眼睛聽。公案普說結束後弟子繼續在禪堂用功拜佛參究，到了深夜回寮房就寢。

第三天早上四點一樣起床，到禪堂在佛前向 佛、菩薩懺悔發願，懇求 佛、菩薩的加持攝受。在經行後可以開始與監香老師小參，弟子把握機會與監香張老師小參，報告又被遮障的情形；張老師要弟子向 大悲觀世音菩薩、護法 韋陀尊天菩薩懇求加持，懇求幫忙弟子與冤親債主排解，不要遮障弟子參究；並發願生生世世來度他們，修學佛菩提道，一起成就佛道。

之後弟子頭腦清醒，拜佛參究，思惟整理，都非常得力。午餐後主三和尚要弟子洗碗體驗，在洗碗中主三和尚似乎知道弟子已有入處，要弟子用心洗。下午精神特別好，拜佛參究，思惟整理都很清楚，眞心運作不在六塵上，卻在六塵中分明顯現；在與監香張老師小參時報告眞心是如何運作，妄心是如何運作，監香張老師告知方向對了，要弟子在□□、□□、□□□□□中去整理更深細。晚餐後，主三和尚講公案，弟子判若兩人，前兩天還模模糊糊，今天卻是分明的了知；也體會出主三和尚大悲心，爲了正法的命脈，在禪三中用盡各種方法，讓同修們可以悟入。弟子此世能得遇大善知識，是佛菩薩安排才有機會來修學正法，感恩的心眞的無法用言語來形容。公案普說結束後弟子登記小參，繼續在禪堂用功拜佛參究，思惟整理，到了深夜回寮房就寢。

第四天早上聽到打板才起床，迅速盥洗後，上禪堂在佛前向 佛、菩薩懺悔發願，懇求 佛、菩薩的加持攝受。早餐時主三和尚，開演無上大法，生動活潑，充滿禪意，東山禪的吃水果津津有味，歷久不衰。經行時因為下雨，故繼續在禪堂用功等待小參。輪到弟子小參時，進入小參室直接與主三和尚小參，向主三和尚報告弟子的體驗，眞心是如何運作且不分別，而妄心運作只能□□及□□，眞妄和合才能在五陰十八界運作，出生萬法。承蒙主三和尚慈悲攝受幫弟子更深細的解說，讓弟子的智慧能夠提昇，之後要弟子整理題目。在整理題目時，智慧源源不斷出生，將近二小時整理得差不多，再與其他同修進小參室。主三和尚親切為同修們解說及叮嚀悟後要轉依如來藏的體性，要同修善守密意及不能為未悟的人洩漏密意，並為弟子與同修們印證。出了小參室後，在佛前向 佛、菩薩稟白弟子可以荷擔如來家業，感謝 佛、菩薩的加持攝受。之後喝水體驗，想不到喝水體驗有如此深妙的法，這杯無生茶，眞的不容易喝啊！四天三夜的禪三終於接近尾聲，在主三和尚叮嚀與祝福中劃下句點。

結語

這次禪三能夠破參明心，不是弟子的能力所及，而是承蒙 佛、菩薩的加持，平實導師的慈悲攝受、監香老師的幫忙、護三菩薩的護持，才能夠讓弟子的法身慧命得以出生而破參明心。今後將飲水思源，努力的為正法付出，摧邪顯正，救護眾生，負起荷擔如來家業重責大任，讓佛教正本清源，將斷常二見、藏密外道法趕出佛教之外，讓平實導師能夠弘法順利，宣講勝妙的了義正法，讓正法進入開展期，以及正覺寺早日完工，正覺藏早日編印完成，利益未來無量無邊的佛弟子，讓正法能夠延續三千年至五千年甚至到一萬年以後。懇請大悲觀世音菩薩能夠為平實導師加持，讓導師住世更久，讓正覺的佛弟子可以學習勝妙的如來藏了義正法。弟子今後將以謙卑心、恭敬心，懇切心的請求平實導師教導，讓弟子發起般若智慧，永不退轉，生生世世護持正法直到成佛。

一心歸命頂禮　本師釋迦牟尼佛

一心歸命頂禮　阿彌陀佛

一心歸命頂禮　大悲觀世音菩薩

一心歸命頂禮　大願地藏王菩薩

一心歸命頂禮　護法韋陀尊天菩薩

一心歸命頂禮　克勤圓悟菩薩摩訶薩
一心歸命頂禮　平實菩薩摩訶薩
一心歸命頂禮　游正光親教師菩薩摩訶薩

弟子　吳錫焜　敬呈
2007/4/25

明心見道報告

——陳靜芳

一心頂禮本師　釋迦牟尼佛
一心頂禮　觀世音菩薩、當來下生彌勒尊佛、護法韋馱菩薩
一心頂禮祖師爺　聖克勤圜悟菩薩摩訶薩
一心頂禮法身慧命父母　平實菩薩摩訶薩
一心頂禮監香菩薩及護三菩薩
一心頂禮親教師釋寬道老師、陳正瑛老師、游正光老師

弟子本想重點陳述這篇見道報告，以免篇幅過長，讓　恩師過於勞神；又恐精簡而文不盡意，謹以恭謹誠摯的心，敘述學佛因緣及過程、進入本會共修之因緣及見道過程與內容，祈請　恩師改正，希冀以此供養尚未見道之學員，同得法益。

受業弟子　正芳叩首謹呈 2007/11/6

一、學佛因緣及過程：

一、家母往生：

家母於弟子十六歲時，備受癌症病苦折磨而往生，在病重時經常要求弟子拿刀讓她自盡；在往生過程當中不斷呼喊有二個長相難看的鬼要來抓她，家母不斷對空中祈求他們放過她；死前由於放不下年幼子女，兩眼大睜並且雙手緊抓著我們而亡。家母死前的模樣一直盤旋在弟子的腦海，由於弟妹年幼，弟子必須承擔起家事的重擔，又恐家父擔憂，從不敢在家人面前表現自己的恐懼；每每午夜夢迴之際，哭濕睡枕而醒，始終無法讓心情平復。

二、歸依三寶：

弟子在這段期間，不斷思索爲何要來人間，久思不得其解，因此參加學校的佛學社團；有次與同學前往西蓮淨苑參與共修，在二天一夜的共修後，住持釋智諭法師詢問是否有人願意歸依三寶？弟子當時並不瞭解歸依的眞正含義，可是仍然選擇歸依。歸依後七天之內看到肉類就會想吐，夢中經常出現鬼魅追逐，弟子往往不知逃往何處；在七天之後忽然在夢中大喊「阿彌陀佛！」從此鬼魅不再出現。家父對於弟子的現象頗感憂慮，弟子只好聽從家父的建議，不敢再參與佛學共修。

三、與同修締結良緣：

大三時偶遇我同修——李文榮師兄，同修經常拿著林清玄或鄭石岩的書，要弟子好好研讀，弟子不肯信受；在校園內只要看到他出現就會繞道而行，盡量不與他接觸；奈何二人緣定三生，弟子無論走到哪，經常會與他不期而遇。同修在學校的社福團隊擔任執事，由於同修個性直爽，經常因為言語失當而得罪他人，弟子心生保護的意念，不忍他遭受別人的誤解，經常出面化解尷尬的場面，因此而日久生情，決定共結連理。

二、進入正覺共修的因緣：

婆婆求法心切：

婆婆早年就不斷求法，同修擔任司機載她到處參訪，從一貫道、養生氣功乃至扶鸞求道，種種法門都曾涉獵；公公在弟子夫婦回台中共住之後一年餘，突然無預警往生，全家痛哭欲絕，不過婆婆仍然堅持採用佛教儀式，不允許任何人在靈前哭泣，不許燒冥紙及作道家法事。當時親友相當不諒解，尤其是火化一事。當年採取火化的喪家多爲家貧，無力負擔土葬費用不得已而爲的作法；但婆婆排除各方爭議，堅持以佛教儀式辦理公公的後事；弟子一家人在七七四十九天當中，由師父帶領我們課誦《阿彌陀經》、《地藏王菩薩本願經》、《心經》、《金剛經》等大乘經典；出殯前的法會，全天課誦《金剛寶懺》，弟子雖然不懂其中的內涵，不過仍然對於大乘經典心生嚮往之情。

一、同修的持續護持：

一九九九年 導師親自南下台中開課，當時同修的舅舅詹欣德菩薩全家及婆婆、同修皆參與共修，唯獨弟子不願信受；因爲婚後十年當中，弟子看著婆婆與同修到處求法，每幾年就否定原先所學的法，再繼續尋求正法；弟子愚癡無法理解其中的原委，只是不想跟著他們團團轉，所以堅持不肯參與共修，也因此而錯失在 導師座下聽法的因緣。

經過半年之後，同修不顧反對，自行幫弟子報名單週六下午的禪淨班；當時的親教師爲已退轉的楊榮燦先生，在共修半年之內，弟子根本無法信受；有時趁著同修載我下車之後，偷溜到附近的咖啡店閒坐，直到下課後才返回與同修約定的上車地點。弟子心想如何逃離共修，剛巧在網路上看到中正大學新開的在職研究所專班，上課時間只在每個星期六、日，弟子偷偷報考，不幸地讓弟子僥倖考取，從此名正言順不用參與共修，因此而停止共修一年。

一年之後，雙週六晚上的禪淨班開課，同修再度不顧反對而幫弟子報名；此後每週六弟子必須清晨五點多搭乘電聯車前往嘉義，上完八小時研究所課程，然後在晚上五點多搭乘火車回來，晚上七點抵達，同修在台中火車站等候，直接將弟子載往台中講堂聽課。相當巧合的是親教師竟然還是後來已退轉的楊榮燦先生。經過一年沒有聽課的弟子，發現楊先生說法比起一年前生動不少，可是由於弟子經過十二小時的奔波勞碌，只要一坐上蒲團就打瞌睡，根本無法專心聽課，就在半夢半醒的狀況之下，斷斷續續聽了超過半年的課程。

二、法難的因緣：

二〇〇三年農曆年後，由於楊先生發動法難退轉的因素，親教師改爲游正光老師擔任，原本每次上課必睡的弟子竟然開始清醒；由於游老師上課時，經常採取法義論證的模式，詳細整理分析其他道場的落處，然後由經典印證他們錯誤的地方。弟子當時心中生起不滿之情，心想爲何其他道場都錯，只有正覺才是對的？爲了聽清楚到底別人哪裡錯，而正覺又有什麼正當理由說自己對，雖然身心已經處於極度疲倦的狀況，仍然專心聽講，目的只爲了聽清楚對錯的理由。後來越聽越有興趣，由於當時已經是研究所二年級，弟子疲於應付工作與學業雙重壓力，根本沒有時間禮佛或閱讀書籍，於是請求游老師讓弟子暫時留下來聽課，待弟子研究所畢業後再重新報名參與共修；不過在這段期間，除非研究所的課程與共修時間衝突，否則絕不會藉機缺課，逐漸安住在法義的熏習。

三、《維摩詰經》的啓發：

二〇〇四年七月弟子研究所畢業，剛好遇到《維摩詰經》開演，弟子第一次聽講就不自覺流淚；看著 DVD 中 導師的臉，弟子深感慚愧，爲何今日才肯安住於勝妙大法中。從《維摩詰經》的啓發，第一次有了想當菩薩的念頭，而不只是求生西方極樂世界；於是弟子自己報名九月開班每週四晚上的禪淨班，決心從頭開始學習，親教師爲寬道法師。剛開始弟子不喜歡禮佛，每月的用功記錄表上沒有禮佛的日數總是多於禮佛的日數，在與老師小參時，弟子請示能否以閱讀代替禮佛，老師反而開示弟子要減少閱讀而多禮佛；弟子聽從老師的教導，逐漸增加禮佛時間。只不過進入第二年共修時，老師希望學員每天必須禮佛二小時，弟子的功夫一直無法成就，義工菩薩建議弟子不妨北上參加大悲懺，可以減少弟子的遮障，或許可以更加精進。弟子第一次參加大悲懺時，從梵唄第一聲開始就一直哭到結束，哭到兩眼像核桃一般，回台中後比較能夠安住於禮佛當中。

後來因爲弟子工作調動，必須北上就職，承蒙婆婆及同修的支持，讓弟子有機會北上，本想每週四由台北回來台中上課，老師反而不希望弟子南北奔波，建議弟子將舟車勞頓的時間放在專心參究上，於是弟子由台中週四班轉到台北週四班，改由陳正瑛老師攝受弟子。正瑛老師像慈母一樣，經常關照弟子的學習狀況，深怕弟子不適應台北的生活及授課方式，可是弟子眞的很享受每週二可以在 導師座下直接聽經，不管出差在外與否，一定會趕回台北聽經，聽完後再趕回出差地。當年錯過在 導師座下當弟子的因緣，而今弟子終於可以圓夢，弟子經常不自主生起幸福的感覺，在 導師法義的熏習當中其樂無窮。

四、舅舅的往生：

北上工作不久，台中的舅舅詹欣德菩薩因病往生，在彌留期間，弟子與諸位同修前往助念；在眾位師兄姊助念當中，舅舅曾經三次揮手致意，在顏師兄敲引磐後只不過短短十分鐘立即捨報，讓弟子見識到高品質的往生形式，圓滿人生的生死大事。經中 佛所說的上品上生者所應具足之三心，乃是爲修學大乘聖道門而住於七住位以上之菩薩而說。因爲上品上生者往生至極樂世界即刻見佛聞法，聽聞妙法已即悟入無生法忍。藉由這次舅舅的往生過程，讓弟子對於見道求悟的願心更加堅定。

五、弟妹的往生：

當弟子交出禪三報名表不到幾天，弟妹黃綉雯女士由於生產血崩輸血，造成腦幹出血，歷經二十一日搶救無效而往生，留下尚未滿月的嬰兒，全家頓時陷入愁雲慘霧。時値農曆正月初四晚上，幸蒙台北講堂多位師兄姊前往助念，弟子對同修會師兄姊的發心感佩萬分，當下發菩提心、弘揚護持正法、行菩薩道、助念往生。由於涉及醫療糾紛，爲了釐清確實的死因，必須透過解剖查明眞象，在解剖期間，弟子壓抑內心的傷痛，一心不亂唸著佛號，並且現觀色身虛假不是我。後來又爲弟妹舉行一場彌陀法會，恭請寬道法師主法，法會莊嚴殊勝，正瑛老師在場爲弟妹開示，弟妹火化後呈現瑞相，鮮少接觸佛法且未茹素的她，竟然燒出舍利花及觀音骨，讓弟子的出離心相當強烈，無論如何一定要開悟明心。

這段期間若非正瑛老師的護持攝受，不斷勉勵弟子要安忍，教導弟子要軟語與家人溝通，給年邁家父及徬徨失措的家弟安定的力量，弟子眞的不知如何度過此次難關；因爲家母亦是在弟子年幼時往生，當時放心不下我們也是死不瞑目；看到弟妹如此年輕卻走上相同的命運，眞的有種心如刀割的痛苦；若非同修會助念菩薩的幫忙，弟子及家人眞的不知該如何安住？不過看到弟妹火化後呈現的瑞相，弟子終於從當年亡母的陰影解脫出來。可是辦完弟妹的後事，離禪三只剩不到一個月時間，正瑛老師要弟子專心參究，並且祈求 觀世音菩薩能夠加持弟子，讓弟子專心參禪。弟子藉由每天禮佛四、五小時開始參究，減少閱讀時間，弟子逐漸產生疑情，不斷在日常作息中持續參究。

三、見道過程與內容：

第一次禪三的過程：

弟子接獲錄取通知書後，每天維持禮佛及參究四、五小時，在禪三前幾天，弟子在佛前祈求，願將身心託付給佛菩薩，弟子日後該何去何從，任憑佛菩薩作主。由於天熱禮佛後一身大汗，本想沖洗後再繼續禮佛，就在進入浴室前手握門把的一剎那，弟子驚覺到手尚未摸到門把時，就有個作意已經先到門把；然後拿肥皂也是如此，打開水龍頭也一樣，處處都看到有個作意比身體動得更快，弟子所見的每個地方頓時全亮了起來。弟子以前從不曾有過這種經驗，一時之間很難從這種境界中脫離，禪三前幾天夜夜無法成眠，好像吃了興奮劑，非得讓自己累到不行才能小睡一下；否則弟子所見的每個地方都光亮無比，連看到別人身上也好像有光；不是那種放射性的光，像是被身體團團包住的光，沒有離開身體外圍。那種光被色身包住，應該說不是放光，而是色身包住光。弟子強迫自己作運動，累到全身動彈不得，在禪三前一天才能安然入睡。

進入小參室之後，弟子向 導師報告之前的狀況，導師要弟子繼續參究，如果兩天之後仍然不能有結果，再請監香老師指導弟子。過堂時，導師要我們注意腳下，弟子竟然在腳下看到一個空在那裡，一直不斷看著那個空；第二天早上經行時，弟子已經發現那只是離念靈知心，不是眞心；因爲在快步經行時，根本無法維持。與游老師小參時，游老師開示弟子那是境界法，不是眞心。導師慈悲要弟子快速禮佛，由於禮佛速度不斷加快，全身汗流不止，額頭的汗珠一直滴在拜巾上，像下雨一般。

後來弟子逐漸離開那種定境，與監香老師小參後，仍然是眞妄不分，雖然已經體驗到眞心在色身上運作，可是仍然無法分清楚哪個是眞心、哪個是妄心，第三天中午 導師讓弟子洗碗，指示弟子□□□□□洗碗，弟子洗著洗著就看到眞心在我眼前，頓時覺得自己的色身不存在，只剩下眼前那個眞心。洗完碗後，弟子對著 導師一直笑，因爲弟子知道自己之前根本完全是錯的。可是晚上在聽公案時，好像被敲了一記悶棍；弟子本來最喜歡聽 導師演說公案，此時卻變成充耳不聞，一句話都無法聽進去。普說公案後，弟子向 導師稟告可能有所遮障，導師要弟子晚點回寮房休息。

深夜與 導師小參時，弟子一進小參室，看到余書偉老師時，竟然不是余老師現在的樣子，而是身著古裝並且頭戴一種弟子從來不曾見過的帽子，連衣服的顏色及質地都看得很清楚，完全是個書生的打扮；弟子彷彿走進一個陌生的時空當中，所見的一切都像在夢中；看到 導師的臉時，感覺好親切。其實弟子在禪三之前，對 導師始終有所畏懼，從不敢親近 導師；此時卻像是個耍賴的小孩回到慈父的身邊，一直對著 導師撒嬌。當時弟子眞的完全沒有任何的陌生感，只是覺得很有安全感，很想讓時間停頓在這個階段。

雖然 導師確認弟子所找到的是眞心，慈悲教導弟子如何思惟整理，並且指示弟子利用以前上課所聽過的知見，整理如來藏的體性相用；弟子當天整晚不曾闔眼，可是弟子還是無法承擔下來，因爲那不是弟子以前所能了知的，總覺得應該還有什麼東西才對，即使是一點點一絲絲也行。可是眞的再也找不到別的，無形無相卻眞實存在，眞的是取不得又捨不得；那不是空，也不是有，可是就是有一個眞實空在，一直在弟子的眼前；不管走到哪兒，祂還是如如不動，抓不到也摸不著，有時弟子還會興起從空中抓祂的念頭。

第四天清晨天剛破曉時，弟子一夜未曾闔眼，想喝水而走出禪堂，站在走廊中間往下看，弟子竟然有種想往下跳的衝動，因爲此時眼前所見到的眞的只有那個眞實空，忽然有個聲音在我耳邊響起：「妳不是要度眾嗎？」弟子大吃一驚後趕緊回到禪堂，再也不敢站在走廊。不過弟子眞的好痛苦，每次進到小參室前，手握門把推門的感覺，好像千斤重擔壓著全身，可是弟子不斷在想曾經答應正瑛老師要參究到最後一分鐘，所以弟子一定要信守諾言；可是弟子眞的好痛苦好痛苦，最後還是決定放棄重來。弟子向 導師稟告不想繼續答題，其實不是弟子不會答，眞的是無法肯定自己所找到的心，一時之間無法承擔。導師慈悲開示就隨我自己的意思吧，不過弟子瞥見 導師眼中那種無奈的眼神，今日想起還是覺得非常對不起 導師。

弟子眞的沒有辦法克服那種空的恐懼，以及看不到眞實感的惶恐，連佛菩薩、導師、監香老師看著都覺得是假的；那種境界眞的無法用言語來形容，眞的像拖著死屍的我，原來弟子參究的話頭「拖死屍是誰」就是這種感覺。雖然下午還是繼續登記小參答題，可是弟子心中還是充滿疑問，這樣的心如何來往三世？到底有沒有悟這回事？佛菩提道眞的能靠這樣的心來成就嗎？每次與 導師目光交會時，弟子只有懺悔而已，這種情況直到解三爲止。雖然弟子總共小參八次，游老師說弟子打破這梯次小參最多的記錄，可是還是決定不讓弟子過關，決定讓弟子下回重新報名再來，而不是從喝水開始。弟子後來深心向游老師禮拜，感謝游老師對弟子的教導與包容，因爲弟子眞的是胡言亂語、不知所云。

禪三回來的隔天早晨，弟子醒來前有個聲音在我耳邊響起：「只要有願就可以生死無疲倦。」弟子突然從床上迅速起身，那個眞實空仍然在我眼前，睡在一旁的同修被弟子嚇了一大跳；同修聽完弟子的描述之後，表示那是因爲弟子沒有深信大乘法，才會造成慢心障道的遮障；又貪求有境界的定境，無法承擔怎能得到菩薩大法呢？後來弟子到佛堂禮佛時，不禁悲從中來，在佛前痛哭良久，原來弟子是如此的愚癡，七轉識如此染污不淨，怎麼跟眞心相應呢？如果不是這樣的眞心又怎可能來往三世呢？

剛好與禪三時的體驗完全相反，也肯定就是這樣的心才有可能行菩薩道，彷佛可以瞭解到一些退轉的同修，是不是也經歷過相同的懷疑，只是沒有因緣可以繼續參究嗎？此時弟子的心中已經完全沒有疑惑，在佛前發願生生世世護持了義正法，不惜捨身命財護持正法，一切悉聽　佛世尊安排，祈求　佛世尊能夠加持弟子，讓自己的願心與願力更加堅定，因爲五濁惡世度眾眞的不易。想起　導師及親教師們的慈悲教導，眞的是「慈悲一片」，如果不是菩薩再來怎麼可能有此願心與願力呢？

第二次禪三的過程：

從禪三回來後轉入週三進階班，親教師竟然還是游正光老師，弟子心想自己與游老師眞的很有緣分，繞了一大圈，終究還是回到游老師座下聽法。自從與游老師小參之後，聽從老師開示，上次禪三無法破參是因爲知見不足所致，指示弟子多閱讀　導師的書籍及思惟整理知見，減少禮佛時間，逐漸離開那種空境。弟子在這段時間重新閱讀《眞實如來藏》、《心經密意》、《禪—悟前與悟後》上冊，此時重讀這幾本書，與以前的感受截然不同，想起游老師曾經說過的一句話：「**明心找到如來藏時是現量並非比量，是可以現觀而不是思惟出來的。**」原來以前自以爲懂的知見只是在牛皮表面而已，根本沒有看破牛皮，現在看書時眞的越看越親切。

弟子在這段期間不斷發願，願自己能夠悟得眞、悟得明、悟得永不退轉，如果弟子仍然有疑的話，寧可讓 導師再打回票，絕不讓自己心中存有任何疑惑。弟子每天從觀行、拜佛中反覆整理思惟眞心的體性相用，經常用一問一答的方式，看看自己是否落入兩邊？思惟整理過程中，不再害怕吵雜的環境，每天上下班搭捷運或走路時，弟子只是讓自己專注在憶佛當中，有些困惑已久的疑問，竟然在沒有思惟整理的狀況下，忽然豁然解開，更讓弟子體會出 導師施設無相念佛的功德受用；原來只要一心安住在憶佛念中，心豁然開朗、輕鬆自在。每天反覆體驗眞心如何配合七轉識運作，洗澡時的祂、吃飯時的祂、走路時的祂，甚至煩惱現行時的祂。

接獲第二次禪三錄取通知單時，感謝 導師再度慈悲錄取弟子，在禪三前一個月，蔡正禮老師希望弟子暫停參與講堂資訊作業規畫工作，專心參究，俟破參後再繼續討論，勉勵弟子護持正法要有長遠心、不疾不徐。在這一個月之內，弟子專心思惟整理以前所閱讀及上課聽講的資料，利用筆記本一一寫下自己的知見，從思惟整理當中，不斷出現各種不同的疑問，然後弟子再從 導師的書上尋找答案，仍然有很多的疑惑無法解開；弟子此時體會到以弟子目前的智慧，根本無法獲得答案，惟有慧心安忍於自己目前淺薄的知見，等到將來破參後，修學後得無分別智再作思惟。

第二次禪三期間，對弟子而言，眞的是一大享受，與第一次的經驗完全不同；每當 導師出題要弟子思惟整理時，弟子非但沒有任何煩惱，反而心生歡喜，因爲可以從答題過程開啓智慧。藉由 導師及監香老師對弟子慈悲的開示，弟子不斷整理自己原有的知見，對照 導師及監香老師指正的部分，然後自己再重新整理。此時弟子不停到佛菩薩、祖師爺菩薩、韋陀菩薩面前發願、迴向，將弟子思惟整理的答案向佛菩薩稟白，然後請佛菩薩能夠讓弟子整理得更加清楚；每次向佛菩薩稟白之後，回到座位上又會啓發新的知見，繼續再整理思惟。

第四天早晨過堂後，經由 導師指導如何喝無生茶，那時的震撼不亞於一念相應時的感受；因爲弟子從喝水的每一個細微處，體驗到八個識和合運用深細微妙之處，與弟子之前自行在家體驗完全不同。之前只是對照第八識與前七識的差別，並無法眞正體驗出八個識運作當中的巧妙配合，原來後得無分別智與根本無分別智的差異如此之大，眞的是一輩子都體驗不完。弟子此時完全不貪戀空的境界，空境只是一種貪，與喝無生茶的體驗相比，只是小孩的玩意兒，根本沒有任何勝妙之處。

此時終於開始瞭解到由眞見道作爲出發點，重新體驗八個識的功能差別，各個識之間的巧妙運作，那後得智不是弟子以前所能想像得到的；祂是那麼眞實、那麼實在，妄心是那麼伶俐，甚至是那麼可愛；弟子感受到自己正走入佛法的大殿，一望無際的珠寶正等著弟子開採。今日才知道眞正的內門修行爲何，都不是自己以前的知見可以現觀、親證的；惟有跟在善知識的身邊，繼續修學後得智，甚至將來見性後得以修學道種智。弟子此時發願繼續朝見性邁進，不過必須先作好自己發願的工作，好好規劃講堂的資訊系統，讓正覺般若船可以在驚濤駭浪當中，繼續平穩航行，直到靈山一會再相逢、授記振宗風。

四、悟後的心得：

一、對父母及公婆的感念：弟子一路走來，若非家父身兼母職，讓弟子有個平和的生長環境，弟子可能淪落為街頭流浪分子；嫁作人婦後，若不是婆婆對弟子的體諒，以弟子莽撞又倔強的個性，與同修這段姻緣早就無法持續，更不可能今世得聞正法，進而破參明心。近來經常想到弟子以前與老父及婆婆之間種種的爭執，如今想來眞的慚愧不已，只有藉由日日懺悔及迴向，祈望兩老色身康泰，菩提道上相互護持，弟子一再發願，願將明心後護持正法的功德悉皆迴向。

二、對親教師的感念：弟子何其幸運得蒙多位親教師的攝受，每位親教師都是無私而且慈悲攝受著我們，深怕弟子誤入歧途，無法在正法道上持續用功，不斷耳提面命、老婆心切告誡弟子；當弟子向親教師頂禮時，終於瞭解到以前看到有人破參後頂禮親教師時痛哭，原來不是因為破參喜極而泣，而是想到親教師對弟子攝受的辛苦而感傷哭泣。想到過往種種的一切，親教師為了保護我們不致解悟而付出的辛勞，想到自己無以為報，因為親教師不接受任何的供養，淚水不禁潸然而落下。如果弟子眞心想要報答師恩，惟有護持正法、調柔心性及培植福德，將來若有因緣得蒙 導師指派擔任義工，藉此學習如何攝受眾生及分斷我執，這才是眞正報答師恩的方法。

三、對義工菩薩們的感念：弟子在台中講堂待了整整六年，雖然過程離離合合，這些護持的義工菩薩們從不曾對弟子有過微言；當年若不是鄭師姊藉由弟子喜歡玩電腦的個性，誘導弟子爲講堂作事，以此培植護持正法的福德，讓弟子得以安住在正法道場，弟子根本沒有因緣可以破參。在此感謝台中道場的義工菩薩們，感謝各位對弟子慈悲攝受。弟子在台北講堂一年多以來，義工菩薩們不斷安排機會讓弟子得以培植福德，藉由打掃講堂、電腦工作等等讓弟子具足見道的福德，若以弟子染污不淨的心性想要明心，根本是緣木求魚；弟子在這些義工菩薩們身上，看到對正法護持的決心與毅力，那種無私奉獻的心行，讓弟子深刻體會到護持正法的迫切性與持續性；惟有從護持正法的行爲上分斷我執，以轉依如來藏來護持正法，才能眞正作到無私平等的菩薩心行。

四、對 導師、師母及監香老師的感念：近日弟子不斷回想兩次禪三期間的經過，若非 導師對弟子慈悲攝受，弟子早晚走入斷滅空，根本沒有機會明心破參。午夜夢迴之際，只要一想到 導師在禪三期間的辛勞，眼淚就會不停地流。深夜無法休息而繼續攝受著每位學子，心心念念爲了我們，忘了自己的色身多麼疲累，仍然打起精神教導駑鈍的弟子，這份恩情如何回報？師母在禪三期間也不斷在關心我們，看我們參究得那麼辛苦，從師母不捨的眼神中，弟子知道師母恨不得所有的學員都能過關，在此感謝師母平日對我們的關懷。監香老師為了讓弟子能夠悟得深而不退轉，不斷考驗著我們，藉由這些試煉而讓弟子一分一分自我整理、自我承擔，進而自我肯定；想到監香老師看到弟子陷入困境卻能忍住不明說，只是提供方向讓我們自行參究及整理；若非他們隱覆密意攝受弟子，根本無法發起破參的功德受用，光是一念相應而不能承擔下來，就無法產生慧力來簡擇及斷疑；從一念相應到自我承擔之間，處處有所轉折，稍不注意就會走入岔路而無法回頭。

五、**發願：**

弟子發願現身說法，將過去不信受大乘佛法到今日明心破參的過程，當作法布施廣傳有緣的同參道友，令其安住於正法道場，專心在正覺之門修行。

弟子發願竭盡所能，將以前所學習的資訊管理技能，應用在講堂的資訊系統規劃業務，克盡職責，建構安全無虞的資訊平台架構，讓正法得以久住。

弟子發願修除性障，改掉以前易瞋且口不擇言的惡習，今後謹言慎行、調柔心性，在 導師的引領之下，努力修學、慧心安法。

弟子發願擔任親教師，弟子願遵從 導師安排，從擔任義工開始努力學習，不僅要經常閱讀 導師的書籍，還要從各種不同的角度思惟整理，道業才能迅速增長，將來若有因緣才得以善巧方便度眾無礙。

弟子發願靈山一會再相逢，直至當來下生 彌勒尊佛出世前，願盡形壽追隨 導師座下，共同護持正法，授記振宗風，成爲 導師眞正的弟子。

明心見道心得報告

——劉靜華

學佛因緣及過程

從小家境安康，不虞匱乏，在父母的羽翼下安然長大，甚少煩惱。記憶中，從小就對肉食貪慾甚少，尤其海鮮極盡排斥，對口慾及物質上的要求不高亦不挑；除了過年時有新衣穿，平時都撿哥哥姊姊穿不下的衣服，一直到現在也還是承接嫂嫂、姊姊及媽媽的衣服及鞋子，所以從小到大，自己買的衣服甚少，從不在女人該有的飾品、化妝品等物質上用心。很愛哭，看到別人掉眼淚，就跟著掉眼淚；對父母親的辛苦甚爲體諒，讀高級商業學校時爲了減輕父母親的負擔（其實父親是榮民，連長退伍後，在一家塑膠大工廠任廠長，經濟上是過得去的）決定讀補校，半工半讀完成自己的學業；大專時亦是如此，不忍心增加爸媽的負擔，寧願自己吃苦；有一次父親對友人訴說此事時，竟然流下了眼淚，剛好被我看到，父女同時心酸。個性方面什麼都好，就是像媽媽急性、脾氣不好，這點倒是進入講堂後有了較大的改變。

大專時，因離家到台中就讀，只好在學校附近租屋；隔壁寢室的學妹吃素，覺得很好就跟著吃素，因此在素食店接觸佛書，開始利用時間研究。奇怪的是唯有佛書我能接受，而其他道教、一般信仰、基督教等等勸人向善的書卻不想瞭解，視而不見。而這位學妹倒是任何宗教都來者不拒，一下子唸觀世音菩薩，一下子祈禱唸阿門。勸她要專一，她卻認爲滿漢全席較好，每個教派都有優點；如此，就只好隨她去了。這點我倒是沒有跟著她「潦」下去，現在想想：還好！還好！甚感欣慰。專科畢業後回來南部，打算玩個幾天再找工作，第一個去的地方就是佛光山的陳列館；裡面有八百多坪，陳列著歷代以來不同年代的佛教文物；看著各個不同造型的佛像，卻有著相同的地方，慈眉善目、寧靜穩重，整個心也爲之沈靜。

整個參觀路線只有一條，卻迂迴綿延好像迷宮；走著走著，因爲不是假日，參觀的人很少，這時突然聽到有人在唱誦梵唄；這聲音慈悲柔軟，卻又高亢有力，眞是好聽；心想要會會這人，來到一處ㄇ字型的轉彎處，有個小小的流通處，那裡坐著一位長髮飄逸的女孩正專心的學習梵唄；好個悠閒處，甚為羨慕。和她聊了聊，才知她是那裡的義工，住在佛光山安排的宿舍，供吃供住、領少薪；又說我也可以和她一樣到佛光山服務。

如此一說，讓我眼睛亮了起來，點點頭就即刻下山稟明父母，隨即第二天揹著行李就到佛光山陳列館找這位劉師姊；她帶我會見館長後，即刻依館長指示，帶我至工作崗位，在生活及工作上甚為照顧；而她因在山上很多年了，身口意行都散發出修行人的氣息，我和她亦成莫逆之交；如此一待，在山上亦過了四個年頭。這期間和出家師父很親近，但是不曾和星雲法師說過話，看的佛書都挑佛教故事為多；因法師崇尚人間淨土，所以他所寫的書，很生活化，易懂淺白，後續出來的書亦不出這個範疇。慢慢的書少看了，唸佛持咒倒是奠下了基礎，很安住山上的生活。

看著館內的師姊一位一位的唸佛學院及出家，覺得將來也是要走這條路的，所以也報考了佛學院；開學的前兩天回家探望父母親，不料，從未與我父母認識的朋友（後來成為我的同修），打電話懇求我的爸媽不要讓我去讀佛學院，因為他知道我一定會出家。家人才頓時警覺，施加親情，特地請我的哥哥（在台北讀書）回來勸我。家人殷切盼望的勸說，讓我很為難，心想：山上有位師父要出家前，來自家人的阻撓，而這位師父的作法是—拿水果刀抵著脖子—寧死不屈，如願出家。我要不要這麼作呢？從小就是乖乖牌，要如此忤逆父母，實在作不到；想到弘一大師拋妻棄子，自己走上修行路，留下家人給妻子照顧；而妻子獨守空閨數十年，等再碰面時，夫婿已是出家的修行人；如此這般，對家人公平嗎？妻子兒女能諒解嗎？其實我是不太諒解的，因為捨小愛入大愛固然是可敬的，但是行大愛卻要傷害自己的家人，卻是很奇怪的。若是能先度自家人，經家人的同意及祝福再行大愛，如此不是沒有遺憾嗎？

看著整理好的行李，看著淚流滿面的媽媽，看到著急、疼愛我的爸爸，親情的溫暖及束縛纏繞難解，要放棄佛學院的修行又很不捨，總認為佛學院是增長般若智慧及修行功夫的捷徑；當時心情甚為掙扎，最後，為了不傷父母的心，只好忍痛暫緩，暫離佛光山而在住家附近工作，但修行的心願不曾停止。和同修認識七年多，終究結婚了；同修對我很好，但我心願未了，常後悔沒有出家而出嫁，對此也偶對同修頗有怨言，同修也啞口無言；直至同修看了《無相念佛》進來正覺同修會共修後，才能理直氣壯的跟我說：「若不是當年我阻撓妳讀佛學院，妳什麼時候才能修學第一義諦法啊！」至此後，換我啞口無言，且心存感激。而那位劉師姊在我結婚後，下了山到中台禪寺出家了。能出家，很替她高興；卻也疑惑：不同道場、不同道風，她何時才能信受第一義諦法呢？

來本會共修之因緣

公元二〇〇一年，同修接觸到《我與無我》及《無相念佛》，甚為興奮，直說是無上大法，與我商量要去正覺同修會上課，我說：「孩子還小，若是一同去，怕會干擾到別人，你先去上課，我先成就你，將來你再成就我。」同修就去共修了，親教師是法蓮法師；共修後有一次在高速公路上開車前往高雄老家，同修說：「什麼是無相念佛？當妳想念媽媽或孩子時，心中沒有語言文字，也沒有媽媽或孩子的形相，只有一個念；將這個念換成與妳較為相應的佛菩薩（剛開始只能選擇一尊，不要更換），一樣沒有語言文字，也沒有任何的形相，就是無相念佛。」當同修說完的當下，我就會無相念佛了，而且覺得比持名唸佛來得容易。看著同修法喜充滿的在同修會共修，我向來都很讚歎他的智慧，所以對無相念佛相當信受，一點疑惑都沒。

一年後，準備參加共修，報名表都塡好了，也交給了同修，帶著期待的心等待開課。不料，隔幾天，同修說：「**恐怕新班開不成了，連舊班恐也無法上了，因法蓮法師講的法義跟平實導師所說的法義有衝突，現在狀況還不明瞭。**」（編案：法蓮師與楊先生等人夥同公開否定第八識阿賴耶識正法，詳見《辨唯識性相、假如來藏、眞假開悟、識蘊眞義、燈影》等書）聽完同修的話（電話中說的），我居然發了一頓脾氣，心想我好不容易要去共修了，居然發生了這種事，甚至連台南共修處都可能結束了；想著想著難過得流下眼淚，懺悔自己業障深重，連要去共修都有障礙！什麼時候才能去共修呢？同修左世興面對法難時，很冷靜的看了幾本 平實導師的書，再跟法蓮法師所說的阿含法義作了比較判斷，他認爲 平實導師所說的是正確的，因爲四阿含中 佛說：「**阿羅漢滅盡十八界法便成涅槃，而涅槃中唯有一本際存在。**」十八界不含阿賴耶識，阿羅漢滅了十八界後入涅槃，只剩下第八識獨自存在。若是如法蓮師所說有個第九識眞如出生第八識，那本際便有二個；且阿羅漢滅了十八界法後，將是仍然不能入涅槃，因爲阿羅漢必須進而滅了第八識，讓第九識獨自存在，才能入涅槃；問題是阿羅漢並未找到第八識，要如何滅第八識而入涅槃？由這兩點可以證明：若是有個第九識眞如出生第八識，是違背四阿含諸經所說，故法蓮法師所說的阿含法義是嚴重錯誤的。同修也因此發願祈求諸佛菩薩加持，讓他能到台北工作好親近台北共修處學法，我亦歡喜成就他；沒多久如願以償，他轉到台北週一張老師那班共修，於二〇〇五年三月破參。

二〇〇四年八月，正覺的台南新講堂成立，平實導師因此來台南講堂演講；台北週一班有四位同修求法心切，要南下聽 平實導師的演講，提前一晚南下借宿家中，我亦歡喜接待，並陪同前往聽講；若是沒有這次的因緣，我必定錯過演講，亦錯過開課時間；因爲我那時在外教學的才藝課程不少，幼稚園安親班、媽媽成長班，再加上設計課程，心思都在事業上，根本就是把學法的事忘了。

那次陪同修聽講，我很認眞聽，可是四、五個小時下來，我卻一點都聽不懂。很疑惑？學佛近二十年爲何一點都聽不懂？好強的我不服氣，有著非要搞懂的心念，報名共修，且對破參明心有著高度的企圖心。

二○○四年八月十四日，台南新講堂禪淨班開課第一天，初次看到蔡正元老師，覺得蔡老師很慈悲，可是又有清風道骨的嚴肅，而我居然不敢正眼看蔡老師，就像做錯事的孩子不敢面對老師一樣；可是蔡老師一說話，我就開始流眼淚，很傷心，無聲啜泣，良久難撫，莫明其妙；經歷三個月，堂堂課都如此。深知跟蔡老師的因緣及正法的因緣，在過去世就已種下深深的種子，今生得以萌芽及茁壯，心生感恩。二年八個月共修期間，每堂課都是抱著二年半課程結束後，力求剋期取證、破參明心的心態來上課；強烈的企圖心不僅讓我按時作功夫，也決定結束所有教學課程，連在台南科技大學在職進修也辦休學，爲的是能挪出更多時間來用功。因爲只有在第一義諦法上的用功及修行才是第一要務，才是最重要的。

見道過程與內容

二○○四年十一月中旬，進入講堂已三個月；這天來講堂共修，拜佛拜得很輕安（因同修在台北工作及共修，我到台南共修處共修時，必須帶著兩個孩子同往，持續一年半左右，直到婆婆來與我同住，小孩即可在家安住；而這天同修有回來，所以沒帶孩子去共修，沒有干擾）。蔡老師要上課了，學員也都坐定了，這時看出去的景象不一樣了，蔡老師依慣例站在大殿佛桌旁上課，但以佛像、佛桌及蔡老師爲共同中心點，旁邊有三百六十度的大圓光，圓圈裡清楚呈現原有的景像，對蔡老師上課的聲音聽得很清楚，但圓圈外全是白濛濛的白色，看不到牆壁、天花板、柱子等等，亦看不到其他的同修及自己的色身，只有圓圈內清楚的景象及圓圈外全然的白色；但是內心很平靜，意識相當清楚，就這樣靜靜的看著，約五分鐘左右，白色的濛濛慢慢散去，所有的景象就愈來愈清楚而恢復正常。心知不可著相，往後的兩星期又出現了三次，地點亦是在台南共修處，但白色的濛濛只有薄薄的，周遭的景物依然可見，這是第一次的定境法塵。

二〇〇六年三月，有一次白天打坐時，突然聽到來自心中的一個聲響「碰」的一聲，我慢慢將眼睛張開，隨後陽台外樓上有東西自上落下，打在遮雨棚上，「碰」的一聲，相同的聲音，但心中的「碰」聲較小聲，這是第二次的定境法塵。由此可以證明確實是有內相分的，否則爲何有人看得見鬼神，有人看不見呢？爲何我看到、聽到時，別人沒有看到也沒有聽到呢？因為這是個人內相分的呈現，能知能反觀的是意識心的證自證分。我已知道法蓮法師否定內相分的說法，是不正確的。

二○○六年十月，參加台南共修處的禪一；當天回來時，疑情自然而起。十月十二日清晨六點，如往常起身煮稀飯給婆婆吃，鍋子加水時，將水桶的蓋子轉開、倒水；水夠了，拿起蓋子順時鐘轉回去；就在此時突然□□，是那麼的自然自在，時時刻刻存在，從未離開，任運自在，我以為找到了。小參時，蔡老師說：「還不是，還不夠清楚。」回來看了平實老師的書，才知道我找到的是意根。隔了十天，這天早上醒來，躺著看話頭，覺得該起身了，意根一作意，□□□□□□，若有所悟，認為這個□□意根□□的就是。但因離課程結束還有半年，所以暫時擱著。

二○○七年一月，在住家附近公園運動，並現觀八識的運作，觀自己亦觀別人，觀察眾生隨心所欲的□□□□，更加確定□□意根心行的就是。至此，疑情全沒了，一點都提不起來；自認為找到了，於是開始看書整理，但無法融會貫通，產生了疑問。二○○七年二月，我問同修：「**意根是心法，不是色法，無法直接觸外相分，必須藉由如來藏將外相分變現為內相分，如**

此意根才能觸內相分上的法塵，這個和阿賴耶識是□□□□□□□□有什麼關係？」同修知道我在參究，所以他的回答是：「我怎麼可以告訴妳。」我想一想說：「我把心中的答案告訴你。」同修說：「不管妳說什麼，我都不能有任何表示。」（必須自參自悟）我點點頭說：「意根是心法，不是色法，必須藉由如來藏將外相分轉變爲內相分；內相分上有法塵顯現，意根觸此法塵而生意識，意識對萬法作更深入的了別後，意根作決定要或不要；第八識了知意根的作意心行後，出生相對應的種子去□□。身體是四大地水火風所成，阿賴耶識□□□□□，□□□□，所以□□□□□，故稱爲□□□。」同修只是帶著微笑，一句話都沒說。

可是我的內心深處湧現一股強烈的喜悅，並且持續不斷，讓我開始傻笑；傻笑而後狂笑，無法控制，笑到眼淚開始流，鼻涕無法止，身子很難過，可是無法停止狂笑。同修說他知道我爲何會如此，但不能告訴我。而我卻笑得莫明其妙，不知所以。沒多久，笑到肚子痛，只好抱著肚子，一邊狂笑、一邊流淚，並一邊擤鼻涕，持續近半小時，趕緊打坐憶佛看話頭而後漸息。往後的兩星期，偶會如此傻笑，但可以控制。禪三回來後，回憶起，才知當時雖把道理貫通，卻把這當知見看，不知密意在此。自己莫明其妙，但禪悅自然而出，眞是奇妙。

經歷三次一念相應，雖然知道方向對了，也自認爲找到了；但差之毫釐、失之千里，沒被證明前，絕不能大意；且心中一直有個疑惑，隱隱的在，不願直接面對；因不願將原所證得的丟掉，怕回歸爲零，重新找起。禪淨班的課程於二〇〇七年四月十八日結束，那天到小參室跟蔡老師禮拜感謝並懺悔，因二年八個月期間對蔡老師的敬畏之心無法完全克服，心想可能過去世以來，在蔡老師的門下修行，悔犯戒律有辱門風，曾被蔡老師嚴訓過，否則爲何如此怕蔡老師。所以那天跟蔡老師懺悔，之後畏懼之心蕩然無存，只留尊敬佩服之心增長無限。

在課程結束前約八個月左右，一直有個心願，而此心願愈來愈強烈，不但成爲我破參明心的目標，亦是感念過去世以來蔡老師的教導之恩，這個心願就是：「**我希望成爲蔡老師座下第一位破參明心的學生，以報師恩。**」也因爲強烈的心願及努力，當禪三第四天被 平實導師印證時，一出小參室，就開始流眼淚；佛菩薩前的叩首禮拜，一跪下就嚎啕大哭，因爲心裡頭感念的我終於能夠報答師恩了。

回想二〇〇七年四月十九日收到錄取通知單，收到時不敢拆信，因錄取與不錄取都會寄通知單！先在自家佛堂點香三拜，祈願後跪著拆信；見是錄取通知單，感動得涕淚啜泣，跟佛菩薩叩首十餘次方起。距離禪三只剩七天，有點緊張，也必須正視心中那隱隱的疑惑，蔡老師說：「**一念相應慧時，牛奶中的牛奶成分與清水是分得清清楚楚的。**」自認找到了，卻又有似有若無的感覺；最重要的，不覺得牛奶和清水有分得清楚。四月二十一日晚上週六晚班下課後（因在週六晚班作義工），跟蔡老師報告收到錄取通知單並小參，證實自己的疑惑確是似有若無。

隔天四月二十二日盡量抽空拜佛參究，原本疑情全無，二十一日跟蔡老師小參後，疑情又起，且比之前更加濃厚；如此拜佛參究，當晚九點多（四月二十二日）一念相應慧，知七轉識是□□，不是□□，能夠□□□□就是第八識，所以第八識亦稱爲□□□。到此牛奶與清水終於分清楚了，心中篤定是這個沒錯，當下非常的平靜，異常的冷靜。帶著輕鬆愉快的心情等待禪三的到來。

禪三過程與心得

二〇〇七年四月二十七日凌晨三點多，揹著行李提著睡袋很開心的在仁德交流道警察局前等待楊裕民師兄的車子到來，車上還有王月霞師姊。一行三人平安的到達祖師堂時，已有很多師兄姊在廣場經行參究，嚴肅之氣油然生起。不久開始報到，領號碼牌來到寮房，行李安頓好後，洗手入禪堂禮佛坐定。供果時維那師姊要我取淨水供 韋陀菩薩，但師兄們已取了，故又安排以燭供佛菩薩，好感恩！因在家即有觸證，這次雖是第一次來禪三，卻不怎麼緊張，很開心的配合起讚、灑淨、過堂等；下午開始拜願、拜懺時，學員的哭泣聲此起彼落，可我就拜得很開心，擠不出眼淚來；義工菩薩在我手中塞了二張面紙，很慚愧：平常愛哭的我，這時怎麼不哭了。拜懺完後請師平實導師從我前面緩緩走過，突然間感動落淚，感受到 導師的慈悲智慧。導師開示，先要我們殺掉「我見」，進而斷三縛結，並起誓〈宣誓文〉。禪堂規矩，一切都非常隆盛莊重，謹記要點不可悔犯。

第一晚聽講公案，導師的說法風格，平常在台南講堂 DVD 講經時，即已熟悉；但覺第一晚的公案較深，加上清晨很早起身趕車，此時但覺疲勞瞌睡，硬撐至安板，趕緊補眠去啦！第二天凌晨一點多，醒來盥洗到禪堂禮佛，禪堂裡除了二位義工菩薩外，餘有二、三位師兄姊在參究，在禪堂約一小時，爲顧及第二天的精神又回寮房睡了。

第二天第一輪小參開始，女眾先。進入小參室面見導師時，好緊張，但頭腦很清楚；導師問：「有什麼心得嗎？」我說：「這是□□，這是□□，妄心七轉識……。」導師打斷說：「直接講眞心，妄心不用說了。」心想：「對啊！如果每個學員都囉嗦一堆，那時間怎夠？」我說：「我無法□□□□眞心□□□，但是稍微說一下妄心，可以將眞心說個大概。」導師慈悲說：「好，那妳就從妄心說吧！」我說：「七轉識是□□，不是□□，能夠□□□□就是第八識，所以能夠□□□（□□）就是第八識，所以第八識也是□□□。但是這裡又有□□，有點不明白。」導師說：「妳確實是找到眞心了，這在古代叢林早就被印證了。但是現在比較嚴格，必須經過好幾個關卡才能印證，妳能□□□□□□□嗎？」我愣了一下，導師引導說：「什麼是□□？」我說：「這個□□就是。」導師又問：「什麼是□□？」我說「這個□□，□□□就是。」導師再問：「那第八識呢？」我說：「□□□就是。」

導師說：「妳說的也沒錯，但是不夠親切，妳下去體驗整理，將□□□□□整理出來。」出了小參室，一則為喜，一個為憂，喜的是確定找到的沒錯，憂的是□□□到底是什麼？

參究□□□約半個小時，「□□□□□就是」。「□□□□□□□□□就是」夠不夠親切呢？於是去登記小參，這才知道出小參室後須等二個小時才能登記小參，且必須等第一輪小參全部結束後方能登記小參。天啊！這要等到什麼時候啊！沒有辦法亦只好安住，繼續整理□□□□□。直到下午近五點，實在想不出來，盡在這兩句話上打轉，又不能小參，覺得好苦，開始啜泣，這時才知「如喪考妣」的滋味。啊！那□□□□□到底是什麼啊！明明就找到了，差這麼一點，這一點是什麼？

第三天早上終於排到小參了，進了監香游老師的小參室，游老師問：「□□□□□是什麼？」我說：「□□□□□就是。」游老師問：「如何□□？」我說：「能夠□□□□□□就是。」游老師笑笑：「□□□是嗎？」我猶豫了一下點點頭，游老師瞪大了眼睛：「妳確定嗎？」我害怕的點點頭。游老師說：「對嘛！還好！妳沒被我嚇唬住。□□是□□，□□□□才是。」接著問我□□□□□□□□及□□□□□□□□□□□？前一題過了，但後一題沒過，出來又思惟整理。下午進監香陸老師的小參室，將心中整理的答案告之，陸老師說：「這跟□□□□□的順序一樣啊！我問的是□□□爲何是□□□□□？」我說：「有了□□、□□、□□及如來藏，萬法不就出生了嗎？□□□□□□□□出生的，所以□□□□□□□□。」陸老師慈悲以桌上的植物作引導，使我這笨笨的腦袋豁然通達，勉強過關。這時陸老師突然說：「□、□、□□；□、□、□□□是什麼？」我說：「啊！是什麼？□□□□啊？」陸老師搖搖頭說：「□、□、□□；□、□、□□；□□□□；□□□□；是什麼？妳不要再跟我說是□□□哦！」我笑了出來說：「我知道了，□□□□，□□□□啊！」陸老師慈悲叮嚀了幾句，放我出來會見 導師。導師再次確認眞心後，慈悲叮嚀幾句，要我出去整理題目。

很開心的整理如來藏□□□□□□？但是思惟的方向卻錯了，因爲我一直在回憶：我在家裡看書時，印象中有整理哪些出來，沒有現觀；整理出了九點，覺得想不出來了，浪費了好多時間。一直到一夥共九人進小參室報告時，才慚愧自己的智慧粗淺。準備整理第二道題目時，導師說：「劉靜華，妳要加油哦！」我點點頭，很慚愧。第二道題目：□□□□□□□□□□。這一題相關的內容恰巧是我在看書整理時都跳過去沒看的，只聽過同修提起過一、二點，不過因第一次報告不佳，這題壓根兒沒看書，只好現觀整理；奇怪的是，文思泉湧，第一張寫完了共十二點，還有得寫；起身去跟義工菩薩拿紙時，平實導師站在那說：「妳寫完了嗎？要交了啊！」我笑笑：「還沒，要拿第二張紙。」導師笑笑：「加油！」我點頭回到座位，正提筆，時間已到，入小參室報告。

這時已第四天近中午；急促報告後，平實導師為我們一夥九人作印證。並叮嚀出小參室後到佛菩薩前感恩禮拜，並恪遵自己所發的願。因禪三期間一再告誡自己，入小參室時絕不能哭；一來話會說不清楚，二來耽誤導師及大眾的時間；什麼時候能哭？被印證後才能哭。所以被印證時含著眼淚，一出小參室，淚如泉水；佛菩薩前下跪叩首，忍不住放聲哭了出來，九人裡哭聲最大；禮拜完才知大眾等我們午齋過堂，手中拿著義工菩薩剛剛塞給我的衛生紙；用完了，可是眼淚鼻涕一堆又要過堂。不要影響別人，收攝身心，忍住回家再哭。

第四天下午喝水體驗，身體因血液循環不佳，全身痠痛，如坐針氈；體驗時間到時，進小參室報告並聆聽 導師解說；跟 導師如此親近，這才發現導師雙眼布滿血絲；年紀大了，不顧自身爲法忘軀，眞是大菩薩。心裡發願，願生生世世追尋 導師弘揚第一義諦法，摧邪顯正，不畏生死，在佛菩提道精進修持，早日成佛，早度眾生同證菩提。

聽著 導師解說，才知這裡面的深細法；因時間不夠，沒有說完，甚覺可惜。之後□□□□□經行體驗，眞好玩；意識心的了別如此伶俐，實在佩服。對 導師的智慧如海，更是佩服得五體投地。

在二年八個月修學期間，曾三次夢見 導師，敘述如下：第一次夢見 導師時，約在禪淨班開課後約一年半左右，那時，惡因緣出現，擔心無法繼續上課共修，難過得在家中痛哭流涕；哭完也累了，上床午睡；夢中，導師含笑對我說：「沒關係，來（招招手），我教妳。」醒來後，信心大增，打死不退，於是堅持下去克服困難，持續共修。

第二次夢見 導師是在二〇〇七年三月二十五日凌晨，這天台南共修處正好有禪一。夢中 導師示現嚴肅的口吻說：「若是在禪三前定力不足，就不是我佛門弟子。」說完並轉頭向左不理我。醒來後獨自思惟，從九十六年一月第三次觸證時，自以爲找到了就開始看書整理，忽略了持續拜佛增長定力，自省定力確是直線下滑。那段期間看書看到慧力大於定力，有連續兩星期晚上睡覺睡一下就醒，約十分鐘就醒來一次，半夜二點就起床看書（這時精神特別好），大約到三點半再回床睡覺，亦是約十分鐘就醒來一次，直至天亮。雖如此，精神也還好，沒有萎靡不振。因這次 導師的夢中示現，及時提醒我須持續拜佛增長定力，才又趕緊作功夫，將定力提升上來。否則收到禪三錄取通知單後，那一次的疑情若是沒有起來，也就無法一念相應慧找到如來藏。感謝 導師的加持，又一次的拉我一把。

第三次夢見 導師是在禪三前兩個禮拜左右，夢中 導師示現禪三開示，但開示的地方不是在大殿，是在一房間內，人數約十人左右；夢中聽得清清楚楚，早上起床時卻忘光了。禪三回來後才知夢中開示的房間是指小參室，而與我同時整理題目入小參室報告及同時被 導師印證的一夥人共九人，眞是奇妙啊！

禪三回來後，膽怯的個性變得較爲剛烈；歷緣對境時，以前不敢說的話，現在竟能勇敢的說出來。對自己的性障現前，能敏銳的覺察出，並加以消除；若是作得不夠，慚愧心油然生起，跟禪三前比起來，確實進步很多，能確切的觀察到聲聞種性的消除及菩薩種性的增長。感謝 導師出世弘法，救度我們這些眾生。也很羨慕台北的同修們能夠每週都親近 導師；禪三時在小參室，大夥兒依偎著 導師聆聽開示的畫面，溫暖親切，何時再現？

「**虔恭合掌一心求**」，這次能順利破參，感謝慈悲的主三和尚 導師；感謝十方諸佛菩薩的慈悲加持；感謝親教師蔡正元老師的諄諄教誨；感謝同修左世興帶領進入正覺同修會修學正法，及知見教導之恩德。

願生生世世護持弘揚第一義諦了義正法，摧邪顯正，辯才無礙，智慧如海。

願 導師菩薩摩訶薩及師母長久住世、色身康泰，早日成佛。

願將此明心見道之功德，迴向今生及往昔諸生的父母、師長、兄弟姊妹、配偶、子女及諸親友；希望諸冤親債主早日歸命三寶，共同修學了義正法，在未來的生生世世中，成為同修道友，一起相互扶持，早日明心見性，得入見道菩薩位中，荷擔如來家業，直至成佛。

至心頂禮　十方諸佛菩薩、龍天護法菩薩
至心頂禮　上平下實菩薩摩訶薩
至心頂禮　師母菩薩摩訶薩
至心頂禮　蔡正元老師菩薩摩訶薩
至心頂禮　正覺同修會所有親教師、助教、義工菩薩等
至心頂禮　監香老師游老師
至心頂禮　監香老師陸老師

佛弟子　劉靜華　叩首
公元二〇〇七年五月二十四日

見道報告

——劉孫貴珠

未入正覺前，我對佛法是一竅不通，更不知道學佛的目的是什麼？嫁入夫家，夫家是一貫道，家裡有佛堂，印象中幾乎每個星期都有辦道；我對辦道並不很熱心，也不懂，只知道說要多度人來求道，這樣就有很大功德。後來因小姑在一貫道裡當天才，了知個中原委，告訴了她的哥哥們，也因此而漸漸遠離一貫道。後因公公身體之關係，在密宗一位法師那裡醫病，同修因此接觸到了密宗。那時我並沒隨行，直到小姑至妙天禪師那裡學禪，同修也因身體的關係，至妙天處學禪功自我療病法，當時南部還沒設道場，同修每星期一次南北跑。看同修身體改善了，人也變得很謙虛；當妙天在屏東設道場時，我就隨同修一起去上禪坐的課程，總共上了三年。後因發現上課時老師不那麼認眞專心在教禪坐，每堂課是一直鼓勵大家買靈骨塔，不然祖先、冤親債主會遮障我們，那禪坐就會坐得不好；也因此與同修、小姑們離開了妙天處。後來又再被三姑引進密宗，參加灌頂法會。我每天很認眞持咒，作大禮拜，把所作的功德迴向家人親朋好友，願大家平安、身體健康。但心中一直有個疑問？我藏文都不懂，每天憨憨的唸，這樣對嗎？這樣就是在學佛嗎？又聽人說修密必須要有一些佛學基礎才可以修，恰好家附近有間紫竹林精舍，每年都有在招考佛學研讀班，我與同修就去報名參加考試；被錄取了，由初級班開始，中級至高級班，三年畢業。可是我對佛學知見只知道一些名詞，如四聖諦、八正道、十二因緣而已，佛法在說些什麼，學佛目的又是什麼，我還是茫茫然、無所知。三年的研讀班，我心裡很心虛，不好意思讓人知道我有上過佛學研讀班的課程，因我對佛法還是有聽而沒有懂。

有一天，小姑從台北寄了一大包 導師的著作給我的同修看，那時還不知小姑已入正覺上課了，還以爲她還在密宗那邊閉關。我同修是不眠不休的一星期就把這些書看完，就直嚷著他所有的疑問都在書上找到答案了。當時我沒問，同修也沒說他找到什麼答案；只知道他在上佛學研讀班時，有問題請教法師，較好的法師會承認自己不知道，說還要繼續深造；但有的法師就選擇逃避，每看到我同修就趕緊閃開，讓我同修不能問問題。每天我固定照常在認眞持咒，每次我同修看了總是對我說：「又在那裡浪費時間了。」也不告訴我爲什麼，當時我心裡有些氣：「**眞是莫明其妙，看了那些書後，自己都不持咒作功課。**」我連他的分都在替他持，而他只會在那兒說些風涼話。一連被說幾次以後，我只好等他不在家時，趕緊偷偷的作功課持咒。

也許因緣到了，研讀班三年的課程也將結束，台南正覺道場也成立了共修處，導師前來演講《心經密意》，道場也將開禪淨班之課。我同修要去上課而不敢告訴我、邀我，而要他妹妹（我的小姑）打電話告訴我，要我與同修一起去上課；並告訴我，來正覺上課可以從基礎，並很有次第的讓我建立佛法知見，也因這樣我又跟同修進入正覺上課。但是在法難前上課時，親教師法蓮師並不是如小姑對我講的那樣可以建立佛法知見，是用他自己的教材，不是用同修會頒發的教材上課。上課時法蓮師發阿含經講義，但並沒有連貫，只取所需而講；講課時一下子要翻至中間講，一下子又要翻看後面，跳來跳去；完全用台語授課，又不在白板上寫字，只用說的；對於沒有佛法知見的我，聽了是茫茫然，完全聽不懂。

每次在聽課時是我最難熬的時候，幾乎一聽課不一會兒眼皮就沈重的打不開，在和周公打交道；不管上課前試過各種方法，還是一樣，眞是苦不堪言。後來法蓮師否定正覺的阿賴耶識正法，發生法難了；心想：這下可以脫離苦海，不用去上課了。但是我家同修還是堅決的要繼續在正覺上課，我只好跟隨，跟著去上法難以後新籌備的道場的第一堂課。好慶幸我有跟來，眞是因禍得福；張老師授課時的生動，說也奇怪，我竟不會打瞌睡；至今不管身心有多累，也不用喝咖啡提神，甚至前晚只睡一點點，上張老師的課是從沒打瞌睡過。從此上課變成一種享受，並且從中獲得我以前都不懂得的佛法知見，也知道學佛的目的是什麼了，奠定了我佛學的基礎；並且也從老師處學到很多作人處事之道理，把佛法活用在世間上，使得我的煩惱是越來越少。

感謝 導師的慈悲，設置這個法門，並不捨棄南部的弟子們，在重新成立的新講堂，指派了張老師來教導我們；也感謝張老師不辭辛苦，完全無我的奉獻；也感謝台南的師兄師姊前輩們，在法難時能很迅速的成立了一個新道場，讓後學的弟子們能繼續有個共修處。學佛以後，深深感到周遭所有的人都是値得我感恩感謝的。
將近兩年半的時間，每天是很認眞的在作無相拜佛的功課修定力；但除了聽課，很少看 導師的書，因性障重，書翻沒兩頁就想睡，看不下去；張老師很慈悲關心大家，發給每人一本《八十八佛洪名寶懺》；又怕大家沒時間，又發了一張〈懺悔文〉，要大家每天懺悔除性障，並多修布施行，如護持道場、助印 導師的書籍、作義工多積聚福德……等；也因此，看 導師的著作，不會再想睡，也看得下去了。
記得第一次參加禪三時，一點信心都沒有，還在迷迷糊糊中就被錄取了；禪三前小參時告訴老師：我很遲鈍，什麼都不會。老師要我作觀行，下次小參時要來報告觀行的情形。我從沒觀行過，不知道如何觀行，緊張大師的我，一想到下次上課要向老師報告，心裡很著急，緊張得不得了，向同修、小姑們請教求救；但都不告訴我，只教我向佛菩薩求指引。我只好在家佛前點支香，告訴佛菩薩我現在要觀行，但是我不會，請佛菩薩慈悲指引加持。
我就試著以前參加禪一時，從中聽到主一老師的叮嚀：要參加禪三的人，經行時要注意□□□。我也以□□時注意□□□爲觀行，注意我在□□

時，先□□□□來又□□去，想著如來藏是在哪裡呢？走著走著，不一會兒，突然腦中蹦出□□；當時知見很貧乏，根本不知道□□是什麼，莫非如來藏就是□□？就停下來問同修：「如來藏是不是□□？」得到答案是「不知道」；就去翻 導師的著作《眞假開悟》，奇怪！一翻就馬上看到裡面寫著如來藏□□□□。心想：「開悟哪有那麼容易？等下次上課時找老師小參，因緣還不具足吧？」那一天比平常上課時特別提早一小時出門，要去小參；結果一出門，車子突然故障，趕緊去修理。那一天剛巧導師也來台南道場演講《鈍鳥與靈龜》，等車子修好趕至講堂時，導師的演講也將要開始了，不能小參了。演講結束時老師也很忙，趕緊抓住機會向老師說，得到回答是：「這只是最邊緣的一點，並不是。」

第一次參加禪三到了，抱著見識體驗的心情上山。每天早上經行時，監香老師一個口令，要大家走快一點，手要抬高一點；下一個口令又要大家慢走……；大家□□□□，□□□□。心中知道監香老師在說□□□□□是指如來藏，都是□□。進小參室時，把經行的情形告訴監香老師，被監香老師一問，腦中是一片空白，□□與□□都搞不清楚。洗碗時，導師前來問有何體悟？就當場脫口而出，說是眞妄和合運作，導師說「方向正確」就走了。後來再入了小參室，還是眞妄分不清楚，監香老師要我下次再報禪三，這樣會更好。我自己知道我知見是不具足。

感謝導師、監香老師以及所有參加護三的菩薩們辛苦的付出，希望我也能有參加護三的機會。有了這一次參加禪三的體驗，知道自己必須要努力，破參不是那麼容易之事。從此不再報禪三，除非自己很有信心，知見、定力各方面都具足了才再報禪三，免得又佔了大家的一個名額，反正就這樣安住在正覺，就這樣待下去。

再經過了一年後，有次深夜在無相拜佛完後，正準備去睡覺；一走到床前，同修睡時的呼吸及打鼾聲，深深震撼著我，我像觸電一樣說不出來內心的撼動，這時才體會到原來□□□的差別就是如來藏□□□□。奇怪以前怎麼都體會不到，去給人家□□時也完全體會不出來。又有一次也是在無相拜佛時，意識返觀自己在拜佛時，七識心在作什麼？如來藏在作什麼？拜佛時看到如來藏很明顯的□□□□□□□，因□□□□□，而七識心見聞覺知的心又□□□、□□、□□、□□□□！而且在拜佛時當身體彎下去還會聽到肚子裡咕嚕咕嚕的聲音，一會兒又聽到一股氣從肛門放出來。拜佛時張眼注視看話頭時，□□□□□□□……（下略），這都□□□□□□所能左右的。

有了這些體悟，聽老師的授課，一再的看導師的著作，知見也較具足了；後來高雄道場的成立，也因此與同修能有機會在道場當環保義工，也參與假日結緣書至各地的擺放；上課傳單的發放時，把我自己一路走來學佛的實際情形，偶或提供說明，期望有緣者能來正覺上課。我不再心虛，心很踏實，把 導師的法告知有緣人：我是因來正覺上課才有了正確的佛法知見，並了知學佛的目的是什麼，學佛的路如何走。希望有緣的人在學佛之路上能修學到正法。

這時有了些許信心才敢再報名禪三，聽到以後禪三導師要重質不重量，對自己在知見上有時有信心，有時沒信心；每次在交出報名表後，都求佛菩薩在我緣未熟時不要錄取我。總共報了四次，每一次的不錄取，知道自己努力還不夠，我就更加努力的加強知見、定力、除性障；猶如上緊發條，把自己上得緊緊的，一次比一次緊，不敢放鬆。除了道場之事外，一些不緊要的俗務事暫放一旁、堆積著，心想等我參加禪三以後再處理吧！要過年了，家中也無心大掃除，只簡略的打掃一下。過完年後，心想這樣下去不行，這次不管有沒有錄取禪三，我都要恢復正常的作息，要以平常心去看待，故又與我同修報名參加《大正藏》的經文校正。不久也接到錄取禪三通知單，懷著一分既緊張又期待的心情報到。這一次較前一次自在、不緊張，也較有信心；但還是不敢掉以輕心，每天早晚都至佛前發願，求佛加持給我信心力量，除性障，入小參室時能如理作答。

第二天早上經行時，很明顯如來藏是□□□□□□□□□，不管要□、□□、□□□，□□□□□□□□□。下午第一輪小參時，進了小參室就直接的跟主三和尚說如來藏就是□□□，導師問我如何知道如來藏就是□□；我把未參加禪三前的情形說一次，並告知 導師早上經行時是□□□□□□□□，導師問我：「那祂也是□□□□□禪三道場。」我肯定的回答說是，導師很慈悲，要我以□□□□□□，就讓我通過，這樣我的智慧才會生出來。我說：「如□□因□□□，或□□□。」導師說：□□□□，必須把他當成是□□□□□□□的人，說出來□□□□都□□□如來藏

□□□，這樣才能開啓我的智慧。

出小參室拜佛再參，拜佛時覺得□□□□□，祂都是如影隨形；看大家經行走路時，不都是如影隨形、快樂自追？再登記小參，告訴監香老師：「□□□是如影隨形或是行屍走肉。」結果監香陸老師說太偏了，問我有沒有洗過碗？□□□□□□□，出了小參室一面拜佛一面參，剛剛監香老師問我有沒有洗過碗，才恍然大悟：「所有的□□□□□□□」，這一句話□□□□的人□□，都該很清楚知道了吧！過了二小時趕緊去登記小參。

好不容易進入小參室，跟監香老師說出□□□□□□□□□□□：「所有的□□□□□□。」並且問了我幾個問題；我怕時間不夠，只大略的回答；監香陸老師要我出去再去登記小參，把剛剛在小參室所回答的問題下次小參時再詳細的重細述一遍，就可以把我呈到導師那裡。等了二小時再登記小參，這次登記小參的人很多，等到輪到我時已是隔天要解三的中午了；這一次的小參又是另一位監香章老師，等我一一回答問題時，他又問我□□□□□□，我說□□□，因爲祂□□，□□□，又問：

「那□□□□還有□□□□□□□□呢？」這下糟了，我從不知□□□□□□□□□□什麼識，監香老師本又要我再出去登記小參。我直接告訴監香老師：「我不知道，也參不出來。」監香老師說我剛剛前面的問題都回答得不錯，接著又問昨晚 導師在普說公案時所說的侍者是誰？問我知道嗎？我說：「就是在說如來藏。」他就說：「□□□□又叫□□，因是□□，祂才□□。」我說祂是□□□，能□□就□□□了。要出小參室時，再請問監香老師，我要不要再去登記小參，監香老師說暫時不要。

出了小參室趕緊求佛菩薩讓我沒有遮障，能如理作答。心想：一切隨緣盡力了，趕緊又認眞的拜佛去參。當拜下去時才想到這回我要參什麼呢？剛剛又忘了問監香老師。不一會兒，義工菩薩來叫，引我入小參室見 導師，承蒙菩薩的加被，導師的慈悲，出了三道題目作答，再去體驗□□、□□時眞心是在作什麼？妄心又在作什麼？眞妄和合時又是如何？最後大家再進小參室，說出對喝水的體驗，經 導師一提示，又是另一層面觀行的體驗。此時更深感 導師的深入經藏、智慧如海，深不可測，眞是個大善知識；深深由衷對 導師佩服得五體投地，感動不已。

感謝導師慈悲為弟子蓋上了金剛寶印，讓我是個眞正的佛子了；感謝導師的再造之恩，感謝佛菩薩、克勤大師、護法神的慈悲加持攝受，感謝監香老師、義工菩薩等辛苦護持。今生今世我是跟定導師了，我願作為正法的一顆棋子，願為正法付出，利益眾生，盡未來際永不退轉，祈願導師、同修會所有的親教師身體健康，色身康泰，長住在世，為眾生轉法輪。

佛弟子　劉孫貴珠　敬呈

見道報告

——黃泰銘

一心頂禮歸命本師　釋迦牟尼佛
一心頂禮十方諸　佛菩薩龍天護法
一心頂禮導師　蕭平實菩薩
一心頂禮　監香老師及諸護三菩薩
一心頂禮親教師　楊順旭菩薩

弟子自高中開始，對生命、玄學就感到很有興趣，知道自己以後一定會朝這方向走，以此為依歸。但是未曾接觸宗教，直到大學時加入學校社團，開始練習氣功。練了氣功以後，身體精神變好，感覺也比較敏銳；但是每天站著練功，一段時間後覺得再怎麼練功也感覺不到進步。聽到別的社團有教靜坐，於是又加入學打坐。那社團是天帝教協辦的，自然而然加入天帝教學習。天帝教強調靜坐功夫、誦誥祈願眾生、世界和平，對於心性的探討幾乎都不著墨。參加高教班的課程結業後，給的評語建議是：「若能去我見、我執，則修行必能快速進步。」但是從來沒人教我什麼是「我見、我執」，更不用說斷我見、我執的方法了。找不到心裡的需要及答案，過了一陣子後我就離開了。

直到當兵時認識了一位學長，隨他受了五戒，退伍後也在高雄跟著他學習佛法。但是自己並不精進，也很少唸佛。後來上台北就業，除了守五戒外，就沒作功夫了。二〇〇四年回到中部，支援潭子加工區醫務所的門診工作，偶然看到跟診的劉莉娟師姊在讀佛書。其實那時我自己也在坊間買了《金剛經》讀，不過根本讀不懂。向劉師姊借書一看，原來是《楞伽經詳解》；翻閱之下，雖然很多名相都看不懂，但是書中條理分明，對佛法的闡釋確切實際，當下歡喜不勝，知道終於找到入手之處。

隨著台中週五班的開課，跟著親教師楊老師學習，對佛法愈有信心，也愈願意行菩薩行。但是因為工作及家庭的原因，平時連週二聽經都不能參加，來道場作義工的機會也不多。既然不能來道場布施，那總要另外想辦法累積福德資糧吧！我是肝膽腸胃科醫師，平時的工作就是救治病人。悲是拔苦，慈乃與樂；我的工作正好是幫病人拔除病苦，給予健康快樂，不正是慈悲行嘛？於是我抱著行無畏施的恭謹心上班，把以前注重治「病」的錯誤觀念改爲治「病人」。病人有壓力的，教他忍辱；有煩惱失眠的，教他念佛。談得有緣的，當下拿結緣書結緣；遇到新開班要發開課通知宣傳單，就把宣傳單放診桌上，方便結緣。慢慢的感受法喜無時無刻都在，眞的是「助人爲快樂之本」。因爲不能對病人起三毒心，自己的性障也變淡了。

兩年半的課程過得很快，終於要報名禪三，可是卻不知要發什麼願。請教劉師姊發願的心得，得到一句「地獄不空，誓不成佛」；當時心想那不是要很久才能成佛？不敢承擔。忽然心中閃過一陣感動，當下發願：「願盡未來際，救度一切眾生病苦；若有一眾生病苦未除，誓不成佛。」眼淚不自主的流了下來，知道這個願是我往昔發過的，現在才又想起。既然前世發願行菩薩道，今世也當行菩薩道，來世還是行菩薩道，哪裡還有不敢承擔的事？明白自己發起了菩薩種性，就看福德及因緣是否成熟，能否錄取禪三了。

一直到禪三前都沒有觸證的消息，也只能隨遇而安。禪三第一天下午 導師再度把我們的我見斷除，晚上講論公案雖然精彩，但我仍然迷迷茫茫沒有方向。第二天早膳用完後，導師指示我去廚房洗碗參究，到了廚房，導師問我：「會不會洗碗？」我直接回答：「不會。」於是導師教我一邊洗碗、一邊看話頭「□□□□？」臨走前還加了一句：「洗碗很容易破參，很多人都是洗碗破參的。」我的手一碰觸到水，感覺手上多了一個東西；因爲急著趕快把碗洗完，所以也來不及細加琢磨。

回到禪堂，把剛才的感覺回想一下，發現□□時多了一種感覺□□；□□□也是如此，眞是太奇妙了。這個感覺遍全身都在，不知祂何時存在的，也不知如何讓祂消失，自己直覺「就是這個」。和導師小參時把這個體驗向導師報告，導師提示：「這個入處很好，但是體驗太粗糙。」要我把「□□、□□、□□□」的關係整理好。我回答：「□□□是如來藏。」導師要我把□字去掉，可是當時卻聽不懂。因爲學醫學的緣故，反而一直侷限在分析洗碗時□□□□□□的關係，根本整理不出來。

第二天晚上 導師普說公案時，雖然若有所悟，但是並不通達；知道自己悟得不完整，卻沒有方向。第三天和監香老師小參，果然回答得不分頭目，一直往死胡同鑽。導師慈悲，特地查問弟子參究狀況，並指出一條明確方向，幫弟子把□□、□□、□□□的關係整理開來。再度與監香老師小參時果然有進步，但是問到經行的目的爲何，就回答不出來。

第三天晚上想到明天就要解三，而自己卻一直整理不出來，不禁緊張煩惱。自己的慢心太重，想要靠自己的聰明來整理，卻不瞭解明心的智慧非凡夫可得，定要靠佛菩薩的加持才可。於是反省懺悔，重新發願，回歸看話頭的原點。把經行的問題重新思考，參「□□□□、□□□□、□□□□」；話頭帶入後發覺答案都是同一個，沒有祂，我什麼□□□□；十八界以祂爲本，難怪稱作本心。想通了以後全身輕安，這才感到功德受用。最後一天小參，心裡踏實許多，但是小參的問題很多，一時整理不完。到了下午再次小參，感謝陸老師引導，終於可以過關與 導師小參。導師不厭其煩的把破參的知見一一再度爲弟子整理，出題目鞏固弟子的信心。雖然來不及喝茶體驗，下次能來護三補足，也是緣法。

明心後才知如來藏的奇妙，自己破參前，根本不能想像法界的眞實樣貌竟能如此親證、體驗。若非佛菩薩的悲願、導師的弘揚及親教師的教導，加上諸佛菩薩護法的庇佑，凡夫怎麼可能如此容易明心開悟。弟子既然得傳正法，當然也需讓正法弘傳不息，願將明心所有功德，迴向一切求悟眾生。並至誠祈願；

願十方菩薩弘揚大法所願皆成

願一切求悟有情皆能開悟

願一切眾生皆能解脫

願眾生善根增長、聞法得樂

願　導師及諸正覺同修菩薩，速成佛果

弟子　黃泰銘　叩首

二〇〇八年五月三日

見道報告

——想學佛的小樹苗在心中滋長

——余嘉玲

平實恩師慈鑒：

小時候總覺得這個世間的家與親屬只是暫時的，一直想找尋眞正的佛法，記得七、八歲的時候，對於每天只是起床↓上課↓下課↓看卡通↓作功課↓睡覺，日復一日的日子，感到很無聊，無聊到內心很難過。想學佛法，但所瞭解的又與我不相應，所以連參加都沒有興趣；因爲他們都只是誦誦經文而已，沒有法，沒有我要的答案。大約國、高中的時候，又想到此生難道就是結婚↓生小孩↓把小孩養大↓年老↓死亡？但似乎只能如此！爲何每個人的臉會長得不一樣？難道沒有與我相同的人存在這世上嗎？死後只能去地獄受苦嗎？不是還有一個地方叫作極樂世界嗎？問題是去極樂世界後要作什麼呢？不知爲何，心中總想找答案，卻又找不到，也只好耐心的等待因緣。

當公司的同事盧師姊給我 平實導師的《無相念佛》，要我在上課前先看。原本盧師姊還有點擔心的問我：「眞的想要去參加禪淨班嗎？」我心想：「好不容易有我相應的佛法，（因爲已等了廿幾年！）怎可能放手讓它脫逃！」索性也不升學了，比起世間法的學校，我更想去修學解脫道與佛菩提道的學校，就在這個時機點，我的人生開始有了大轉機：哇！我終於有得救了！

在看 平實導師的《無相念佛》後，讀到第十一頁時，因爲書中有寫到念佛有三種：念化身佛、念報身佛、念法身佛，其中念法身佛中，又提到：「因『憶佛念佛、不假方便，自得心開』者，但發至誠心、深心、迴向發願心，必可得生實報莊嚴土，上品上生也。」原來極樂世界還有分上品、中品、下品，第一次聽到，但就覺得是如此沒錯。忽然心裡一念：我現在才算是眞正回到家了，這輩子出生的目的就是要找到 平實導師；找到 平實導師後，就只要安心的依止平實導師，平實導師會指導我成佛之道的方法。

有關無相念佛的功夫，在還沒看完《無相念佛》就會了，上課後就更加確定，開課後三個月左右，有個定境，找楊先生（編案：指二〇〇三年已退轉的前楊先生）小參，他跟我說全部放掉，以後就會知道爲什麼了（指破參後），於是我就全部放掉（連憶佛的功夫都放掉）；原本定力很好，一拜可以拜一個小時才完成，放掉後全部退失又重來的時候，雖覺得可惜，但心想：可能是佛菩薩要我好好體驗過程，不要落在定境上，有退步才會自己加以檢討退步的原因，才能更加進步，往後若有能力擔任親教師的時候也才能有更多善巧方便（若發現自己退步，六妙門很好用，數、隨、止、觀、還、淨，我每次退步就用這六妙門）；也要我修學的道路不要太急，要每一步都走得踏實，所以才會有這樣的安排。（與楊先生小參的問題是：我正在騎車，忽然有一念：有個果實成熟了，還有從樹枝上剝落下來的感覺——就像我們用手拔花瓣的那種感覺，後來過不到一秒，就有一個紅色物體落在我的安全帽面罩上，嚇了一跳。停車下來看過後，才知道是個紅色的果實。）此次之後，感覺自己與此位親教師不相應，但還是繼續去上課，看著 平實導師的書，自己求進步；所以當楊先生發起法難時，雖有不懂之處，但內心深信智慧深利的 平實導師會平息這一切，我只要好好繼續用功就好；不懂的地方，也經由 平實導師所寫的書與週二上課所說內容當中慢慢瞭解。

後來還沒教看話頭的方法，自己就會轉看話頭；因為年紀小，功夫轉折順利，所以慢心遮障，導致上課時 孫老師所說的沒聽進心裡，觀行幾次就以為斷我見了（應該是要在平時日常中就要經常找機會觀行），又落在定境上，還以為自己功夫夠了，以致於第一次禪三參禪方向錯誤（想要知道正玲如何錯誤的詳情，還請看《正覺電子報》第二十期）。

第一次的禪三

第一次禪三的前兩天，還在找著自己誤認的真心；而在山上的時候，又因為自己的預知夢境一直在山上出現（算算共有十次），所以也落在自己這次可以過關的想法上。第三天晚上過堂後，因為同學的因緣，發現自己的錯誤；是佛菩薩給的，所有的落處剎那間全部知道了，也釐清上山就是去參禪的，而我上山卻還在作功夫，心裡都在打著妄想，已經不專心參禪、離開禪法了。由於第三天晚上經過佛菩薩指點而知道自己所有的落處，以及此世未來要協助 平實導師護持正法所要走的路大致要如何走，就是要我按部就班的一步一步來，偷懶不得。發現自己雖然發願未來要當親教師，學習 孫老師出書摧邪顯正，分攤重擔，但現在的我知見嚴重不足！以我目前的肩膀是挑不起重擔的，再說我連作文稿都寫不好，連國小的作文內容到現在還在被哥哥跟姊姊當笑話說。（被取笑的作文內容：腳踏車騎不好，常往兩旁的水溝倒。）所以第四天就趕快回到小參時　主三和尚所給的方向，將脫軌的我拉回來，在此感謝同學的因緣。下山後也才決定從投稿電子報開始，練習寫作，希望未來能出書協助摧邪顯正。

我找老師小參前，都會先把自己的狀況以及問題整理、消化過，再找老師小參；因爲不好意思佔用太多小參時間，也希望能減輕老師的負擔；但是這樣不太好，我們找老師小參就像是看醫生一樣，不能只說一、兩種症狀，要把症狀說清楚，才能對症下藥；也許你自己所認爲的輕微狀況不重要，但或許你的輕微狀況可以協助親教師判斷你的問題在哪裡？例如你生病感冒，去看醫生的時候，當醫生問你哪裡不舒服啊！你一定把狀況一五一十的說出來，深怕有沒注意到的病症；同理，若只說了一部分病症，容易讓老師誤會我們的狀況。千萬不要害怕與親教師小參——我對　孫老師有種母親的感覺，所以小參時都不會害怕，尤其眼神相對的時候，心就安定了，沒煩惱，也更能將親教師所說的話聽進心裡，吸收進步。

在山上或山下，平實導師與親教師指正的方向與方法要好好把握，別急著要在短期內破參！修學佛法是長遠的，不能急於一時；越急就會越差，偏離參禪更不可能相應；最好是自己多加用功，自己辛苦找到，自己承擔下來，受用不但會更大，品質也會比較好，也能幫忙減輕 平實導師與親教師的負擔。無論在山上還是山下 主三和尚與監香老師、親教師所給的，都已經是極限了，所以更要按照所給的方向去走；所說一切皆為幫助我們證得實相，我們只要老實的按部就班去作就準沒錯；十方諸佛與菩薩都希望幫助眾生脫離苦海，此生我們能得遇難遇的眞善知識，更要把握啊！下次遇到也許是一千年以後或兩千年以後呢！

斷我見的觀行

我平時因爲心很急躁，愛攀緣，再加上習氣的關係，錯把能見、能聞、能嗅、能嚐、能觸、能思考分別的心執爲眞我；也因爲使用習慣了，不容易察覺到五陰的虛妄；但由於平時有作拜佛的功課（練習思惟觀），也有看平實導師的《禪——悟前與悟後》上冊、《我與無我》、《大乘無我觀》，再加上上課 親教師所教導的知見，以及自己在外門六度的實行，有了這些基礎，就開始自己找機會觀行；觀行的時候要先攝心，降伏煩惱，運用止與觀的功夫。例如我會看緯來日本台的料理東西軍，裡面介紹兩道菜的特色，先從食物的外觀比較起，再比較口感，尤其是當主持人把廚師剛炸好的天婦羅咬下去那個酥脆的聲音，還故意用麥克風收音給來賓聽，極盡語言的形容有多好吃，讓來賓們聽了口水拼命流，因爲來賓都是餓著肚子上節目的；（有一次上課孫老師剛好就說到電視的飲食節目作觀行的譬喻，讓我覺得好巧。）再不然就是當自己陪家人看電視的時候，電影情節很恐怖，於是就下定決心觀行：電影情節哪裡在恐怖？不過就是演員那個臉、加上表情、配樂、打燈光、音效，加上自己意識把眼識、耳識所傳達的融合起來了別，產生害怕的覺受。如此的把電視、電影情節觀察分析分開來後，就瞭解其虛妄在哪兒，因爲有練習把意識心對能取與所取的了別境加以解剖分析之後，再看類似的電視或電影就不再害怕或生氣了。

第二次禪三

第二次禪三方向正確，在輪到與　主三和尚小參的時候，進門頂禮後，屁股一坐下，兩眼看著　主三和尚的眼睛，（我很喜歡看著平實導師與親教師們的眼睛，因爲很有攝受力，尤其是平實導師。導師的眼睛黑色的部分很大，完全不必使用現在流行的嬌生隱形眼鏡來放大眼睛；願我未來也能如此攝受眾生。尤其看著導師的眼睛時，不但讓我能攝心，還能頭腦思緒清楚。感覺比父親還像父親！）主三和尚就問：「知不知道自己上次爲何沒過關？」我回說：「知道，因爲我見未斷。」後來　平實導師看看報名表，說我過去世爲眾生作的不夠，另外還要我這次不要落在會不會開悟的念頭上，並叫我用上一次參加禪三教我的方法繼續參。我出小參室後就開始檢討：爲何過去世爲眾生作的不夠？但想想此世護持講堂所作的，就一直想不通爲何過去世的自己會這麼笨？又心想著答應很多師兄、師姊這次要過關，於是就落在思惟葛藤上障礙自己，想要這次破參。因爲不好意思再佔名額，況且　主三和尚與監香老師、護三菩薩非常辛勞。

由於深心懺悔過去世的自己沒有多爲眾生而作，所以到　佛前誠心懺悔；想到 平實導師在第一天開示的時候有說，正覺講堂的法可以讓我們修學到三地，也不知怎地，就在 佛前發願，願我此世緊追隨 平實導師修學成佛之道，若我此次能破參，當繼續求進初地、二地乃至三地；自己能學到哪裡，就教導眾生到哪裡。（現在覺得要能如此作到非常不容易，因爲智慧還沒發起，感覺自己笨笨的！）又因爲答應這次一定要過關而導致把自己逼得很緊。第三天 主三和尚看到我從樓梯下來，非常親切的問：「有沒有消息？」我只能猛搖頭！因怕疑情會不見，所以攝得很緊，導致眉頭深鎖；過堂時 主三和尚發現我眉頭深鎖，還慈悲的提點：「**眉頭要放輕鬆，別把心用錯地方，要攝全部的心在參禪上。**」當時雖然有放鬆，但怕疑情掉了，又習慣性的把眉頭攝得很緊。

開悟只在彈指間

直到下山後的隔天，由於放鬆心情（眉頭鬆了），從十樓跑下九樓時忽然一念相應，但還不知是啥—發現原來我以前都落在見聞覺知中—只知道我跑來跑去祂都在，但我有吹到風、祂沒有，非常開心的哈哈大笑；看見每一位同修都是菩薩，也非常開心的一個一個用心的問訊，又繼續跑來跑去(別人看我應該會覺得看起來很像瘋子)，心想：「**自己這次禪三雖然沒破參，但斷了我見也是得了個寶。**」就非常開心。(其實已經找到了而不自知！記得老師說禪門中斷我見就是代表找到眞心了，但我找到的這個很平實欸！與我想像中的不一樣！都忘了自己第一次禪三後的投稿中有寫到「眞心很平凡實在」。)

指引迷路人的一盞明燈

後來晚上回家，翻出般若系列的經典與 平實導師的書籍，發現比較看得懂一些，原來眾生會輪轉生死是因為這個分別妄心的貪著；我誤會破參後會有神通，原來祂如此平實；看經典的時候，雖然是每句只有四個字，但我清楚瞭解意思。忽然有一念出現：成佛之道還這麼遠，我對於成佛之道完全無知，要怎麼前進才好？當晚心急的想盡辦法翻閱經典，想找出方法，整個書桌都是書，內心渴望趕快知道。(心急又難過！)但怎麼翻閱經典與 平實導師的書籍，就是沒辦法找到成佛之道的方法，怎麼沒有半本書有直接寫出來，心裡傷心地想著怎麼辦。(鼻酸快哭了，心又苦到了極點！)忽然又有一念：

到增上班去學。這才發現 平實導師眞是太慈悲了，這條高速公路已幫我們建造好了，我們只要照著往前走就好，都不用擔心不知路標在哪兒，地圖都早幫我們準備好了。但我當時落在空上，感覺只有乾慧；又因爲找到的這個感覺起來，什麼都不分別、又沒感覺，也不知道自己在不知道什麼！想說這樣我怎麼過生活，有點兒害怕，於是就想：既然是乾慧的話，那我可能走錯了，因爲 孫老師上課說：「聽來的沒有功德受用，所以只有乾慧。」但我不是聽來的，爲啥會只有乾慧咧？於是就退轉，重新再參。

隔天在路上看到狗在散步，路人逛菜市場，發現所有眾生都是非常平等的，沒有高下之分，每個都是五陰十八界具足。（找孫老師小參時，孫老師有說，是眾生各各都有如來藏！當時的我還沒被點醒！）又當我在買早餐的時候，老闆所說的話在我聽來都像話頭，好像根本沒說到話，但又一邊能聽見了知；老闆拿塑膠袋的動作也像話頭。因爲不知自己已找到眞心，也由於前一晚的不確定，自己引經證明沒錯，《心經》的每一句都在說著這個眞心，但自己問問題：「如何□□□□□□□□眞心在哪兒？」然後不會回答，就又退轉。又再次找到後（又是同一個心），自己上次發問的某些不會的問題卻會了；又再發問自己，又不會回答而又退轉；如此反覆「會是這個嗎？好像不是」了大約半年，因爲我不會把眞心與妄心分開。（把牛奶中的水跟奶粉成分分開，這件事情非常的重要，之後的智慧都是從這裡開始出生的！）跟孫老師小參時說不清楚，因爲祂離語言相，所以不會形容祂；當孫老師問我「是什麼」的時候，我只能在老師面前頭腦呆滯的說不出來，口掛壁上，所以與孫老師小參時，孫老師說：「依妳目前的程度，還沒辦法□□□□□。原來妳不知道『在不知道什麼』！不知道什麼也還不是！妳與祂擦肩而過，沒認出祂。」要我再繼續用功。（現在想想才明白孫老師眞是慈悲啊！苦口婆心！）

週四當天上課，剛剛破參的同學上台報告心得之前，當每一位同學向孫老師頂禮的時候，孫老師都會面向著 世尊像，說了一句：「供養世尊。」然後跟著一起頂禮，當時的我內心是超級感動的，深心發願未來也要荷擔如來家業，廣度眾生同證菩提，以此來作法供養，以報佛恩、報菩薩恩。後來同學報告心得的時候，不知爲何心裡出現一念頭：「這也沒什麼，我也知道是怎麼回事。」意識心發現到這個念頭後，覺得不得了了：怎麼會出現這樣的念頭？我又還沒破參，怎會有這樣的念頭、起慢心？於是就趕快把念頭轉了，以免出現其他更怪的想法來。

衆生平等但求解脫

第二次禪三下山後大約隔了一個月，父親因爲胃穿孔、住院開刀，住了快一個月還沒出院，後來瞭解父親因爲有受到其他眾生所繫縛，已經認不出我了！情急之下，自己在 觀世音菩薩像前求大悲水，帶著自己所求的大悲水，口持〈正覺總持咒〉幫父親灑淨，再幫父親的額頭寫上卍字，這時父親突然說：「嘉玲！爸爸好了！好了！……」（編案：此上從略，談論〈正覺總持咒〉之靈驗，與學法證道無關。）

無比殊勝的最後一程

在確定我爸往生的時候，聯繫文翰老師來協助處理時，才瞭解到：在講堂中二等親內的親人往生，是可以安排助念的。我爸往生當天的助念，講堂的師兄姊輪流來協助助念十二小時；也由於我爸的因緣，讓很多原本沒接觸佛法的親戚都來幫忙助念，與正覺結下法緣。當天每隔一個小時，姊姊對爸爸的開示，讓許多講堂未明心的師兄姊都佩服不已；因為我姊是老師，把開示文非常白話、運用譬喻來解釋，例如說到：「在此世間若沒學好，會慘遭留級受苦，所以你發願去極樂世界留學是最好的，在那裡跟阿彌陀佛學得好的話，還是可以再回來。」還有講堂下課前所作的迴向，也讓我感受到佛菩薩的慈悲加持。尤其是告別式當天的彌陀法會，當我看到孫老師以及非常多的師兄師姊都來幫忙，還有莊師姊跟柯老師沉穩的起腔，帶領我們唱誦，每一個字都有如此大的攝受力——請求慈悲的 阿彌陀佛來接引父親，我內心無比的感動（現在打字都還在哭呢）。哭、不是因為父親的往生，而是為諸多菩薩的慈悲協助與加持，還有阿彌陀佛如此慈悲的接引往生者到極樂世界修學佛法，也感動 平實導師在開示文及公奠文中所說的；當孫老師唸著公奠文的時候，我一字一字聽進心裡，內心再次感受到諸佛與諸菩薩的慈悲。

之後的每個七，都在承天寺作。在第一次參與承天寺的法會時，不自覺的把承天寺的法會與講堂的法會作了比較，時時都在懷念著柯老師與莊師姊的聲音，如此的有攝受力；平時參與講堂中的法會時，都能非常融入的拜懺，原來聲音也可以度眾！暗自發願，我也要學習梵唄，將來也要以聲音來度眾，有需要我助念的，因緣許可我一定去。後來善藏法師的父親往生告別式中，在參與助念的尾聲，由 平實導師爲往生者開示，我非常攝心的聽著 平實導師的開示，平實導師每說一句就協助我整理妄心與眞心；在 平實導師開示完後，剛好站在我旁邊的郭師姊，手指在我眼前一晃，忽然發現：是郭師姊的手指在晃，而我的眞心沒有在晃，祂都如如不動。是嗎？會是這個嗎？

悲憫衆生擔家業

後來作功課拜佛的時候，忽然發現 平實導師上課所說的內容與破斥外道，都是依照 平實導師的眞心而說，沒有半點假話；平實導師坐在 佛前所說的每一句話都是依眞心而說，不知道的外道們會認爲 平實導師很狂妄自傲；但事實不是，平實導師非常慈悲，不捨眾生輪轉生死，發願出來弘法，受記振宗風，自己爲求明心見性所走過的艱辛路程，希望能幫助未來的佛子免除；就像爸爸自己吃過的苦，希望兒女可以不用再嚐過一遍，反而可以走得更快更遠，迅速提升，能趕快協助摧邪護法的工作；又慈悲的幫我們造橋鋪路，眞是前人種樹後人乘涼，所以後來進講堂修學的人眞是越來越有福報。

第三次上禪三的前幾天，看了公案，覺得一點也不會枯燥無味，也不是外面法師們所說的無頭公案；這些公案非常的香甜，從 世尊當時傳到現在，還熱騰騰的。雖然剛悟，有的公案看不懂，但看了《入不二門》與《普門自在》，感受到 平實導師對星雲法師的拈提是語重心長的，非常老婆，一點狂妄也沒有，是爲救拔自稱臨濟宗的傳人星雲法師而說，希望他能成爲眞正的臨濟宗傳人，而不是只有外表表相的傳人，可說是無盡的慈悲。

原本第三次不報名的，但同學說，盧師姊會報名護三，這次想護持我與同學一起過關；爲了報答盧師姊，於是就決定報名。其實在我決定報名時，就有個直覺，這次我會跟同學一起過關，而且座位會在靠近後面（因我前兩次禪三都在第一排，所以公案普說的時候都得伸長脖子），感覺 平實導師這次想把我跟同學一併解決，趕快協助分擔如來家業。也由於上山前自己就找到眞心了，所以有信心此次跟同學會一起破參。

第三次禪三

第一天 主三和尚開示斷我見的時候說到：「有人心中想：『找到的這個，

也沒什麼！要祂來作什麼？』那難怪會退轉，也是應該的！」後來晚上普說時也說：「有人心想，原來成佛的心就是這個！跟我的一樣！」心想，不是在說我嗎？於是後來就趕快到 佛前懺悔，不該對眞心起這樣的慢心！中午過堂時，按照慣例 主三和尚會到每一桌前要大家吃水果；當輪到我時，主三和尚看看我，我也很用心的看著 主三和尚，主三和尚對我說：妳不用吃了吧？但我還是頑皮的伸手拿水果吃。（心想是嗎？雖找到了，但自己還不太敢承擔！因爲已經自己玩自己、玩了半年了！）第一天晚上公案普說時，主三和尚的唱作俱佳，讓我笑翻了。（因爲我聽得懂，但奇怪的是其中有一、兩個還不是很懂。）其中有一個公案，有一位居士請問一位禪師，當禪師要這位居士指出如何是眞心時，這位居士就把頭上的頭巾打開來；後來 主三和尚就問大家，這位居士說了沒？肯伊、不肯伊？主三和尚觀察幾秒後就說：「看余嘉玲好像有入處，說說看是什麼？」然後我就假裝頭上有頭巾，打開來給主三和尚看。主三和尚說：「跟我們打啞謎！」然後又作了一次假裝頭上有頭巾，打開來給大家看；但我心裡還是虛虛的。尤其後來 主三和尚說：要說不肯伊的話，又不肯在何處？肯與不肯，都要會講。此時我就想了一下，但還是想不出來。

第一天晚上普說後與 主三和尚小參的時候，主三和尚說：「妳好像有什麼體驗，說說看。」我就說：「當我聽見的時候祂沒有聽見。我有看到的時候祂沒有看到。就好像剛剛護三菩薩在打板，我有聽見祂沒有聽見。還有公案我聽得懂，但還有一些聽不懂！」主三和尚說：「剛開始悟，有些聽不懂是正常的。好！假設我是一位剛進禪門的人，妳□□□□□□□什麼是如來藏？」但我還是不知道□□□是什麼，因爲祂離語言文字啊！於是搖頭。主三和尚接著說：「搖頭是指不想知道？還是不知道如何？」（有點忘記導師的問詞了！）心裡緊張得就直接回答：「不知道如何說！」主三和尚就說：「我跟妳說是什麼：就是如來藏！」（心想，就這麼簡單！雖然半年來不斷的問著自己：是這個嗎？親教師與導師已經幾次的慈悲指引我，卻還是不太敢承擔，因爲祂太平實了！）

主三和尚看出我的心思，就說：「看妳好像還不敢承擔，妳等一下回去後拜佛時，□□□□□□□，□□□□□□□□□□□□□□，拜到十二點鐘好了！妳都會比較早起床，起床後到禪堂就□□□□□□，□□□

□□□□□，東看西看，□□□□□□□□□□□。妳不要□□□□□□□□。看妳這麼直，智慧不容易出來！現在我們把□□□□□□！你下去把洗碗的時候，……。」當天晚上一邊拜佛，一邊想著 主三和尚所給的題目，一直不知道要如何□□□□□□□是什麼？

第二天的上午，原本還在擔心同學怎麼還沒消息，後來 主三和尚來到我倆面前說：「我跟妳們說：妳們找到的這個是不是本來、自性、清淨、涅槃、實際、清涼？妳有熱惱，祂很清涼，對不對！（我倆猛點頭）妳們兩個題目一樣，好好整理。」（心想同學不簡單！第一天看她沒消息，也怎麼這麼巧！兩人竟然同一症狀：不太敢承擔！）後來不到兩個小時，同學進去小參後出來，就多了一張紙跟一隻筆，而我卻還不知道□□□□□□，頓時覺得自己好笨喔！平常看起來聰明，但這時候都派不上用場！

眞金不怕火煉

後來登記排小參，第一次進小參室就坦白回答游老師：「不知道□□□□□□？」游老師很慈悲的又再幫我引導一次。按照第二次禪三的經驗，一有困難就立刻到佛前求願加持；所以兩個小時到了以後，又去登記小參，這次小參一樣是排到游老師，這次回答老師：「行相。」但游老師假裝他是個剛進禪門的人，回我說：「什麼是行相啊？我怎麼聽不懂？妳再回去想想。」但我又多嘴頑皮的問老師：「可不可以透露這句話有幾個字？」游老師只是看著我，沒有說話，於是我就乖乖的出了小參室，不敢再頑皮了。（因爲心想：既然我已經找到了，可不可以就放過我咧！跟我說說幾個字也好。但後來又想，這又不是世間法玩猜謎遊戲，是無上大法，怎可玩笑！）只好又到佛前求願加持。

回到座位後在拜佛當中思惟原來這世間的一切都離不開□□□□□，（路上跑的、走的、吃的等食衣住行無一不是！）所以又去登記小參，又一樣是排到游老師；這次我回答：「空間！」老師說：「爲何會這樣回答咧？」我就說：「眼前所看每一分都離不開眞心，若說虛空是因爲色邊色，稱爲虛空，所以我不會答虛空；但空間就包含了物體與虛空所以才這樣回答。」游老師說：「這個還蠻多人回答的，但卻是錯的答案。不過妳已經抓到方向了，□□□□□□□關聯是什麼？不要離開這個範圍，很接近了，再去參參。」

第二天跟第三天被游老師煎、煮、炒、炸了三次，中間雖然很苦，但如此的磨練過，受用更大，更敢承擔，也更開心，眞是有被虐待狂。慈悲的游老師一直在點我：「**終於會走路了啊！**」（心裡一頭霧水，其實是我還分不清！）「**知道是什麼了沒？**」後來遇到游老師的時候，老師慈悲的說：「**知道了沒？這次又有什麼讓我跌倒的答案啊？**」

同學一路追上，甚至超過，雖有小壓力，但我還是秉持著與她的約定，在山上每一分秒絕不放棄的心念；於是靜下心來繼續思惟整理著。第三天晚上的普說，當 主三和尚說了一則公案後，忽然同學呼吸急促，說出：「**救救我！……我全身都麻了！……我對不起大家！**」然後就大聲狂哭！（忽然想起夢過！尤其是她說出救救我的畫面。）頓時我也不知所措，只能往後看著護三菩薩，詢問是否有人會醫術。張老師就慈悲的讓同學靠在她身上，帶我與同學進講堂的盧師姊（師姊此次參加禪三要求見性）也擔心的過來，還有很多師姊們都過來幫忙（刮痧、放血、按摩、拿塑膠袋吸二氧化碳、敷熱毛巾、吃藥），而我不懂醫術與偏方，直覺她是有遮障，於是直跪求 佛世尊加持。（不知爲何眼淚自己掉下來，又心想：妳別給我出狀況，都一起走到這兒了！）又心

想大慈大悲的 主三和尚也在，雖然 主三和尚沒有說任何一句話，但我內心深深相信：主三和尚絕對會救她，只是還在觀察狀況，等一下 主三和尚一出手，妳就得救了！所以就在她耳邊跟她說：「別怕！有佛菩薩在、會加持妳，更何況導師也在！」

就在眾人協助同學的時候，過了幾分鐘，主三和尚帶著非常堅定的語氣終於開口了：「妳要放輕鬆。」「妳要請『他』離開！我們這裡不需要『他』來為我們說法！（編案：當時同修會尚無正覺祖師堂，借用新店女童子軍活動中心舉辦禪三，偶有鬼神入侵。）別急著這次開悟！妳心越急就會越慌亂！」「要放輕鬆，開悟不是一天、兩天的事。」「開悟是要為眾生而求悟！必須要經過無量數劫的修集福德與智慧！古時候的禪師，有的窮其一生都無法開悟。」「妳就賴給我好了，以後妳就改姓賴！」（聽到這裡我內心萬分感動！一位菩薩在度人的時候，就這樣一肩扛下了！心裡篤定 主三和尚扛了，也幫她授記她此生一定會開悟的！實在是大菩薩！內心也超感動，為同學超開心的！）待同學色身稍微好些，就退到後方休息，（我又在她耳邊對她說，謝謝她為我們說法，作法供養，有無量無邊的功德，再次感謝同學的因緣。）然後 主三和尚對著大眾說：「剛剛一群人在爲大家說法，看到了沒有？一群小丑在表演無生給大家看，看出了什麼沒有啊？（大眾一陣笑聲……）我爲什麼要度她，是因爲她眞的很發心在爲講堂作事！她有菩薩種性。所以妳以後就改姓賴！賴給我沒關係，我讓妳賴。這次沒關係，不要太心急！心急就反而離開了禪法！聽到了沒有！」（同時之間我也想通了，不可以心急！心急就壞事了！雖然主三和尚說同學這次就算了，但我內心還是知道，這是主三和尚爲了讓同學放鬆而說，其實我與同學都可以這次過關。雖然我到現在還不知道□□□到底是啥，不過即使眞的這次沒過，到進階班繼續聽孫老師的課，孫老師觀行說得很細，對我的功夫與知見上一定會有更大的幫助。）

第四天的中午，按例 主三和尚一樣使盡了神頭鬼臉，比奧斯卡影帝還精湛的演出，可惜有些禪子害羞得沒抬頭看，法都在 主三和尚身上啊！我可是不客氣的轉身看得不亦樂乎！過不久，同學又一樣呼吸急促，於是就趕快攙扶到寢室（心想：怎麼又來了！後來得知每當同學要整理時，就會出現遮障！）過堂完，擔心的到寢室想瞭解同學的狀況，還沒到寢室門口，就看到慈悲的 主三和尚從裡頭出來；心想 主三和尚關心過了就絕對沒問題，放心許多；進到寢室看到陳老師與幾位護三菩薩已經慈悲的在照顧著同學，陳老師還跟我說：「趕快回去繼續參禪。」後來在一樓遇到 主三和尚，主三和尚問我：「妳這兩天幫同學忙進忙出，阿是知也嘸？」我還是一樣搖頭。心裡想著，這句話到底是什麼意思呢？我真是絞盡腦汁了。後來 主三和尚慈悲的到座位面前問我：「知道了沒？」我又搖頭。主三和尚又問：「那妄心□□□？」我也搖頭。這時 主三和尚就說：「妄心□□□□□□！」同時用手指□□□□□□。（對喔！第一天就已經有開示了。）又說：「妳趕快想想□□□□□□□□□？」

第四天下午的這次小參就學乖了，所有心裡想的有名詞的答案□□□□□□，到下午一點半左右，終於第四次小參了；這次是張老師，不是游老師了。張老師很慈悲的引導我：「□□的時候□□□□□？」我回答：「如來藏！」張老師又問我：「那如來藏是什麼？」我回答：「□□□！」於是張老師就又很有耐心的引導我：「□□的時候□□□□□？」我回答：「如來藏！」張老師又問我：「那如來藏是什麼？」我就是不會回答。所以張老師就說啦：「問妳，就直接說啦！」然後看著我說：「是不是如來藏？」此時心中終於知道，就是祂了！怎麼我想了三天都想不通咧！於是就回答：「如來藏！」後來張老師反問：「是嗎？我怎麼看妳不太確定？」這下不敢再說不知道與不確定了。原來如此！就是這句話啊！後來張老師又問我：「那□□□□□，祂在作什麼？」我就說：「□□□□，□□，□□□□運作，繼續不停的接收外境。」後來經由張老師慈悲的引導後，就說得更細：「……（略）。」然後張老師說我只說了一半。給我題目整理□□□□□祂在作什麼？還有十個□□□□的理由。

回到座位又繼續思惟，原來如此，就是這句話，讓我絞了三天三夜的腦汁，第三晚還連澡都不敢洗了，就是搾不出來；現在終於知道了，也比較篤定了。大約兩個小時一到，就趕快登記小參。第五次小參是游老師，游老師說：「終於知道啦！」我笑得非常開心！游老師又繼續幫我整理□□□□□□□□？然後要我回答祂□□□□□？不知爲何腦袋空空的，連答案也幾乎是游老師幫我整理出來的，這樣低空飛過；游老師說，依我這樣的成績，依照往例是本來要被刷下來的。後來要我拿紙跟筆，寫□□□□□□□，儘量寫，不要停。等會兒安排我與 主三和尚小參。我還頑皮的說：「早知道，就要好好看那本□□□□□□□□□□□。」（心裡還在想主三和尚不知道又會出什麼怪招！）

虧我公案笑了三天，等了四天，我終於也拿到紙筆了，拿到的時候已經是大約下午兩點十分的時候，只好拼命寫，同學也還在寫；三點多時游老師對我與同學說：「現在已經三點多了，我看主三和尚這次沒辦法幫妳們勘驗了！」雖然游老師這麼說，我嘴裡也回著說「沒關係」，而時間也已經三點多了，但心裡就是非常篤定：等一下主三和尚會把我與同學叫進去勘驗；果不其然，陳老師叫我與同學小參，還有一位男同學。這次與主三和尚小參就不一樣了，自家人說自家話，每整理一個題目，知見就提昇了一些；主三和尚還跟我們玩腦筋急轉彎！雖說是腦筋急轉彎，但也是增加很多信心。最後說：「喝水的體驗，等以後來護三的時候再勘驗。」（心裡還眞是高興！本想著不知是否可以護三，如今因爲要勘驗，所以保證可以錄取，眞是一兼二顧。）

這個如來正法，佛傳給平實導師，平實導師又傳給我們，所以我們也要再一代一代傳下去，不可以只有求自己破參就滿足了；所以弟子勇發受生願，發十無盡願，要繼續求眼見佛性，地地轉進，幫助平實導師完成度一〇八人明心又見性的願望，成為其一；也協助 平實導師將在外面流浪的禪子找回來，也發願有朝一日擔任親教師（去大陸亦可），也發願要學習藏文或巴利文，要多看 平實導師的書，要能把 平實導師與親教師所給的知見，變成像數學的公式一樣，熟悉後靈活運用來解決問題，增長成為自己的智慧；也發願如 平實導師上課所說，要有廣度與深度，除去慢心降伏性障，如此才可以協助摧邪顯正，並協助將《正覺藏》早日完成；向 平實導師與 親教師們學習，協助把佛法的萬年根基打好，也可以利益未來世再來的我們。

學佛是長遠的，不要因為一次沒錄取或沒過關就放棄，平實導師說過：「我要度的是菩薩，是可以利益眾生的菩薩，若是只為自己而求明心解脫，佛菩薩是不會給的；就因為破參後是七住菩薩，是菩薩就不是人，是人就不稱為菩薩；菩薩就是要幫助眾生解脫生死，要為眾生哭，不要為自己哭；用世間法與出世間法的智慧，把世間醫生所不能醫的生死病斷除，所以要為眾生而求破參；因為自己能如實瞭解破參的解脫受用，也可以發起般若智慧，能現身為眾生說法。」現在我是小獅子了，剛出生，奶都還不會吃，還被 平實導師捧在手裡照顧，等著趕快長大呢！弟子願將此次破參功德迴向供養平實導師、親教師們與正覺海會菩薩們，祈求佛菩薩加佑 平實導師、親教師們與正覺海會菩薩們色身康泰，地地增上，迅速成佛。禪三道場與正覺寺興建順利，《正覺藏》迅速完成，正法永遠弘傳不滅。

南無本師 釋迦牟尼佛

南無大慈大悲 觀世音菩薩摩訶薩

南無 大勢至菩薩摩訶薩

南無 韋陀菩薩摩訶薩

南無 玄奘菩薩摩訶薩

南無 平實菩薩摩訶薩

南無 正覺海會菩薩摩訶薩

佛弟子 正玲 叩首

見道報告

——王瑪麗

我在青少年階段，活得憂鬱；喜歡古典音樂，但演奏鋼琴時感受到完美之不可及，以及當自認爲接近完美時實隱含著難以再自我超越之雙重矛盾，而陷入一種深沉的痛苦中；其後接觸存在主義文學及心理學，開始思考人生問題，對於生存的意義有著很深的質疑。母親三十多歲接觸法光寺如學法師，開始茹素、受菩薩戒並持過午不食戒，是位非常虔誠的菩薩。如學法師曾就讀日本駒澤大學，並受教於日本曹洞宗禪師澤木興道，是位慈悲智慧而氣度非凡的長者，我們全家人在我讀中學時於如學法師座下受三歸依。如學法師曾說，她很嚮往《華嚴經》中華藏莊嚴世界的浩瀚深廣，而 平實導師也提過他的老師 克勤圜悟祖師的華嚴證境非常深妙，令我對華嚴證境心生嚮往。

我在高中階段讀北一女，當時法師邀請交大李恆鉞教授先後講《大乘起信論》及《楞嚴經》，無畏於高中升學壓力的繁重，每週都去聞法，聽聞深受科學洗禮的李教授談佛法，對於般若智慧的深邃及佛菩薩深徹骨髓的慈悲非常嚮往，默默生起盡形壽以生命追求佛道的決心。當時如學法師提醒我，台灣缺的不是出家人而是高素質的出家眾，鼓勵我完成大學學業。我在大學期間，參加佛學社，也參加過懺雲法師舉辦的齋戒學會及台中李炳南居士辦的長達一個月的佛法研習營，尤其對蓮因寺七天自發性過午不食的齋戒生活非常喜悅。大學期間和各校佛學社道友略有往來，曾親近曉雲法師擔任義工，也曾以拜山的方式上承天禪寺拜見廣欽老和尚。由於大學主修心理輔導，對於人性的需求還有一種體諒與執著，俗緣未了，畢業以後投入輔導工作，結婚生子，與佛法漸行漸遠。

我先在國中擔任十年的輔導人員，當時台灣的輔導界才起步，幾乎抱持拓荒的心情，讓校園及教界行政體系從對輔導的不瞭解、不認同，進而建立共識，願意正視此工作存在的價值。並且在此間以在職身分進入師大心輔研究所進修而得到碩士學位，隨即受聘中山女高繼續擔任長達十五年的高中輔導工作。校園輔導工作經常要面對學生的心理困擾，從建立信任關係、傾聽、瞭解到協助化解問題，這是一個非常人性化的工作；而且坦白地說，一個稱職的輔導人員是相當具有菩薩性的，只是缺乏佛教的出世間智慧吧！我相當喜歡這樣的工作，但在面對許多困難的個案中，也深切感受到心理輔導與心理治療的極限，並清楚的意識到人的困境遠超過人類世俗智慧的發展所能化解或處理的！

我的婚姻生活持續很短。前夫是個觸角很廣且學識豐富、有才氣的人，我深信出國深造才能把他的長處發揮出來，因此幫他找到一個公費留學的機會；由於家裡的經濟狀況不可能把孩子接出去，我決定留在台灣把兩個孩子養大，等他回來。當時對世間無常、關係危脆的體會淺薄，深信我們的關係是堅固而無以動搖的，但三年之後，我面對的是一個無可選擇的離婚的處境！這個關係在分居的狀況下持續了多年，才不得已的結束。這段期間，我曾經思考自己何去何從，斟酌要不要繼續深造，考慮到在職進修博士學位，必然會犧牲多年和孩子的互動，因此選擇不再追逐世俗的成就，獨力把孩子好好撫養長大。

一九八九年底我接觸了現代禪，首度看到有居士禪師宣稱悟道。妹夫張志成師兄上完現代禪的禪七課程，覺得不錯，我就跟進。現代禪李元松老師的動中定與靜中功夫以及融合理性民主平權的人文佛法，尤其是宣稱人類悟道之可能性，令我極爲嚮往。李老師不但對弟子們的道業有所期許，對弟子們的生活困境及子女的教育也全面性的細膩關照。李老師弘法期間說了許多內容精湛的法語，諸如「姿勢動作的改變，使人不察身體的存在原來是苦；連貫起秒秒消逝的時間，使人不察事事物物原來無常。」「一切都只是功能和現象的變化而已。此中並沒有生命，也沒有身體和意識——我所瞭解的佛法只是這樣。」……都是我們喜於吟詠體會的。

李老師對核心弟子的教導有其嚴峻的一面，往往在共修時當眾指出弟子們性格上的破綻，百般鉗錘，並點出修正的方向。印象中有幾次經驗，一次是象山修行社區形成之初，李老師認爲我的起心動念有虧，默擯三個月讓我自省己過；當時對自己起心動念的隱晦難以清楚覺察，但知老師懲戒必是自己有過，心中非常痛苦。此時正好放暑假，我天天帶著《禪林寶訓講記》（後來發現《禪林寶訓》書中的妙喜和尚就是大慧宗杲禪師，心中喜悅無比）及李老師的《禪門一葉》(內容有關平日對我們的訓勉),到中央圖書館閱讀熏習,自我惕勵;如此日復一日,直至三個星期李老師提前解除默擯,才釋懷而回歸正常的生活。

另一次是老師要求現代禪傳法弟子剋期取證,一個月內要親證本心;時限到時,老師集合傳法弟子在中觀書院(我因擔任錄音執事得以在場),當時看著李老師拿籐條在中觀書院快步走著,每個傳法弟子都蒙受籐條數棒;籐條斷落飛散,就再換一根,瞬間打斷了好幾支藤條……。然而面對這些鉗錘,我都能感受到李老師是基於慈悲藉以轉化習氣,提升道業。我們就在李老師的呵護與鉗錘之中,一待就待了十五年。這段期間因爲佛法的熏習而讓我心靈得到某種程度的穩定,化解了世俗生活不圓滿的焦慮。在佛法的修行上,我很賣力的熏習法義,實踐道基,但感覺難有突破性的進展!

李老師有段時期囑咐我個人深入阿含、般若中觀、禪、密、淨土;此外,除熏習李老師的禪門著作外,我自己鍾愛的書也包括《維摩詰經、六祖壇經、黃蘗禪師傳心法要》……等;雖然我的悟性慧力均不足,但對於佛法確實有一種想一口吸盡千江水的衝動。比如閱讀《大智度論》卷十四〈羼提波羅蜜〉，對於龍樹菩薩從很多角度談忍辱行的實踐，或者讀《雜阿含》卷十三富樓那欲往西方輸盧那，無畏於眾生折騰之內容，都非常感動；讀《八十華嚴》〈淨行、十住、十行品〉也是非常震撼，但問題是這麼豐富的佛法如何去實踐而眞正成爲這樣的菩薩呢？

李老師建立象山修行人社區以後，對我們的要求是不增不減的依教奉行，並叮囑我們有「剋期取證，三日內必證道果」的決心。由於對佛法的實證束手無策，因此在不增不減依教奉行的部分實踐得相當徹底。李老師強調修行最要在體得善知識的心，以師心爲己心，以師意爲己意，這樣修行進步才會快；並教導我們對現代禪教團要有與教團爲生命共同體的胸懷，教團的事就是我們的事，要傾盡全力的爲教團付出。這段期間李老師指出我個人的自卑習性，並予以不斷的鉗錘；但我很難有徹頭徹尾的改變，修行好像卡在這裡，因此也不敢請教老師自己爲什麼無法悟道？然而李老師有關修行道基的教導，來到正覺同修會還是覺得很受用；當確定正覺同修會是殊勝難逢的了義正法，很自然的會以教團爲家，願傾盡全力地奉獻來圓滿平實導師弘傳正法的宏願。

其後，李老師積勞成疾，病中要我們專修念佛法門，並推薦善導大師與法然和尚的著作；我們家人對念佛法門非常相應，開始每天相續念佛，並迴向李老師色身早日康復。但李老師長年爲關照弟子的生活道業積勞成疾，在發公開懺悔文後，很快就往生了。

李老師往生後，我們遵循李老師的遺訓，追隨慧淨法師念佛求生淨土。原來的中觀書院改爲念佛堂，每天開放三個時段讓大家一心念佛。當時我每天早中晚念佛約五、六個小時，除了希望捨壽時往生極樂世界淨土外，也非常希望自己念佛相續不斷，有朝一日能證得念佛三昧。三年下來，雖對往生淨土沒有疑惑，但於念佛三昧之修證，察覺不到有任何進境。

李老師臨終前的公開懺悔文，讓我死了證悟這條心，我私下認爲連李老師如此具有慧力之大修行人，都坦承所悟不徹，像我這麼愚鈍之人，又如何能夠指望？就打消修聖道門的念頭，但是心中對於佛道上不斷增上的念頭卻從未止息。

二〇〇六年春假，小妹美伶陪著她的大兒子善思去旁聽正覺同修會 平實導師宣講《勝鬘經》，想爲他選擇一個值得親近的道場，聽完之後對這個修行團體的印象非常深刻；正巧正覺同修會要開新的禪淨班，美伶和善思想報名參加；妹夫志成師兄立即生起同去之念頭，並對過去網站上評論平實導師的文章親自向導師懺悔（編案：詳見《我的菩提路》第二輯張志成的見道報告）。當時我自覺五十多歲的年紀，從頭開始修聖道門，太辛苦了，因此打定主意繼續修淨土法門；但由於對本願念佛法門之法義有不認同之處，遂決心自己充實傳統淨土法門之教義，一心念佛求生淨土。當時明白往後的修行路得自己走，心情相當嚴肅，有整整一週的時間在家幾乎是靜默不語。

由於志成師兄得正式向 平實導師懺悔，以李老師的嫡傳弟子對教界懺悔是件大事，當志成師兄著手在懺悔函中對李老師的風範略作稟明時，我把手邊導師的書迅速翻閱，對於 平實導師評論諸方大師之事心存疑惑，但仍決定和美伶夫婦一起去正覺講堂聞法；去過之後，感受到平實導師的慈悲平實與勝妙的智慧，眞的是九牛也拉不回了！於是二〇〇六年四月，我們一起報了正覺的禪淨班。

正覺同修會的禪淨班以佛菩提道六度爲主軸，內容豐富得令人歎爲觀止！首先，禪淨班的親教師、助教老師及義工菩薩都是證悟的菩薩，而且心性都非常好；親教師不斷引經據典，談的又是自己親證的內容，讓我們能承接 釋迦牟尼佛的教示，並且體會到親證佛法是正覺同修會許多人的現量經驗，這是經由踏實的熏習之後可以實證的。這件事讓我的心眼大開，願意傾盡全力實證之！因此，我在禪淨班不敢怠慢，每天拜佛四小時，其餘時間多在閱讀 平實導師的著作，熏習法義。其後漸漸接觸義工工作，接了就認眞作，以至於我們家三姊妹在禪淨班期間經常參加助念與彌陀法會；後來加入編譯組，也積極參與各種文稿校對機會，並漸融入正覺教團的運作之中。

年輕時接觸般若、禪宗祖師語錄、淨土法門……等，都很法喜；但佛法浩瀚無邊，而自己智慧淺薄，無法理解這些法之間的關聯性；在思想及實踐方面，顯得支離破碎，無法掌握核心、體解佛法大要。而在正覺同修會，從平實導師的著作及親教師的言談中，感受到只要在正覺證悟明心，不但對阿含、般若、禪，都能有初步的融通，且能不斷深入三轉法輪經論。而且從 平實導師的開示中感受到，平實導師的法談確實出自證量，對初二三轉法輪四通八達、了無障礙，和一般法師講經說法時依文解義大不相同。在正覺同修會的熏習更能眞正讓人體會到釋迦如來佛法之可貴，感受到佛法的深廣與勝妙。佛法在世間一直以各種不同的樣貌呈現，每一種樣貌都各有其度化的因緣與對象；而我也在所謂的佛法中沉浸了許多年，但如今經由 平實導師，我才能少分的體會佛法的殊勝、深妙與圓融……。如實而言，沒有進入正覺，我無法深入體會阿含，也無法體會般若，無法眞正體會會禪師蓋天蓋地從宗而出的法談，更甭談三轉法輪的勝妙法了！在正覺的殿堂，於佛法曾經浸泡二十年的我，眞的只是一個無知的小兒，從頭開始！

在正覺講堂，令我感動的是修行人！三年來，我參加過許多次禪一，接觸到不同的親教師；親教師各有特色、各具風格，但都讓人感受到慈悲祥和與清淨智慧無諍的風範，我發自內心的讚歎：平實導師能夠攝受凝聚那麼多眞正的修行人，在充滿諍訟的娑婆世間，顯得格外的難能可貴！

依我在正覺禪淨班及進階班修學三年半的經驗，覺得正覺同修會有以下特色：

一、以憶佛拜佛培養動中定：

每堂課有約半小時的拜佛時間，用緩慢的速度透過無相念佛訓練動中定力，並鼓勵學員在家中每日拜佛，漸而提醒學員平時於行住坐臥與工作中也能靜默憶佛——無相念佛；久而久之，學員彼此互不攀緣，動中定力也於行住坐臥中逐漸養成；因此，正覺同修會的學員整體流露出一種安穩沉靜的特質。而動中定的深化，有助於學員對起心動念由粗糙進而微細之敏銳覺察；想破參的學員，並可依親教師教導轉為拜多尊佛，繼而看話頭、參話頭，疑情不斷，等待時節因緣成熟，於參加精進禪三時一念相應，頓見實相。

二、強調菩薩心性的培養：

禪淨班有三個月的時間為學員宣講戒律（包括五戒與菩薩戒）。每年並傳菩薩戒。傳戒之後確實執行兩個月一次的菩薩戒布薩，所有受戒者都要參與布薩，凡自省犯戒者依戒行輕重須事先找一或四人已受戒者於佛前當眾發露懺悔；受菩薩戒之前也多半先將此生所犯之性罪、戒罪當眾發露懺悔清淨。因此，正覺同修會受菩薩戒不是一種形式，大家都以誠敬之心領受菩薩戒，希望能謹守菩薩律儀，成為眞正的菩薩行者。

平實導師非常重視學子發起菩薩心性，也就是發起證悟明心以利樂有情、弘傳正法、續佛慧命之大行願，因此曾宣講菩薩《優婆塞戒經》。《優婆塞戒經講記》出書後，由於內容深入淺出，幾乎成爲禪淨班學員必讀之書。除　導師和親教師在課堂上不斷強調發起菩薩心性的重要性，禪三之甄選亦以菩薩性的發起爲重要遴選條件；近一年來並強調受菩薩戒方能報名參加禪三，已破參而未受戒者也應受菩薩戒，否則取消增上班修學的資格。由於平實導師及親教師的宣導，以及菩薩戒布薩的確實執行，正覺的學員不論已證悟、未證悟，對於菩薩心性的深化都深自期許。也因此，正覺學員互動中令人充分感受到心性調柔、融洽無諍的氛圍。

在正覺講堂參學三年多，我對於受菩薩戒有深刻的感受。過去於現代禪參學期間，李老師認爲佛教戒律中有些與現代精神不相契合之處，因此以自訂之現代禪行者的道基取代之，我們皆信受不已，且認爲佛陀時代不合時宜的戒律應可廢棄。直至於正覺受菩薩戒，並習於反省己過，至誠對眾懺悔之後，才體會到受菩薩戒的珍貴，並確信　佛陀制定的菩薩戒律是提昇淨化行者心行不可或缺的內涵，不可改變。菩薩心行的實踐，爲自己佛菩提道的修學建立了穩固深厚的平台：受持菩薩戒，謹守菩薩律儀，進而利樂眾生，不僅令內心淨化，心胸寬廣，慈心增長；且菩薩心性長年久劫的實踐，必然生生世世會得到可愛的異熟果報，這是不求自來的，此爲學子依因果業報的深厚信仰而可以如實了知的。

三、建立實踐六度的生活基調：

禪淨班除讓學員熏聞佛法正知見以外，主要內容函蓋佛菩提道布施、持戒、忍辱、精進、禪定、般若等六度；每一度的內容都豐富而深邃，親教師對每一度的內容引經據典一一作深細的宣說，且以身口意行具體展現，並勉勵學員於生活中實踐。隨著學員少分多分的實踐，諸如護持教團、隨緣量力布施貧弱或供養三寶、受持菩薩戒、忍辱行的深化、行住坐臥憶佛念佛、熏習思惟四聖諦八正道十二因緣……等，自然逐漸養成實踐六度的生活基調，這樣的生活基調，爲學員之修學佛菩提道奠定清淨穩固的基礎，且令行者的身心得到眞正的安樂。

近年來，適逢全球經濟大風暴、台灣八八水災、全球暖化……等問題接踵而來，人類的困境成爲全球大眾、各國領袖專家必須共同面對的問題。然而，除針對各項問題早日發展因應對策之外，根本解決之道在於佛法的實踐

——生生世世實踐六度波羅蜜之菩薩行者，隨著惡業之化解，以及善業淨業的累積，他的福報會愈來愈圓滿。當地球不再是好的居住環境時，除非爲了度化有緣苦難眾生，否則他的如來藏自會依所含藏的異熟種，而重新投胎到圓滿的環境，繼續領受生生世世行菩薩行所得的可愛異熟果報。而人世間若有更多的人修學佛菩提道，實踐六度波羅蜜，人類也將因整體善淨共業的增長，而令生存環境得到更大的改善。過去很長的一段時間，我曾爲老年所將面臨的老病無依等苦感到憂心，但自從熏聞正法後，清楚的覺醒唯有生生世世修學佛菩提道，增長善業淨業及無漏法種，才是化解人類身心困境之良方！

四、熏聞觀行五蘊十八界的虛幻並斷我見：

禪淨班講授般若度長達一年，內容深邃緊湊，學員須於課餘，配合平實導師《阿含正義》的熏習，自己於行住坐臥中觀行體會，一一領受五蘊十八界的運作，並體會妄心之體性及其虛妄性。觀行五蘊十八界的虛妄，並不止於知見的建立，更重要的是實際觀察並自我確認。爲避免落於知見，學員間不互相討論，都得自己實際觀行，老師也僅在深入困難處略爲提點；因此觀行之深入與否，依各人之體會而千差萬別。學員藉此觀行，一方面得以確實了知前七識之虛妄性，日後參加精進禪三，不會找錯眞心；其次，體得前七識之虛妄且斷除我見，悟後轉依眞心方不易退轉。此觀行之重視乃正覺有別於其他佛教團體的學風。

斷我見一向是佛子們知其重要但卻不敢奢望之法，在佛門中很少聽聞有師父教導學子如何斷我見，且一般佛門大師也多僅觸及色身的虛妄，不能及於受想行識的虛妄。平實導師透過《識蘊眞義》及《阿含正義》，對五蘊十八界尤其是識蘊（函蓋意識）的虛妄，有非常詳盡的宣說；因此學員平日自行細觀五蘊十八界虛妄，並經歷精進禪三中 導師有關斷我見的指導，知見定力夠（煩惱薄）者，我見必能斷盡無餘，三縛結隨即斷除。

五、小參一對一的個別指導：

禪淨班每堂課親教師均利用課前課後，讓學員登記小參，作一對一的個別指導。學員有關法義上的疑惑或個人的困擾，均可利用這個機會，讓親教師爲你斷疑解惑。平實導師與親教師完全不收受供養，純粹義務性地開課來弘傳正法。禪淨班所談的法義相當深邃，導師的著作中也不乏艱深的法義，學員問題種類內容千變萬化，對親教師是項挑戰與考驗。但由於親教師皆破參多年，且悟後繼續追隨平實導師修學種智，透過教學及小參中智慧不斷加深增廣，因此深受學員愛敬。而導師慈悲施設個別小參的機會，讓學員諸多疑惑得以化解，而漸漸從熏聞六度、建立信心、愛樂佛法，進而發願成為證悟的實義菩薩行者。

六、宣講了義正法增長佛法正知見：

平實導師長年來每週二定期講經，正覺學員長時聽聞明心見性且通達三轉法輪經論之大菩薩說法，對於佛法正知見的建立、菩薩心性的增長以及了義正法的熏聞都有明顯的助益。我們姊妹剛來正覺上禪淨班時，導師正宣講《勝鬘經》，兼而評破印順法師《勝鬘經講記》之謬誤，當時聽得非常辛苦，覺得《勝鬘經》及印順的法義都十分艱澀難懂；但截至二〇〇八年十一月《勝鬘經講記》第一輯出版時，我們已經感覺到於法義能有某種程度的體會與受用。其前又已出版《維摩詰經講記》，其間又正宣講《金剛經》與《實相般若波羅蜜經》；宣講《金剛經》時不但開示其中常被誤會的眞義，同時也引用許多公案，從理證、宗門等多重角度剖析，令學員於般若經典及禪門公案也有聞所未聞的某種程度熏聞。就這樣，我們幾人短短三年的學習，內容豐富得難以形容；無怪乎許多人覺得，在正覺兩年半的增長，遠遠勝於過去二、三十年在傳統佛教道場之學習。

記得 平實導師宣講《金剛經》時，有一回勉勵大家要在佛前發願：願 彌勒菩薩於娑婆世界示現成佛時，我們能在 彌勒尊佛座下，於初轉法輪時現證阿羅漢；並於 彌勒尊佛二、三轉法輪時，成爲地上菩薩，協助 彌勒尊佛度化有緣眾生。類似這樣的願，本是渺小的我們所不敢奢望的；而當天課後，許多人眞的至誠在佛前發願，祈願將來 彌勒尊佛示現成佛時，能在其座下熏聞護持正法。導師適時的慈悲教導，能讓學子願力深廣，而於佛菩提道上不斷增上。此外，我們看著 導師的著作一本一本接著出版，常覺得 平實導師寫書的速度遠超過我們閱讀的速度，由於這些書中內容深廣勝妙，能不斷的熏聞了義佛法，淨化內心，確實令人法樂無窮！

七、消除性障化解末那偏執習性：

人於歷緣對境遇不如意境緣時，意識心自然生起喜惡迎拒等煩惱，煩惱生起的當下就是苦受，就是苦的現象。平實導師勉勵我們要努力消除性障，就是希望我們不要隨順意根的染著習氣現行，不要令意識心隨著境界的變換而起落。行者藉憶佛拜佛—無相念佛—可深化定力及內心的沉穩度，更進而反觀心情的起落；動中定力之效用，在於對歷緣對境的起心動念甚至微細心行，能更敏銳的覺察。而熏習過三轉法輪經論，尤其是對如來藏執藏種子之體性已了知或親證者，會自然警覺「種子生現行，現行熏種子」的道理；了知煩惱現行落謝後，會回熏儲存於如來藏中，將來歷緣對境時引發下一次的現行，如是輪迴不已，煩惱永無了時。初學者由於深切了知且習於安住在憶佛淨念中，安住於沉寂的心境；或證悟者轉依如來藏本來自性清淨的體性，自然不樂生起煩惱。證悟明心者明白意識心與末那的體性，了知這些都是妄心，刹那生滅，變異無常，轉依如來藏清淨體性，久之末那的偏執習性亦隨之化解。

此外，正覺的行政團隊中的重要執事，都是平實導師認可的心性很好的證悟菩薩。行者在各部門擔任義工時，只要心懷柔軟地參與，隨順教團的決策與步調而行事，在擔任義工隨緣累積福德之中，習氣自然化解，心性自然調柔，智慧自然增長，且自然融入於正覺，爲其清淨無諍的道風所攝受；

這正是消除性障的良方。

八、建立如來藏的正確知見與親證本心：

多半學員在進入正覺前，幾乎很少聽聞到如來藏這個名相，更甭談瞭解祂的性用。而 平實導師指出：佛陀所傳、古禪師所證的眞心即是第八識如來藏，這個心體有別於前七識，祂離見聞覺知、對六塵不起貪染喜厭，祂具有本來自性清淨涅槃的體性；從無始以來即已存在，而且永不壞滅，故稱爲金剛心。祂具有執藏種子的體性，且具有七種性自性，是出生萬法的根源；由於祂永不壞滅，且是無記性，方能執藏一切善染種子，延續至未來世，而成就三世因果的運行。

吾人證悟後也可以如此現觀：如來藏不僅能出生五蘊十八界等世間法，大乘菩提所證的本來自性清淨涅槃即是如來藏本具之體性，二乘阿羅漢雖未證得第八識，然其入無餘涅槃之境界乃是滅盡十八界後如來藏獨存的無境界的境界；而了知佛地確實是斷除如來藏所含藏的一念無明習氣種子隨眠以及無始無明隨眠，由於內藏的無漏種子永遠不再增廣，永遠不再接受新的出世間法的熏習，故改名爲無垢識。換句話說，二乘涅槃、大乘菩薩之本來自性清淨涅槃以及佛地之無垢識，皆依因地如來藏阿賴耶識而有，故曰如來藏是出生萬法的根源。因此，證得如來藏，轉依如來藏之清淨體性，由於直探根源，故能生起無量的功德妙用。此與主張六識論者之否定如來藏，且力圖整治虛妄變易之意識心以自我提升之效用，卻永不可能成功，相較之下眞可謂天壤之別。

在禪淨班與進階班，建立如來藏的正確知見，發起菩薩種性，並發起證悟明心之宏願；經由導師施設的憶佛拜佛、看話頭、參話頭，進而參加精進禪三，接受進一步的導引，則隨時可能有一念相應之證悟因緣。正覺同修會經歷三次法難，截至目前爲止，證悟的菩薩仍有四百餘位，皆追隨平實導師熏聞《瑜伽師地論》以深入種智，並進求眼見佛性，甚至開始邁向初地。正覺的學子皆了知：證悟非究竟，是內門修佛菩提道之始；而深入種智之路十分長遠，仍有無限的成長空間。平實導師引導佛子於佛菩提道由實踐六度，進而明心、見性……次第增上，爲行者建立深廣長遠且具體明確可行、可證的佛菩提大道，這也是正覺同修會不共其他佛教團體的殊勝處。

禪淨班結束，美伶、美俐、善思與我四人，很幸運的獲准參加二〇〇八年十月的精進禪三。第一次參加禪三，非常緊張；禪三前兩個月開始，用心的參究，始終沒有消息，心想這樣參下去恐怕參到驢年也難以悟道。乃鈞老師勉勵我們可以挑幾則相應的公案體會，我翻了平實導師《宗門正眼》的幾則公案，諸如金牛飯舞、忻州打地，好像有一點眉目，但也不敢確定。禪三第一天晚上，平實導師安排美俐和我到大寮洗碗，並親自來教我們洗碗，在□□□中邊參究，心中有種異樣的感覺，但也說不上來；只覺得□□□□，□□□（破參後才瞭解□□□□□□□□□□□）。第二天早上，坐在座位上看到香燈菩薩等人在 克勤圜悟祖師聖像附近忙碌時，感覺到□□□□，□□□□，那□□□□□，前面的禪子□□□□□，也□□□□□□。看來看去都是如來藏。

等待小參的時間很長，眼睛看著佛像，祖師堂的佛像非常莊嚴；突然進來一念：這些都是如來藏顯現的內相分。因此而領會到如來藏依外塵在顯現內相分時，是完全沒有揀擇的呈現；五色根面對甚麼樣的境界，祂都如鏡現像，沒有意見、沒有掙扎地如實顯現，因而感受到祂和前七識是截然不同的心體。

當天傍晚終於輪到和 主三和尚小參，如實稟報自己目前的領會，覺得主三和尚應是肯定我的觸證；但接下來用一般人所熟悉的語言談如來藏，本覺得這個並不難，因爲一切都是□□□□；但幾次小參好像怎麼談都不對，就被卡在這裡了。到第四天下午，我搜盡枯腸仍沒辦法把問題答清楚，開始懷疑自己證的是否確是如來藏？解三前小參時請教監香老師，監香老師慈悲予以肯定，四天的精進禪三就結束了。其間，主三和尚說我的體驗不夠，要我回去好好拜佛，在其中體驗，對此我銘記於心。

解三回來隔天，到美容院整理頭髮，從鏡中看見美髮設計師和顧客□□□□□□，□□□□□□□；由於兩人在對話時，聽聞應答的速度非常快，感覺到如來藏一方面□□□□□的□□□，並流注意識種子令其回答，一方面顯現對方語言的聲塵法塵內相分令其聽聞了別；如來藏的運作速度之快，內容之豐富，眞是不可思議！

禪三之後，進入進階班。每天認眞拜佛兩小時，在行住坐臥包括走路、晾衣、燒菜、洗碗……之中，也都細細體會如來藏的運為及其與十八界等的配合運作。這段時間，聽聞 導師宣講《金剛經》的禪門公案，明顯地較能會意。由於深知五蘊的觀行非常重要，也就從頭開始好好作觀行；我自覺不是個心思細膩的人，但老老實實作幾個月下來，對如來藏與五蘊十八界的配合運作漸漸熟悉。此外，也經常閱讀《宗門正眼》、《宗門法眼》等禪門公案，一邊作再刷校對，一邊體會古代禪師之為人處。

這段時間繼續充實相關的佛法知見，為了確認 佛陀對如來藏的開示，我依 導師書中引用如來藏相關經文，再透過 CBETA 搜索，找到了一些有關如來藏阿賴耶識等的相關經句，諸如《大方廣如來藏經、大方等如來藏經、楞伽經、解深密經、深密解脫經……》等，佛陀用了很多譬喻來說明「**眾生身中有如來妙藏，若佛出世佛不出世，一切眾生如來之藏，常住不變**」；並談及如來藏亦名阿賴耶識、阿陀那識，能生六識……等教示。這些經證確實印證了 平實導師所教導如來藏為實相心之說法。

接近第二次禪三之前，從自己所作的觀行，對於如來藏及其與五蘊十八界的配合運作，自覺有某種程度的領會；再回想禪三未過關的問題，居然已經忘記；由於天天時而校稿、時而讀書，頗爲忙碌，對於忘記的問題就沒再去細想。沒料到二〇〇九年四月再度獲准參加禪三，與主三和尚小參時，卻發現由於自己對該問題未經整理，仍然無法清楚答問；整個禪三過程只能忙著對□□思惟摸索作較清楚的界定……，當然過不了關。

此次禪三至第四天下午，只有三人破參；由於仍卡在前面的問題，知道此次沒有破參的機會；想到主三和尚與監香老師辛苦了足足四天，成果不夠豐碩，就在佛前痛哭起來。導師在行堂時，勉勵大眾要如 地藏王菩薩發大願，接著如 觀世音菩薩發大悲心，進而學習 普賢菩薩發大行願，具足此三項成就，才能成就 文殊師利菩薩的大智慧。解三後抽空閱讀《法華經》〈觀世音菩薩普門品〉、《大方廣佛華嚴經》〈普賢行願品〉等，以熏習大菩薩的大悲心、大行願，並在佛前發起爲荷擔如來家業、爲護持了義正法而求明心證悟之大宏願。

此次雖然自己沒破參，但妹妹美俐和美伶的同修志成師兄相繼破參（編案：請詳《我的菩提路》第二輯），心裡很替他們高興，也覺得很圓滿，心中沒有遺憾。

第二次禪三下山後，覺得自己應繼續廣修福德。過去由於校對組義工工作份量不少，不敢輕易多接義工；而這兩年來，推廣組不斷的推動假日書市及發口袋書的工作，覺得自己漏掉這個層面，蠻遺憾的，就加入發書，且不定期參加推廣組的研習活動。參加過一、兩次，就發現自己蠻喜歡這項工作；在不同地點接觸到不同的人群，反應個個不同：有的人視為廣告傳單而不太搭理，偶爾有人對我們傳單的內容加以質疑；但也有些人善意回應，譬如一位大學的輔導人員接到我們的傳單，由於他在校園裡接觸過好些參與西藏密宗活動、被性侵而來求助的女孩，發覺她們都受到嚴重的心靈創傷，確認這件事須要有人出來宣導，因而對我們的作法肯定認同。接觸種種不同的反應，讓我感覺發口袋書是個磨練自己心性的好地方。

此外，在發放口袋書的過程中，漸漸正視到外道邪法對人類心靈的戕害，也體會到推廣正法或讓人瞭解「密宗不是佛法」的重要性。正覺同修會與正覺教育基金會廣發口袋書，所編輯出來的口袋書內容都不為獨樹正覺，或凝聚更多人來正覺聞法；只為令廣大社會群眾瞭解密宗的眞相，讓大眾不致受到錯誤的熏習而人財兩失，甚且斷送了法身慧命。我們在街頭廣發傳單，看到有些民眾接到傳單後，用心的看著傳單，甚至有人非常認同，而希望拿我們的傳單幫著發放，讓我們感覺到傳單發揮了相當程度的作用，這是非常令人欣慰的。

二〇〇九年秋天正覺舉辦的精進禪三，由於正覺同修會在各地開設新班，學員愈來愈多，報名禪三的人多達六百餘位，但錄取名額仍然有限，因此獲錄取上山已是非常難得，而我很幸運的又被錄取。參加第三次禪三的前三個月，我除了認眞拜佛，繼續體會如來藏與五蘊十八界的運作，而對轉依如來藏的清淨體性有淺薄的領會以外，在法義方面也不斷的複習。此次由於所問的問題自己多半思惟體會過，但仍有體會不夠深入的部分，經平實導師和監香老師慈悲引導，方得以順利過關。

年輕時看禪宗公案，覺得依自己的慧力面對古代禪師的機鋒，必然無法會意；而在正覺同修會，經過兩年半的法義熏習與觀行，能夠觸證，況且能在其後一年內通過勘驗，比起古來多少入叢林參學終生不得其門而入的老禪和子，自己是何其幸運，能逢遇大善知識迅速幫助我們破參。經歷整個勘驗過程，體會到這都是 平實導師慈悲施設，透過一個又一個環環相扣的問題，幫助禪子從多種層面來體驗如來藏，穩固我們的證悟體驗，得不退轉（編案：這是二〇〇三年以後才開始這樣的施設來保證證悟者不退轉）。尤其 平實導師指導我：……，這樣的提示確實幫助我打通關節，因爲在第一次禪三，監香老師說我的說法不夠直接；第二次禪三和 平實導師小參時，我意識到 導師的用語和我不同，但我對如來藏之運爲不夠清楚，僅限於一種表相的、浮面的瞭解，不瞭解祂的機制；直到 平實導師指導，才領會到祂的運作眞的是那麼的直接而清楚分明！

通過 主三和尚的口試與筆試，還有喝水的體驗與閉眼行走的體驗。在家中，我曾多次嘗試在緩慢喝水中體會如來藏與前七識的配合運作。平實導師教導我們分三階段體驗，並以竹如意提點，提醒我們體會眞心運作時要留意□□□□□□。或許我的定力不足，以至於體會□□□是粗略而模糊的，等待 導師驗收時，經 導師剖析，才發現 導師體會眞心與妄心的角度是非常多層面且細膩微妙的；有許多是我完全沒有想過的，內容豐富得令人歎爲觀止，也因此對於自己觀行的膚淺粗略，深感慚愧！而這些都不是在 導師的書中能讀到的，只有在禪三中被印證者才能分享。

導師在行堂時，並勉勵我們發願：未來世即使沒有善知識的導引，亦能自己悟入。大家雖然喜歡生生世世跟著 導師熏聞了義正法，但也相信 導師要我們發這樣的願必有他的道理；更何況 導師這輩子爲了弘傳正法，提昇行者的修行品質，而將自己的道業暫置不顧，我們豈能期望 導師生生世世的爲我們犧牲？（編案：導師的看法是：如果有眞善知識住持正法，他就不想出世弘法。若是佛法即將滅盡時，他就會出世力挽狂瀾。）此外，導師並提醒我們：僧讚僧，佛法興。要我們未來世對於勝義僧一定要鼎力護持，這樣正法才會興盛弘傳。這些大家也都銘記在心。

正覺同修會一直爲外界爭議的是，我們評破密教或幾位大山頭的開山法師，有些人甚至誤以爲 平實導師評破諸方大師是爲貶低他人、增長自己的聲勢威德。記得初入正覺不久，有一回孩子在看 導師的公案拈提時，對於導師書中的語氣略有疑惑。我知道他所談爲何，就告訴他，換上是我，沒有能力這樣作的，基於兩個原因：一、雖感覺到諸方大師談論佛法的深度不足，但我無法清楚準確說出他們的落處。二、我無法面對評破後接踵而來排山倒海的反擊與抵制。正確評破的本身，需要高度的般若智慧與證量，也需要足夠的膽識、氣魄，因此我無法這樣作。其後，他來正覺聽聞 導師講《金剛經》，雖然內容深邃難解，經常因白天工作忙碌而體力不支，但始終繼續來聞法，也充分體會到熏習正法的可貴，先前的疑慮自然化解。

有些人聽聞 平實導師評破之後，覺得 導師慢心重、自讚貶他、突顯自己。然而追隨 平實導師參學的我們，都深深感到 導師待人應物謙和無比，始終無慢；平實導師說法亦復勝妙無比，直探 釋迦佛本懷；但言行之間，從不曾流露出高高在上或喜爲人師的氣質；和我們的一來一往，就像平常的師兄姊一樣，平常而平等。平實導師的修行氣質已十分內歛且消融於無形，弘法十多年來，不僅未曾收受參學者的供養，且遇事則與大家一起默默作義工。平實導師出了數十本書（編案：此書出版時已超過百本），很多著述及潤文都親自打字。於精進禪三之時，和每位禪子小參，對大家的狀況瞭若指掌；並經常在禪子座位間一一巡視，隨時觀察因緣，感受禪子參究的狀況，行堂時適時助以一臂之力。最令我感動的是，導師對大家都平等以待，對於年過七十的老菩薩，導師特別捨不得，對他們道業的提昇更是呵護備至；也因此，教團中有些七、八十歲的老菩薩，照樣上精進禪三，跟著參禪、拜佛、作義工、求明心，令青、中年的學子們體會到對正法的護持眞的可以持續不斷，死而後已！

在這個團體不需要費力求表現，求出人頭地，只要安分的默默用功，默默作義工；導師看重的是行者是否心性調柔、具菩薩性，願意消除自己的性障，願意爲正法無怨無悔的默默付出。義工不分大小，盡心盡力就是；因此執事之行事風格均是低調柔軟無慢心，令人心生敬重！換句話說，這些默默潛行密用、至心護持正法之菩薩即是教團之中流砥柱，這就是正覺的學風！也因此，這個團體的凝聚力強，學員的穩定性高，大家受了 平實導師的熏習，皆爲實證佛菩提道、爲護持了義正法而來，除了正法的弘傳與延續外，沒有什麼個人利益得失可言。由於 導師以修證爲本及強調菩薩心行的領導，令正覺同修會展現出祥和清淨無諍的風格。

進入正覺參學，聽聞 導師弘傳正法、破斥外道邪法的開示，從來感覺不到 導師對那些密宗行者、各大山頭開山和尚有絲毫的不悅；甚至於對退轉的師兄姊們的抹黑，也視之爲人間之平常事，如風過耳，藉此消除自己的習氣種子。一開始自己也不習慣 平實導師對密宗的破斥，但翻閱宗喀巴的

《密宗道次第廣論》，就清楚整個篇幅都在談雙身法（編案：《菩提道次第廣論》後半部的止觀，也是以隱語在演述雙身法）；平實導師所言如實，藏密的法與釋迦佛所傳的佛法大異其趣，正是我們所應摒棄的！再閱讀 導師所著《佛教的危機》，深知 平實導師語重心長的點出了目前全球及台灣佛教存在的問題——全面藏密化以及弘傳六識論的人間佛教之趨向「學術化、教育化、世俗化、商業化」。這類表相佛法的廣傳，模糊了佛法的眞正核心——經由證悟實相心，以深廣的般若智慧與廣大福德度化眾生同入佛菩提道，徹底解脫輪迴之苦乃至成就究竟佛道。而嚴重的是，將錯悟誤以爲眞悟，廣爲弘傳，不但扼殺行者的法身慧命，且嚴重誤導學子在生生世世的佛法修學中，永無親證之日，永無離苦之時；而錯說證悟之法，未悟言悟，並爲人錯悟印證，皆是大妄語業，果報極爲嚴重，這是 平實導師所不忍見的。

再觀 平實導師著作的《公案拈提》，乍看是貶抑大師，其實開眼之人則見 導師處處爲他，以明心、眼見佛性、具足種智的制高點，懇切慈悲的一一點出其佛法弘傳的缺失及悟入的契機，言人所不願言；眞可謂眉毛拖地，老婆心切。平實導師平日了無眷屬欲，菩薩眾弟子大多心行調柔，即使只是微犯菩薩戒即對眾懺悔，不斷化解我見、我執，豈可能 導師沽名釣譽、當眾自讚貶他，還能得到眾證悟且心行清淨弟子們的欽慕與永遠的追隨？況且，平實導師在說法時也常談及，自知自己的證量離高地菩薩和 佛陀都非常遙遠，深自慚愧，是常談而且公開談的，豈可能有慢心？我在正覺參學三年半，確實未曾見過 導師流露出一絲一毫的慢心，當我們看到外界的評論或眼光時，深知他們完全錯解了 平實導師，錯解了正覺同修會辨正密教及佛教大山頭的初衷！而正覺學員們經長久的熏習，深深體得護持正法以續佛慧命之重要性，皆日漸發起於佛法的修證不斷增上，且為護持正法捨身棄命在所不惜的氣魄！

對我而言，平實導師所帶領的正覺同修會，能夠凝聚這麼多的證悟菩薩與求悟菩薩，各都無慢，而且心心念念於了義佛法的實證，以純淨調柔的心、勇猛無畏的勇氣，淬鍊增長自己的菩薩種性，在護持正法中累積福德，為佛教正法的廣傳及救護眾生入佛智，持續不懈的努力；這樣的勝義菩薩僧團，眞可謂娑婆世界佛教界的奇蹟！

感謝佛菩薩的護佑加持，以及 平實導師的導引，讓我能親證實相，明自本心。今後，仍願追隨 平實導師，傾盡生命實踐佛法，廣修福德、深入種智與禪定，成爲一個具足大願、大悲、大行、大智的實義菩薩；生生世世荷擔如來家業，讓 釋迦佛陀的正法永續流傳，讓有緣眾生能熏聞、實證佛菩提道而遠離畏怖，得到眞正究竟的大安樂！

南無本師 釋迦牟尼佛

佛弟子 王瑪麗頂禮

二〇〇九年十一月三日

見道報告

——張火慶

一心頂禮　本師釋迦牟尼佛
一心頂禮　大智文殊菩薩摩訶薩
一心頂禮　大悲觀世音菩薩摩訶薩
一心頂禮　護法韋陀尊天菩薩摩訶薩
一心頂禮　克勤菩薩摩訶薩
一心頂禮　玄奘菩薩摩訶薩
一心頂禮　平實菩薩摩訶薩

我的學佛因緣：　弟子出生於苗栗鄉下，小時家裏窮，吃不飽；得了小兒痲痺症，也沒錢調治，將就著過日子。生涯的辛苦，父母也盡力了，只能靠自己找出路；於是，發憤讀書，從文盲勞力的家庭，掙扎進入學術機構；四十歲以後，可說是苦盡甘來，擁有了豐厚的名聞利養。

然而，從小對生命的困惑、對神仙的想像——父、兄都是村里的乩童，經常半夜發作，神鬼附身，只增添了我的恐懼與疑惑——只能獨自於哲學與宗教中探求。

大學參加佛學社，在「台中蓮社」的指導下，持名唸佛近十年，卻是邊唸邊疑；又加上青春期的「聲色」誘惑，總沒辦法安住一心。

研究所期間，私下研讀印順《妙雲集》及相關佛書，粗略認識了一些佛法名相；也有兩、三年的心開意解，但不能確定「法義」的眞假與「修證」的可能，只得苟安於學術研究中。每當生活順遂，也是心靈空虛的時候，就又生起學佛的意願，卻不想走回頭路（念佛、讀印順的書），就試探的參加了「準提宗/總持派」學密法三個月，身心都不相應而放棄。在世間法中漂浮，心仍懸著，等待一個最後的歸依處。

博士班畢業的同時，加入「現代禪」，跟隨李老師，邊學邊觀察；雖不確知這法門的最後趣向，但他所標榜的「科學、理性、民主」之風格，及「勇於批判、知非即離」的膽識，令我欽仰。於是，孤注一擲，把家庭、職業、人生、慧命，全部投入，前後十二年；也曾擔任特定職務，成為基本幹部，乃至於舉家從台中遷來臺北「象山社區」，與李老師共住、隨學，以為從此找到了安身立命，深入佛法的依止處。這些年，也真的讓弟子大開眼界、多方位的學習，尤其是人格的成長、世事的觀察，頗多深刻的體會。可惜的，對什麼是「佛法」的核心與「修行」的重點，仍無確定的把握——只怪自己不善學，卻始終不曾想退路、起二心。直到SARS（非典）大流行，人心惶恐，李老師於臥病之際，決定在「禪法」之外，另開「念佛」門，以備急難往生之需；弟子也欣然信受，早晚念佛、發願，並繼續安住社區中，與家眷、同修互相關懷、彼此照應。

二〇〇三年十二月，李老師突然捨報，現代禪全體弟子，謹遵遺命，捨「禪」歸「淨」，轉由慧淨法師帶領，在社區中開始了晝夜三班「稱名唸佛」的新生活。念佛後的兩年半以來，雖經歷了一波又一波的人事紛爭、人員離去，以及師徒之間教法理念、共住習慣的差異與磨合；但整體而言，念佛的生活與思想，倒也平順單純。唯對於本宗所依據的日本「本願流」部分教理，頗有疑慮——對照之前所學的佛法知見，思想上不能統合，因此，很難昧著自心向人宣講這種「易行難信」的教說；心中頗有掙扎，難以安住。

二〇〇六年十一月底，或許是「正法」的因緣成熟，在張志成師兄的引介下，報名「正覺」禪淨班上課；在平實導師的攝受、陳正源親教師的教導下，接續了「佛菩提道」前緣，於此時此地重新開始，邁向正覺！

起初，常慨嘆福德不足，五十一歲才值遇「正法」，來得太晚了！小參時經由陳老師開導，弟子轉個角度，信受了「**佛菩薩就是安排你在外面道場多歷練，一者對照出正法的難得，二者儲備將來破邪顯正的資訊。**」是啊！這大半生的流浪、摸索，所經歷的人事、所造作的行業，在歸入正法之後，將被完全的攝受、轉化爲護持正法、體貼眾生的資糧——功不唐捐，我如是相信。而今生與我有緣的親人、朋友、同修，也將是我「成佛之道」上永遠的法眷屬——法無棄人。我如是發願！佛菩薩必能鑒察弟子之心，成滿弟子之願！

弟子加入的時候，「正覺」同修會已過了開創期，因此來不及參與披荊斬棘、同甘共苦的過程，卻是坐享其成，想來慚愧！每次聽師長們談起以前追隨 導師創立同修會的事蹟，就很讚歎、嚮往……；但是，既然來了，正值「推廣期」，有更多的事要作，那就發願「接下棒子」，向前跑，讓正法一代又一代的傳續下去，越久越好！

報名之後，每週五的「禪淨班」從未缺席，每週二的 導師「講經」也很少錯過；在這裡充實正法知見，熏發菩薩種性，令弟子大開眼界、目不暇給；半年所學，超過前半生浪遊各道場的總和；何況這裡所教的，是當今世上唯一正確而可親證的佛法！以前所誤解的「阿含」、「般若」義理，被導正了；所欠缺的「唯識」知見，被補足了；也確認了「西藏密教」是低級的邪淫法——這才瞭解到「三轉法輪」的完整佛法，一體成型而不可分割，可修可證，次第分明！眞是難可思議。

弟子常覺得與「正覺」的因緣不是「來學」，而是「回家」：浪子回頭，重新認識失散多年的爹娘兄姊，重享天倫之樂，分擔家業之勞，這一切似乎是理所當然的。在「外」面的「道」場流浪半輩子，吃了很多苦，也看到不少愚癡、悲慘的人事；終於回到家了，這些經歷與苦悶都值得，也有用處。

禪淨班的課程，眞是豐富而紮實，循著 導師施設的次第一步一腳印的前進，每天拜佛、讀書、思惟法義、觀察身心，並參與一些義工，很忙，忙到沒時間到處攀緣、滋生煩惱！也忙得有內容，內心踏實；每個月呈交的「用功紀錄表」上，載錄了弟子的熏學內容與心路歷程。曾引用一句布袋戲的話鼓勵自己：「半生閒隱今終止，一步江湖無盡期。」是的，前半生的無聊閒蕩，從此結束；既然踏入正法之門，只許無休止的邁向成佛之道——這應是每一位正覺老參們共同的體會吧！這裡是今生學佛的最後一站，從此不再浪遊於其他道場！就此安住，精進學法，而不再疑慮！

兩年半，說快不快，依循親教師的次第引導，每天無相拜佛兩小時；不論拜得專心或散亂，既不貪著也不懊悔，只是不斷調整，持續進行；這其中的甘苦，眞是欲說還休。從拜一尊佛到多尊佛（菩薩），到看話頭，循序漸進，心念變得單純了，心思也更細膩；行住坐臥之中，常帶著憶佛的念；整體而言，定力雖不很深，卻也堪用。至於每週一次上課，都很用心聽、抄筆記，課後再整理、思惟、貫通；並盡可能的閱讀 導師及親教師的著作，讓自己的視野與心量更開闊，也可略知各種外道邪見的內容及 導師評破的重點。看不懂的部分，就先略過，而不強求。

除了固定功課之外，弟子曾如此發願：同修會「一切護持正法、救度眾生之事，無論大小，弟子皆樂於承擔，全力以赴。」因此，謀生之餘，大部分時間都在作義工，不僅因爲這是自家人分內應爲之事，且正法道場的一切興作皆是熏學菩薩心行的良機！尤其是執事找上你、吩咐你的，必有深意與因緣，接了就作，在其中多方面學習，讓自己成爲正法可用之材。

日子就在拜佛憶佛、懺悔發願、祈求迴向、上課聽經、思惟觀行，及各種義工之中度過，並且在 平實導師座下重新歸依、受菩薩戒，佛菩提道上的因緣越來越殊勝！

接著，就是報名「禪三」；雖自覺許多條件仍缺，卻蒙 導師慈悲錄取，捫心自問：「我能爲正法作什麼？」否則，佛菩薩爲什麼要讓我悟？想起 導師的開示：「唯有一心一意爲眾生、爲正法而努力作事，乃能相應於佛菩薩的悲願，而有悟道的因緣。」因此，除了加強定力與慧力的鍛鍊之外，就是每天在 佛前發願、祈求，然後，破參明心的事就託付給佛菩薩安排。

二〇〇九年四月十七日清晨搭便車到大溪祖師堂。「禪三」的第一天，灑淨、拜願、拜懺、起三、蒙山施食……，一連串的法事活動，爲學員們消業障，求加持，殺我見，正身心。弟子跟隨大眾在莊嚴清淨的大殿中，面對佛菩薩聖像，耳聞梵唄、唱誦與開示，感到前所未有的清明與安祥；確信佛法是眞實而可證的，只要信受大善知識的引導，依教奉行就是了，不必多慮。雖然身體疲累，頭痛發作，但精神支撐著，晚上的「普說」，似懂非懂，但聽得很歡喜。

第二天開始參究，進了小參室，直接稟告 導師說「沒消息」；導師吩咐弟子從眼耳鼻舌身意逐一觀察，把眞心與妄心分開，從「洗碗」□□□去找那個「非心」之心、「無心相」的心；回座之後，很努力的「洗碗」，手痠了就拜佛，拜累了再洗碗……，就這樣重複交替的參究，卻毫無進展。第一次與監香老師小參，說不出任何體驗，只得回座繼續洗碗、拜佛，腦中思緒雜亂，疑東疑西，卻不曾「一念相應」或「觸證」什麼的。

就這樣過了第二天、第三天，過堂、經行時老師的提醒，都白費了，只能在「普說」中揣摩個什麼，卻端不出來。看見「一號」師兄神閒氣定的進出小參室，不久之後就領了紙筆「寫」字。自己心中雖急，也無可奈何，只能不斷地到佛前懺悔、發願、祈求，再回座洗碗。晚間「安板」之後，再也睡不著了，回大殿拼命的拜佛，或到陽台努力的「洗碗」，弄到精疲力竭，才沮喪的回寮房，在此起彼落的鼾聲中暗自飲泣。

第四天，破參者開始「喝水」，弟子自知這次來不及了，心情也逐漸放平。導師過來關心每一位學員的狀況，也給弟子更進一步的指點，在座位上重新整理，漸有頭緒，而時間已到了傍晚。「解三」開示時，弟子心中決定，下山後更加努力，具足所需條件，再接再厲，今生必要破參明心，才不辜負導師、親教師的教導，也不辜負值遇正法的因緣。

雖然有點失落感，想起一句現代禪的名言：「**人在失敗的時候，想法最踏實。**」是啊！第一次上山，各方面都不成熟，豈可心存僥倖？檢點不足、確認方向之後，重新出發！轉到週一晚「進階班」，在張正圜老師座下熏學，每天繼續拜佛、看話頭，整理知見、思惟法義，參與的義工也增加了。忙碌的日子過得快，又到了「禪三」報名時，毫不猶豫的領表填報；然後，每天懺悔、發願、祈求、迴向的內容，修改得更如實、更詳細。整個人似乎成長了許多，雖然心中仍爲參不出而苦，張老師總是婉言勸解：「**放輕鬆，參禪**

才得力。」弟子卻放不下，經常患得患失、疑神疑鬼。

蒙導師慈悲，又錄取了。上山前的某個晚上，在九樓遇見陳（正源）老師，詢問了弟子的近況之後，鼓勵說：「加油！繼續用功。悟不悟，是佛菩薩的事，誰曉得不是下一秒？」這句提醒，讓我從雜想中回到功夫上。是啊！在學佛參禪的過程中，除了該具足的條件須身體力行之外，關鍵在於佛菩薩的加持、師長的提示，隨時爲弟子去黏解縛、撥亂反正，才不至於迷己逐物、走偏了路頭。因此，平時要禮佛、懺悔、發大願、除性障、去慢心、作義工，累積了足夠的福德；上了山，就把整個身心托給佛菩薩與導師，由他們觀察因緣、給予機會，而您只管依照導師、監香老師的指點去作、去調整，不要胡思亂想、自信己意，那麼，隨時有可能觸著，說不定就在下一秒！

二○○九年十月十六日再度參加禪三，這次在參禪的定力、知見、心態上，比第一次成熟多了。某次拜佛伏地，忽有警覺：「祂就是這麼直接、單純！」因而有體會：可從□□□□□去找那個不會六入、若無其事而成就一切的，就是祂。雖然如此，卻因沒有「觸證」的經驗，而不能確定，心中繼續尋思、參究。第一天的拜懺拜願、起三殺我見、普說開示，給弟子增強了信心與決心：有很多護法利生的事要作，不能再耽擱了！尤其要發願擔任親教師，攝受更多的有緣，令得安住於正法之中。

第二天的小參，導師詢問弟子的情況，說了幾句勸勉的話，就吩咐從洗碗、拜佛及「□□□□□」參究，去找那個無形無相的心……。弟子聽話的回座整理、尋思：第八識「入胎」造了五色根，就……。下午，第一次進小參室向監香老師報告，自覺虛怯，就講不下去。退出，回座，導師見狀，於是爲弟子特別作了開示引導，弟子終於心開意解，豁然貫通！原來是這樣？就這麼平常而實在。是我想太多、太複雜了！只因意識死不了，所以捨近求遠、迷眞逐妄，越找越迷糊；這下終於明白什麼是「日用而不知」、「只爲太近，所以不見」，確實如此！感謝佛菩薩加持，導師的指引！想起《思益梵天所問經》云：「若有眾生能見佛身，皆是如來威神之力！」心中有說不出的感恩與歡喜；南無　本師釋迦牟尼佛！南無　平實菩薩摩訶薩！

在座位上再次整理，確認之後，登記小參；連續兩天，分別回答兩位監香老師的次第提問，雖然不像寫文章那麼論述完整、條理井然，卻也不偏不離；就以「洗碗」爲例，因爲祂……。夜間入睡後，意識心斷滅，祂永不休息的……。接著是關於「十八界□□□□，或□□□」，及「如來藏□□□□□□□」的整理、回答，弟子敘說，監香老師修潤，彷彿是共同完成一件好事，令弟子再三讚歎監香老師的智慧深廣，思慮周密！

第四天，監香老師的問題全通過了，弟子心情放鬆了許多，卻不敢有絲毫輕心、慢心，只是更加的感恩、發願。導師分別召見每一位過關的學員，驗收成果之後，向糾察老師領了紙筆，各於座上答寫有關「阿賴耶識」的論題，然後一起進小參室，個別向 導師稟告；前後兩題，再加一題腦筋急轉彎的即席問答——這些題目，都是爲了建立、堅固弟子悟後的正知見，以免被外道邪見所轉。答完這三題，導師鄭重的爲弟子們印證「破參明心」。並安排回座位「喝水」，體驗以□□、□□、□□□三種方式喝水的運作內容，從中午十二時喝到下午三時，全身痠痛、汗流浹背，卻是前所未有的經驗；原來每天都在作，看似簡單的行爲，放慢了速度用心體會，才曉得其中的複雜、精密，若非眞心與妄心的合作無間，一切行住坐臥□□□□□□□□□，所謂「萬法唯識」眞是太神妙，太偉大了！

尤其是 導師不厭其煩地爲我們補充、舉例、驗證，讓我們於短時間內大開眼界，歎未曾有！喝水之後，又到樓下廣場體驗……，讓我們更確認「見之當下，即分別完成」的事實，可以破斥外道「靈知心清楚明白而不分別」的妄語。導師在禪三過程中每一道關卡的安排、每一個節目的施設，眞的是環環相扣苦口婆心，作用深遠啊！弟子何幸，能參與盛會，經歷全程，得以略探佛法的勝妙！

解三下山，弟子彷若新生，今世乃至盡未來際的法身慧命，從明心開始，轉入內門修學佛法，這一切皆是佛菩薩及 導師所賜，絕非弟子障深業重、智淺福薄之所能！禪三期間，導師辛苦的爲弟子開示悟入 佛之知見，可說是弟子的再生父母，此恩此德，唯有秉承 師志，精進於道業，弘法利生，乃能回報於萬一。也因爲正法的弘傳推廣，亟需許多人才；導師乃不惜入泥入水、撒土撒沙，施設種種方便，助弟子們開悟破參，發起智慧，以備正法之所用。因此，弟子自誓：一切得自佛法的智慧與受用，絕不藏私、媚俗，盡皆迴向於佛菩提道的修學及護持正法、救度眾生。

再者，明心只是進入佛菩提道的初階，悟後更須依止大善知識，次第進修般若智、道種智，乃能無止境的深入佛法大海，直至成佛。因此，後半輩子跟定了導師，也發願未來世有更多的因緣福報，繼續追隨導師修學正法，成就菩薩摩訶薩，荷擔如來家業，摧邪顯正、救護眾生。今生捨壽，乘願再來，乃至無量劫，不入涅槃，聽佛差遣；於佛菩提道上，精進不懈，攝受眾生，邁向正覺！

並願以此明心之大功德，迴向一切冤親債主，皆得脫離苦海，早生善處，歸依三寶，修學正法，也能親證並轉依自心如來藏，修除煩惱，救護眾生，邁向成佛之道！

尊師重道續法脈

溫良謙恭利眾生

弟子 張火慶 頂禮 敬呈

2009.11.10

見道報告

——吳振聲

一心頂禮 本師 釋迦牟尼佛
一心頂禮 當來下生 彌勒尊佛
一心頂禮 十方三世一切諸佛
一心頂禮 大悲 觀世音菩薩
一心頂禮 護法 韋陀尊天菩薩
一心頂禮 聖 克勤圜悟菩薩
一心頂禮 諸尊菩薩摩訶薩
一心頂禮 諸護法菩薩 龍天神眾
一心頂禮 平實菩薩摩訶薩
一心頂禮 親教師 蔡老師正禮

一心頂禮　監香老師　陳老師正源
一心頂禮　監香老師　蔡老師正元
一心頂禮　正覺海會菩薩眾

小時候不知道佛教和道教的分別，只是知道家中的供桌上供著一尊　觀世音菩薩的聖像，母親說她最喜歡　觀世音菩薩，因爲他很慈祥，只要看著菩薩，心中的煩惱就似乎淡了許多。但是不管「天公生」還是「送灶神」，家裡還是一樣跟著鄰居們三牲四果的拜，所以小學老師說是道教，我就當作是道教，但是怎麼心中還是有些不情願：心想，怎麼不是佛教呢！更早一點前的記憶是，外婆總是在年節或初一、十五都會去劍潭附近的報恩堂（現在改名爲報恩寺）誦經、上香，跟著外婆去報恩堂是我兒時最喜歡的事。那兒香繚煙繞、鐘鳴鼓響，跟著大人一起在法事中誦經、頂禮。儀軌結束後，還是喜歡在大殿中仰望　釋迦世尊的聖像與偏殿中的　佛陀八相成道圖；一個八歲不到的小孩還說不上知道個什麼叫作莊嚴、威儀，只知道很喜歡、想親近，眞的心中希望有機會可以值遇　佛陀。

還記得有個小學三、四年級的冬季，一個人在父母的房間中，看著窗外大家在玩，也不知道自個兒憂愁個什麼；待母親到房裡找我，慈祥地問我：「你怎麼了？在想什麼？」我沈默了一會兒問：「如果有一天妳死了，我怎麼辦？」似乎對於生命的脆弱有一種不能理解的擔憂。因爲家在半山腰，下課回家的路有時是黑暗的，外婆告訴我：可以唸「南無阿彌陀佛」或「南無觀世音菩薩」，佛菩薩會保祐我們的。因此我只要在擔心害怕時總不忘喃喃地唸著，這兩個聖號就這麼守護了我的童年。

國、高中的時候，雖然還是喜歡隨外婆與母親去報恩堂誦經拈香，也曾爲了求願，在家中 觀世音菩薩前跪誦《金剛經》或其他經典；雖然也知道密宗喇嘛的佛像看起來有些奇怪，卻仍以爲他們也是佛教，所以也曾唸過所謂六字大明咒，但是一直沒有機緣接觸密宗，更不可能有機會深入；現在想起來才瞭解自己當時的愚癡，並感謝佛菩薩的守護。年少時在意自己的外表而時常照鏡，望著鏡中人；久了，不禁心中有個疑問：「鏡中那個人是誰？爲什麼是我？爲什麼我會長成這個樣子？」也因爲神怪小說看多了，心中不免也生了疑惑：封神演義中的許多人物是藉父母之緣而生，那麼生前是什麼？時常在黑暗中，看著自己的手從遠而近時，總是有一種莫名的疏離感與陌生感，問自己「是誰的手？」不解還是不解，誰可以告訴我一個答案呢？是上帝、玉皇大帝、仙人、特異功能者？還是佛菩薩？有太多問題，卻不夠勇敢去四處探尋這個答案，而疑問依舊只是疑問。大學和當兵時，迷己逐物，早已淡忘了對於生命眞諦的希冀與渴求，只是隨緣從科學上的探討來瞭解什麼是眞正究竟的本源。

在社會工作後，曾經被李師兄（正冠）半強迫式地懇求去了妙天那兒看看，也曾經去經歷了他們的「一日禪」，好奇而嚮往的是他們所謂那「明心見性」四個字，不解的是「以心印心」又是什麼！但是除了打坐，還是打坐。他們總是用類似氣功的方式在靜坐，然後要我們去找到身中的一個點，在肚臍後方會跳動，找到了就是明心。我就一直在想：如果哪一天身體沒了，該去找什麼會跳的東西？所以覺得自己爲何這麼沒有慧根。還好，過了一段時間，李師兄先從其中脫離出來，之後也把我從妙天那裡拉出來。另外也曾經受朋友之邀，去過台南的慈雲寺。當聽到法師要講的是《阿含經》，高興了一下，因爲曾聽說四部《阿含經》是佛法的根本經典。當日聽講經，經過一個下午還是沒有聽懂住持說的《阿含經》，講的還是苦、空、無常、無我，也就是一切法空、緣起性空。但是如果什麼都歸到空無，色身與意識都虛幻了，那還有什麼是眞實常住的呢？如果一切都要滅盡，那麼修道要修什麼呢？或者有很多的書上說「一切放下」、「不要執著」、「讓心中一念不生」，大概都這麼說。當時只能認爲自己智慧不足，沒有辦法瞭解到諸方「大師」的悟境。接下來的二、三年對各個道場都沒有什麼信心，唯一有在看的就是自己從書局買的《中阿含經》、《長阿含經》、《華嚴經》、《圓覺經》的白話譯本；雖然怎麼看還是看不懂，心中對佛法還是有期盼；知道佛法才是正途，禪宗公案必定有個什麼內容，只是不知道眞正的善知識在哪兒？誰能解釋得通？

第一次明確知道正覺同修會是四年前的事了，緣起還是李師兄；那是新竹第一班週一班的招生，因爲那次我看了看海報上的共修條件，身分證正反面影本、照片、戒牒與共修二年半。信力還不足，即心生退卻，眞是慚愧；因爲我的退卻，也害李師兄和郭師兄（正賢）進入正法的緣又晚了半年。而半年後，感謝佛菩薩的安排，讓我大病一場；漸癒後也感到人生眞的無常，所以當李師兄再一次指著海報告訴我「新竹要開週五班」，我想都不想，就同意去看看。當然那時不知道正覺講堂的特性：沒有上課或會議的時候，是不會有人的。而那時才晚上八點多，到了新竹南大路樓下看了看，三樓一片黑，這時換李師兄說：「下次再來吧！」我還是起了個念說：「上去看看！」上了三樓，發現鐵門是拉下來的，於是又動了個念，把門上的信箱孔扳開看看吧！眞是懺悔，那時作的是在窺伺。驚動了一位師兄（那時候是稱作師兄，也就是現在的白老師），他讓我們進去。

接下來的一個多小時，就那一個多小時，經由白老師熱心講解，我才知道原來佛法是可以這麼說明的；也因爲這個緣，所以對於平實導師上課講經充滿了好奇，心想：「弟子說法都這麼不俗了，那老師不知道是如何？」那是二〇〇六年三月七號星期二，晚上就與李師兄和郭師兄相約六點，且充滿期待地想聽導師講經說法，去了才知道要講的是《勝鬘經》；即使不知道這是一部什麼樣的經典，第一次聽也不是眞的很懂其中講的是什麼；但是很明顯地，這位說法者說法的邏輯清晰、理路貫通、有條不紊，很多名相以前怎麼看都不懂的，經他這麼一解釋就可約略瞭解，且無有懷疑，心想：「這位眞的是大師！」回去後直向二位師兄言，此處所說之法爲正法，我未來將不從此處退離。之後更是迫不及待地想要在同修會中修學佛法，還好那時開課的時間是三月底，不是像現在都是四月、十月才有新班統一開課，不然以我的急性子，怎麼能忍受還要再等一個多月才可以上課共修。從此，星期二聽 平實導師講經說法與星期五晚上蔡老師正禮的禪淨班課程，就成了我生活中最重要的一部分。

在蔡老師座下聽聞禪淨班的課程，讓我從一個對佛法知見完全模糊的人，逐漸能有條理地貫串，且蔡老師用各種不同的方式來演說，來讓學生們瞭解：不管任何事相上的事，都要從理上來看、從法上來看。讓我漸漸瞭解這才是一個願成佛道的學佛人該要去學、去作、去瞭解的，這樣才是聞、思、修、證。雖然 平實導師講經說法都是圍繞著第八識如來藏，但是說法的內容無有邊際、滯礙。而且幸運地在《勝鬘經》後，導師接著以宗通的方式來演說《金剛經》；不知道什麼原因，常常在聽法的過程中，就是不自覺的流淚，心中就是一陣陣的感恩。原以爲這輩子要能值遇正法善知識是沒有可能的，但是一位大菩薩，就這麼在面前講經說法，這是多大的福報啊！才只是上了一年多的課，於正法上的知見，就遠超過此生進正覺修學前的所見所聞。經過二年多的熏習，在看其他的佛學書籍或聽電視中的法師說法，更能略窺其錯誤與落處。當然，這一點點於法上的簡擇，與導師或親教師的智慧相比，根本無法相提並論，卻也還足以在網路上與人作法義之略辯！

二年三個月就這麼過去了，還記得蔡老師不斷地告訴我們：「讓不讓悟是佛菩薩的事，錄不錄取是導師的事，但是報不報名是自己的事！」心想，話是這麼說的沒有錯，眼下要報名了，但是對於去哪兒找眞心都還是不知道。只知道蔡老師說報名，那麼我就報名。因爲知道蔡老師的第一班還沒有人破參，所以我在佛前發願，要當蔡老師第一個破參的學生。但是回頭一想，老師說要的觀行報告都還沒有給交，想到就慚愧；我生性就是怕麻煩，平時雖然有在作觀行的功夫，一旦要落實在文字上時，就又不知從何下筆而煩心；因爲如果要眞正地去觀行，那個複雜度和要寫出來的文字，那可是我不能想像的。「萬事起頭難」這句話是眞的，不過也只是起頭難啊！當我下決心坐定在桌子前時，一杯水喝了一個上午，但是似乎也是欲罷不能，就這麼完成了觀行報告。求悟發願文，更是不知道從何下手，發願不能小器，願也不能過妄，又怕知見不對寫錯話；但是心中一念生起，便寫下了我的第一次求悟發願文：

無始劫以妄作眞，三十餘認子爲父，
爲求眞遍尋千里，入正覺始知正途。
只確知身在靈山，尚未聞荷香來處，
佛菩薩慈悲庇佑，祈能早相應入處。
承正法以破諸邪，隨引眾出三界苦，
願能擔如來家業，如來香廣延萬古。
南無釋迦牟尼佛，南無十方一切佛，
南無大乘勝義僧，南無究竟第一義。

蔡老師一直提醒我們有信力、願力，但是不可有得失心。待到有一天回家時，發現信箱中有同修會的限時信，那時也不清楚會是「錄取怎麼寄、待緣怎麼寄」。沒有什麼自信的我，雖然心中還是有期待，但是卻也不抱任何期待；因爲我一直覺得我的智慧不高，雖然努力在學；義工沒有太多時間作，但是盡量作；樂行布施沒有李師兄慷慨，有努力改慳貪；心性沒有郭師兄調柔，也用心調脾氣。想一想許多菩薩的素質、心性遠好過我，怎麼都不敢多想！到了佛前，向佛問訊後打開來，竟然是封錄取通知。心想，李師兄智慧好，又有菩薩心性；而郭師兄定力好，而且有勇猛護持心，但是我有什麼？連個入處都不知道在哪兒！

最後一堂禪淨班的課後和蔡老師小參，老師只是告訴我，我的觀行報告看不出什麼特別的問題，從報告中沒有能給我什麼意見。所以原以為從報告中，老師可以給一個入處的機會都沒有了，小參結束後，老師提醒我「要繼續參哦！」

待兩位師兄都收到了未錄取通知時，我才把錄取通知拿出來，但是李師兄只是笑著告訴我，要我接下來專心作功夫，所以我就在住所邊作事邊看話頭，因為蔡老師說話頭要看到變成疑了才是真話頭，而一旦疑情一起就看著不放；我就在上山前一天，在住所作了一日清潔工：掃地、洗碗、洗衣、摺衣……一件一件慢慢地作，到了下午，發現話頭真的會變成疑，我就努力地看住那個疑情而不放；但是除此之後，我還是不知道入處在哪兒！待就寢時間到了，我還是努力帶著疑情；可想而知，那是沒有辦法睡的。但是凌晨約二點左右，突然似乎從夢境中醒來，回想夢境中只見人身中有個無邊際的存在，此時全身有奇怪的覺受，似乎在告訴我：「這個就是如來藏！」但是我明明知道有覺有受是有爲法，所以我還是不知道眞心是什麼。此時我發現疑情沒有了，也許是我睡著的關係，而使得疑情中斷了，而奇怪的覺受還是在，而我就帶著這個奇怪的覺受再回頭睡去。

隔天報到後，開始了一連串的起三儀式，而在拜願、拜懺之時，突然覺得自己何德何能，得有幸值遇正法之外，還能夠上得這個選佛場來參究。想起自己過去所造的種種惡行，還有過去無量世不知道造作了多少惡業，佛菩薩還是慈悲地讓我有機會與諸菩薩們一同精進共修；憶及佛菩薩的慈悲與自身的慚愧竟悲從中來，流落不止的淚，漫延成哽噎難抑的唱誦聲，除了感恩與懺悔，還是感恩與懺悔。

到了第一天晚上 主三和尚的普說時間，似懂非懂地聽著 和尚說的正中來、偏中去，只知道護三菩薩們笑得喜悅，我聽得也很高興，但就是不懂。心中不斷思惟，一個驚堂木擲來就是正中來，那是直指密意嗎？「阿貓、阿狗」爲什麼是偏中來（不知道有沒有錯會）？吃粥去、喫茶去又何以故是正中去（不知道有沒有寫錯）？再一句沒頭沒尾的話爲什麼是偏中去？回想 導師在週二聽經時不斷老婆地提醒說：「聽經要用眼睛聽！」但知 導師直指入處，但眼能見色，而眞心無形無相，眼如何能見？但是 導師如此說，必有其意；便想：仔細看著便是，多想什麼！但想到 導師也說禪師舉手投足無有不爲人處，那便看著舉手投足間是有啥蹊蹺。一個晚上過去了，不會還是不會，不明白還是不明白，卻似乎就是知道如來藏與這個五陰身非一而非異這個道理；導師講經說了這麼多，大家都應該知道啊！但是想到蔡老師說觀行，要去把這個五陰十八界中一一分清楚，再從這個理所當然的和合運作中，找到那個不是理所當然的環節，再去參究什麼是眞心。當然要是找到了那個環節就好辦了，但到底是什麼？此時問號多到就像孔雀開屏般，在頭上展了開來，就這麼抱著一大團疑惑，睡去了！

從前一天晚餐的過堂，到第二天早上的過堂，導師都不斷地提醒食物放進口中要先問：「是什麼？」但是不管是不是答水果，好像都要吃一棒，所以問題到底出在哪兒？始終不能瞭解 導師這麼努力的神頭鬼臉，要告訴我們的是什麼，但是似乎就是有個說不出來的東西，「口說手呈」這四個字突然成爲我衝不破的障礙；口該怎麼說呢？手要如何呈呢？到了經行的時間，聽到 導師說「腳下步步踏著無生」、「腳下步步有金蓮」以及「注意腳下」，這些在《我的菩提路》上或見道報告中破參菩薩寫到類似的文字，又回到了老問題：老盯著腳看，看不出個端倪，瞅緊別人不也是和自己一樣在經行嗎？閉眼不看，只是去感覺，又都是在意識心上作功夫，還是看話頭吧！

等到和 導師小參的時候，不待我開口，導師先問我：「**身體裡是不是有個人啊？**」我當下一驚，怎麼我連說都不用說，導師已經就知道我上山前的體會？此時我只有回答「是」的分，雖然想了很多要說的話，但是此時一句話都說不出來，待得 導師又問得一句：「**是什麼？**」我愣住了！但是我似乎有個什麼概念，卻不知道要怎麼說，雙手一伸，自己看了看，還是不知道要如何說起，導師又問：「**是手嗎？**」我心中自知當然不是，但是此時爲之語塞，已經不知道說什麼是對的，說了又是落在覺受，而此時 導師吩咐我說：「**好好把五陰十八界整理整理！如果覺得自己參的東西不對就丟掉，重新參！**」向 導師一問訊後，我回到座位；這時我疑惑了，因爲 導師也沒有說對，也不說不對，換我要問自己：我悟到了什麼？我瞭解到了什麼？導師要告訴我的是什麼？話頭一提起來，全身還是有先前的覺受，這是爲什麼？關於十八界，導師已經在起三時教導過如何斷我見，已經把十八界說得比蔡老師還要再更細了；這個我知道啊！那我還要整理的是什麼呢？此時又孔雀開屏了。

中午過堂後，中午洗碗時 導師教了洗碗時如何作功夫；到了下午才發現原來先前去洗過碗的菩薩們，在各自位置上的用功方式就是洗碗；有人洗得快，有人洗得慢，這會兒換我不知道要作什麼了。要作拜佛功夫？洗碗功夫？還是要觀行或參究？我還是先到佛前懺悔、發願和迴向吧，求佛菩薩指引我一個入處。到了佛前求了才發現，一直以爲兩年半來心性調伏得還不錯的自己，卻在此時惡心行不斷，有慢、有瞋、有妄、有疑，而且竟然還產生信力不堅固的心行；捫心自問：**我有何德何能，來得此菩薩大法？**不禁想起蔡老師曾告訴過我：有時 導師也讓聲聞心重的人上山，讓他們看一看何謂大乘門庭之選佛場！反問自己，我是這樣的人嗎？反觀自心，連自己發的願都發得這麼不確定，發得沒有信心；口說出來的和心現起的念都沒有辦法一致的人，這種願如何成就？這些懺怎麼會是眞懺？也顧不得已經在花崗石地板上跪了很久，就再跪著重新懺悔、發願、迴向。且此時觀照著心中還有沒有不善念的生起，如果有，就重來。

到了第三天，和監香陳正源老師小參時，老師又問我一樣的問題：「是什麼？」我還是不瞭解地又看了看我的手，陳老師又問：「是手嗎？」一樣的問題，一樣的無言以對；此時很想向老師請教很多問題以解惑，但是卻慚愧到一句話都問不出口。老師接著說：「**你現在眞妄不分，回去照著導師教你的洗碗方式去作功夫！**」我開始想著，我眞妄不分，參不出來的人不都是眞妄不分嗎？那我和其他人有什麼不一樣？還是我的方向錯？一顆心就這麼揪著、想著。雖然也想向　導師跪求一個入處，但是我明明就已經很清楚知道　導師處處明指著密意，只是自己智慧不夠、緣不足，所以不懂；也想過拜佛拜一整夜，但是這麼作，隔天沒有精神，怎麼參？佛陀也示現並不是苦行才能成就佛道！而且我也在佛前學蔡老師發過願：「**如果悟得不深、悟得不眞，那我寧可不要悟！**」所以還是把這樣的想法丟在一旁。

中午過堂，唸到食存五觀時，導師說了一句：「**怎生說個『爲成道業，應受此食』**底道理？」不禁打量著「忖己德行，全缺應供」八個字，自己有什麼德行堪受主三和尚與監香老師入泥入水的辛勞？我有什麼功德堪受糾察老師和護三菩薩的日夜護持？我這個時候什麼都沒有，有什麼資格來受用桌上這些十方護持的食物？慚愧之心生起，淚就這麼落下了！前二天自以爲是的「爲成道業」，今日卻不知從何「應受此食」。

下午百般思索，苦參無門；拜佛時話頭和在家中也沒有不同，洗碗還是不懂，想參又沒有個門；本想就此放棄，就在山上好好地拜佛，就算什麼都沒有，至少來過一回。但是心中響起台北林師姊一句鼓勵的話：「要堅持到最後。」親教師蔡老師的一句：「要繼續參哦！」我知道這是菩薩們對我的期盼，其實不止是菩薩的期盼，也不止是對我的期盼，而是諸佛菩薩對諸眾生的期盼。所以當下決定重來一次，把之前的體悟都丟了，重新看話頭、參究，不可以辜負了導師、親教師與菩薩們。

晚上藥石時，導師告訴我們要發菩薩性，要有菩薩種性，這麼才堪任佛弟子；要以「慈、悲、喜、捨」四無量心來廣度眾生、救護眾生，要有這種廣大的心量，而且要在佛前以至誠心願求，千萬不要心口不一，佛菩薩不會不知道的。我回到禪堂，便到佛前求懺、求願，不知道爲什麼，以前不懂、也沒有勇氣要發這樣的願，但是此時願求的心是至誠的、堅定的，眞的希望要能以此四無量心來救護眾生：眾生無盡，此願無盡。長跪在佛菩薩前發願時，難以扼抑地淚就這麼由噙盈落、從滴結串；最後連願求都泣不成聲，我知道我眞的堅定我菩薩行信念，而無有懷疑。

第三夜最後一次的普說，這是多麼珍貴的一個晚上；既然不知什麼時候才能因緣具足再上得山來，當然要更用心的聽。當日已經有菩薩破參了，所以 導師在此時問一問破參的菩薩：「如果自己是公案中人，自己會怎麼作？」聽到他們的回答，還是很羡慕，也很讚歎，因爲我還是不知道那是什麼，而且連個邊都摸不著！直到 導師講到「大圓鏡智」時，就用手指畫了一個大大的圓，說那就是大圓鏡智。於是我又回到原來的問題點了：那還是手指啊！那不就是不異了嗎？但是用眼聽的法不是這麼單純的，要好好想一想。等到導師又問大家，要不然大圓鏡智要怎麼畫？我就很自然地在底下用雙手的食指和拇指圈成了個圓，導師看到了，笑著說：「你那個也算，但是，是冒牌的。」當下心中一陣面紅耳赤，心想我當然是冒牌的。不過迴心一想，但是爲什麼「也算」？又回想到陳老師說我「眞妄不分」，這一定是 導師有爲我處，所以我一定還有個什麼問題，但是到底是什麼？

到了最後一天，上午過堂後，該洗碗的人都洗過了，所以我爭取自願去洗；心想總不能白白來山上受十方物，什麼都沒有作就這麼下山；幫洗碗又可以作功夫，又可以爲菩薩們服務，爲什麼不去！早上再和陳老師小參的時候，我還是什麼都答不出來，老師還是要我照 導師說的去作功夫；看來我眞的不知道該怎麼辦了，回到自己的位置，本來又要氣餒了，但是一想到諸菩薩的期待，我就這麼再努力參下去，不過已經不太敢再去小參了。當我在專心看著話頭時，忽然察覺左前方一道光閃過，頭就轉了過去；仔細辨別了一下，原來是金屬反光。突然有一個念頭起來：爲什麼□□□□？意識沒有□□啊！末那是心，也□□□□啊！□□□□□□，也不是實有法啊！所以是祂□□嗎？進了小參室，告訴陳老師剛才的發現，當陳老師問：「那□□、□□……都一樣嗎？」我遲疑了一下，老師接著說再回去體驗。走回座位的路程，我不斷思索：「都一樣嗎？都一樣嗎？」回到座位上，平常看 導師都還會和其他的參究菩薩有交談，其他的菩薩也都有和導師說話；雖然我也很想親近 導師，但還是不敢。

未料在這最後一天，導師走到了我身邊，拍拍我的肩，告訴我：「你應該有東西啊！可能是第一次吧！」我覺得受寵若驚，反而不知道該說什麼；只得連忙向 導師問訊道謝，眞是不知道是於大菩薩的威德力，還是自己沒膽，還是怕生，像 導師這麼親切又平實的人，想接近卻不敢，就算了；連 導師自己過來了，都還沒有把握機會。但是一轉念，導師說我有東西，我有什麼東西呢？突然「知是菩提，了眾生心行」、「不會是菩提，諸入不會故」，這兩句話就在心中顯現；「如來藏非□□」、「心法不觸色法」、「如來藏有□□□□」，導師上課說的文句也現起；蔡老師上課時說：「證如來藏，就像證明有空氣！」這個比喻也在心中生起；白正偉老師曾在印順思想研討會上追問厚寬法師說：「誰是作者？誰是作家？」也浮出來了！是啊！就是這麼一回事！雖然最後的小參我沒有排到，不過我心中充滿了感謝，感謝 導師讓我有機會一窺大乘廟堂。

下山時，回想起山上的點點滴滴，才驚覺自己覺遲，連 導師最後給了我的機鋒，我都沒有察覺，眞是愚癡。不過除了愧對 導師，也愧對蔡老師二年半的教導，因爲自己慢心深重，而沒有得破參，辜負了老師的期待。不過也要感謝佛菩薩這樣的安排，因爲過去只是聽過「慢心障道」這四個字，也只是知道「慢心障道」這樣的情況，但是絲毫不知道自己就是那個慢心深重的人；而如果我眞的就這麼破參了，那麼可能會因慢心而犯下什麼樣的過失，自己是不會知道的。

第二次錄取禪三已隔了一年，這段時間我發現，過去有很多書本上的內容，原本看得很辛苦、吃力、淪爲想像，但是現在一一看來都變得有趣，而更可以深入觀行與理解。從前看到破參菩薩在 導師週二講經說法時的笑，是這樣有智慧的笑，而我此時的笑也已經不似以往的傻笑，而成了會心的笑。只是有一事不解，爲什麼我的定力似乎經過一次禪三的洗禮而增上不少！這一年中有件事令我很難過，有人對外放話說：「**蔡老師教得不好。首批學生畢業一年了，都還沒有人破參。**」第一次上山沒有破參的我，特別感到對不起蔡老師，但是只能安忍，心中反而是默默在佛前發願：一定要在第二次上山時破參。所以在第二次上山前不論在功夫或是智慧上，都要努力增上；除了爲報佛菩薩與 導師的恩德，爲了要救護眾生、荷擔如來家業，更要報蔡老師從禪淨班到進階班悉心教導與提攜之恩，寫下了第三次的求悟發願文：

藏識眞如性，三界熾然說，
末法外道眾，邪師謗佛陀；
三界六凡苦，末法邪師多，
邪見誤眾生，難深信因果；
懇請佛菩薩，慈悲願攝受，
乞求佛願用，正法種不輟；
必當成法才，侍正法右左，
爲救眾生故，顯正將邪破；
南無釋迦尊，南無十方佛，
大乘勝義僧，究竟第一義。

再次上山，心境和第一次不同，除了所謂的有經驗外，更有要報恩的心願：報答　導師不捨眾生、出世弘法、慈悲教誨。當我看到正源老師再次擔任監香老師時，心中也是一陣激動；因爲第一次禪三與陳老師小參時，陳老師那不苟言笑的對話，讓我誤以為在山上的禪師是冷漠的。直到最後一天才發現陳老師的為人處，除了慚愧之外更有許多的感激；我告訴自己破參之後，不僅要頂禮蔡老師，也當要頂禮陳老師。而且自知自己慢心深重、根性頑劣，不斷地到佛菩薩前懺悔、發願、迴向，也時時觀照自己的起心動念，覺察不善心行將現，隨即到佛前或自己的位置上懺悔。

再次聽三個晚上的普說，已不再像第一次上山般似懂非懂；更能夠深入去瞭解 導師所說「主、賓」之間的關係，並可以與前一次禪三所聽聞「正、偏、來、去」作對照。再度和 導師小參，雖然敬畏於 導師的威德力，仍是充滿期待。導師一開始就說：「你週二聽經時都很專心在聽我上課哦！」我點點頭回應說：「是！」導師接著說：「你上一次就有消息，那你說來聽聽！」當我邊解釋時，導師慈悲，邊補充更多的知見給我聽，令我頓時增上不少。

此時 導師問：「□□□□□□！」我回答：「七轉識□□□□，五色根□□□□，所以是如來藏□□□□！」導師笑著說：「太間接了！」我再想了想，回答：「如來藏是□□□！」導師這回說：「有個『□』字，還是間接，還有沒有更直接的？」心想：這可眞是難了，我改口說：「如來藏

□□□！」導師告訴我：「一個『□』字，這，是不是更間接了？」於是我喃喃自語：「是啊！這麼就更間接了。」此時，導師很慈悲地解釋：「五色根□□□，是色陰；□□□□，是□□。那如來藏呢？」我支支吾吾了一下，此時心中生起個念，便脫口而出：「如來藏是□□！」導師便笑著說：「是啊！經中都有寫，是明講的！」此時的我只能點頭了！經中眞的有這個名相，而且用得這麼地貼切，自己怎麼沒有會意過來！導師接著便要我回去整理□□□□□□□□，還提醒我不要漏掉重要的環節。

接下來的第三天，監香蔡正元老師雖然問題一個接著一個地問，但同時也在我回答的時候，很慈悲地適時提醒我很多重點，讓我能夠更如理地貫串整個思惟理路。到了最後一個問題「□□□□□、□□□□的道理」，蔡老師要我回去思惟過再來回答。再次與蔡老師小參已是過堂後的事，雖然說了很多，但是似乎還是說不上問題的核心與聯結。接近傍晚，和陳老師小參時，我才明白應該要表達的理路，陳老師還是不厭其煩地導引我這個駑鈍學生什麼是正確思考的方向，讓我能夠完成這個題目與監香老師的考驗。

不知道爲什麼，每次和 導師小參前，心境就是敬畏與期待；等到和 導師小參時，成了踴躍又歡喜；出了小參室之後，又是期待再相見；而這會兒終於到了要寫文字的時候了，導師給我的第一個題目是「□□□□□□□□□□□□□□」，當 導師很細心地爲我解釋一個例子時，又讓我增上不少，連舉例都不失禪師的爲人處。但是我想到有個爲難處：這次的題目要用寫的，我的字這麼的醜，用打字還比較快；用寫的，我想看得懂的人沒有多少。硬著頭皮還是要寫啊！到了第四天，進了小參室，導師要我自己看著答案卷解釋，我就是看著一項一項地解釋給導師聽。解釋完後，導師叫我作下一個題目「□、□□□□□□——從□□到□□來說」，當作完了這個題目。導師接著叫我去喝水，從□□、□□、□□□□的立場來體驗喝水。這會兒我才知道：之前在看破參菩薩喝水，心中既讚歎又羨慕；這會兒自個兒喝水時，才知道這水也沒有想像中的容易喝。沒一會兒，導師過來指點時，我才知道還可以有這麼多的體會，這水還是好喝的！原來這才是深妙禪！放眼天下諸大山頭，言盡生活之禪，卻不如此時喝一杯水；同哉？異哉？

二次的精進禪三，我現前眼見導師耗費心神，除了要觀察因緣，爲大家施設種種不同方便善巧外，還要爲了苦參不出的菩薩們，作種種的鼓勵與開導，要消耗體力來陪大家度過這四天三夜；大家去睡了，導師都還不一定睡；大家起床時，導師也沒有晚起過；而且爲了和大家小參，要在小參室中盤坐一天，心想、感念，不禁淚水再下。

感恩 釋迦世尊、十方諸佛菩薩加持和攝受，讓弟子有機會一念相應、破參明心；感恩 平實導師慈悲心重、不捨眾生，於此五濁惡世末法之時，眾生剛強難度，仍願出世弘法；並爲救度眾生施設種種善巧方便，種種契入法門，令我等有緣聞此勝妙法後，得證「此經」；感恩蔡正禮老師三年半來無私地傾囊相授，善護並細心教導所有的學生們；感恩監香陳正源老師與蔡正元老師爲弟子去黏解縛，得入此無門之門中；感恩正覺海會菩薩眾用心努力護持正法與推廣正法，讓末學進入正法修學的緣能早日具足。

我當發願生生世世隨佛任運至成佛；若佛無須用時，當願生生世世追隨平實導師修學、護持、弘揚正法，學習 導師之慈悲心，方便度眾、破邪顯正、荷擔如來家業直至成佛；三願將來因緣具足能成爲親教師，分擔 導師、蔡老師及諸菩薩之弘法大任，此生若未果，來生也要成就。

弟子願將此次見道功德：

一、迴向佛法常興，正法久住。

二、迴向平實導師色身康泰、早證神足、壽歲延長、地地增上、弘法無礙、直至成佛；師母色身康泰、道業迅增、智慧如海、護法無礙、直至成佛。

三、迴向蔡正禮老師及所有親教師色身康泰、道業猛進、度眾無礙、地地增上、直至成佛。

四、迴向諸所有講堂中之菩薩，此世都能在導師座下明心、見性，乃至入得初地。

五、迴向無始以來累世累劫之父母、親眷、乃至有緣者以及冤親債主，與諸冤親債主解冤釋結、色身康泰、歸命三寶、修學佛法、早證菩提。

南無　本師　釋迦牟尼佛

南無　極樂世界　阿彌陀佛

南無　琉璃世界　藥師佛

南無　當來下生　彌勒尊佛

南無　十方三世一切諸佛
南無　大智　文殊師利菩薩
南無　大悲　觀世音菩薩
南無　大勢至菩薩
南無　諸尊菩薩摩訶薩
南無　平實菩薩摩訶薩
南無　親教師　蔡老師正禮
南無　監香老師　陳老師正源
南無　監香老師　蔡老師正元
南無　正覺海會菩薩眾

弟子　吳正聲　頂禮敬呈
二〇〇九年十一月十日

二〇〇九年佛教正覺同修會第二十八屆禪三見道報告

——姚嘉生

南無 本師釋迦牟尼佛

南無 大悲觀世音菩薩

敬呈主三和尚 平實菩薩摩訶薩

這回已是第三次參加禪三，能夠破參明心，眞是要感謝 導師及師母慈悲，以及親教師多年的教導。最重要的，當然是 佛菩薩與龍天護法的不斷加持，才能順利過關。

學佛因緣及過程：

從小出生於嘉義眷村，兒時往事並無太多的記憶，只知左鄰右舍大都信奉天主教，每到週末一般都會結伴上教堂領獎票，好集夠點數在期末換個獎品。在母親鼓勵下，小學五六年級暑假，與鄰居參加了背誦聖經及受洗，直到長大，都認爲自己是個天主教徒。

依稀記得是小學一年級的一個下午，獨自躺在床上，兩眼看著天花板，眼球轉著轉著看木板花紋上的飛紋，突然發現一個從來沒有過的奇特經驗，自己有「念」了，以爲自己才有的特別功能，怎麼沒人知道，心中又驚又喜，殊不知這又是另一期貪瞋癡慢疑生命的開始。小的時後，有一個尼姑到家裡化緣，母親說全家信奉天主教，請了出去；只是心裡有些奇怪爲何和尚尼姑都要理光頭，心中有種說不出的感覺。從小學到大學都在相當平穩的日子中平安度過。記憶中到過的佛寺屈指可數，離家較近的嘉義彌陀寺雖然幽靜，周圍一堆墳墓，總感覺是個專門埋葬死人的地方，至於探訪其他的佛寺都當成觀光勝地，心態也都是到此一遊。

今生與佛開始結緣是由於同修，同修是個虔誠的佛教徒，讀大學時就參加了佛學社。畢業後工作與她認識，在外總是有意無意會被要求一起吃素，爲了追求同修，只好委曲求全，大部分都遵照她的意旨。同修也曾邀約拜訪昔日她認識的法師，但是雙方相見不知如何對談，心中己見，認爲自己是個天主教徒，禮拜佛像是迷信的舉動，爲了討好同修禮貌的頂禮。結婚後，同修便原形畢露變本加厲，開始要求固定的初一、十五吃全素，然後變成六齋日全素。每次爲了吃飯兩人總有些口角，心裏老大的不願意。一九八五年相偕留美讀書，爲了吃飯問題，常常自己主動下廚，造就結婚多年後，自己是主廚的現象。

讀碩士時，有獎學金支援，讀得相當順利。一九八八年夏，再到洛杉磯南加大修博士，雖領有獎學金但不太夠用，全靠同修出外工作維持家計。由於同修與其大學蓮友的聯繫，不久就投入宣化法師在洛杉磯的道場金輪聖寺作義工，每週末自己充當司機，載著同修來來去去；同修參加法會，自己則躲進寺內圖書館埋首看些書，有時道場法會忙不過來則會被要求幫一些小忙。遇到宣化法師，信眾都會趴下跪拜，自己則是呆呆的站在一旁，感覺相當突兀不自在。又耳濡目染，聽說法師神通廣大，能替人治病解厄，自己從來沒見過，半信半疑。宣化法師體力變得稍差，較少講經，但每逢法師開示，聽到的內容不外乎是要人遵守「六大宗旨」，沒有太大的感應。

就讀博士班的末期，壓力愈來愈大，一定是過去世所造惡業的顯現，博士學位審核委員會中有位伊朗來的教授，總想找自己的麻煩，甚至作惡夢不讓畢業；每日在膽戰心驚的狀況下過日子約有半年多，經由同修開解，慢慢接受過去世造業就得還的因果理念，因此心情慢慢放鬆下來，逐漸能夠面對任何可能的結果，也不再躲避教授。同修一面要求改吃全素，一方面要求歸依宣化法師，懺悔業障及求佛菩薩加被。自己沒有其他選擇，照單全收，因此一九九三年在金輪寺歸依了佛門。那時宣化法師要求歸依者每人要叩完一萬個頭才算，為完成此歸依要求，參加了生平第一次萬佛城打佛七，每日平均禮佛約一千五百下，頭一次感受到出家人清淨無礙修道生活的清涼寂靜，心中相當羨慕嚮往。之後情況便有了改善，自己更進一步自動要求受五戒。同修後來求見宣化法師，自己也一併同去，法師給予精神上莫大的鼓勵。結果冥冥中，得到佛菩薩的加持，一九九四年順利畢業，畢業兩個月內立刻找到了在台中某大學任教的工作，這樣的結果完全出乎意料，真是說服了自己，印驗對佛菩薩有求必應及拜佛功德不可思議。

回國服務，由於「內在美」；兩個小朋友又接連出生，有母親幫忙照顧；

每逢寒暑假都約有四個月的假期回美探望親人，因此也順便在寺中當義工，曾經當過多位小沙彌的義務老師。六年就在飛越太平洋來回多次中度過。一九九五年宣化法師過世，暑假剛好趕上了北加州萬佛城為宣化法師舉辦的荼毘大典，有千人參加；為了報答法師的護念，爭往抬棺。那時心想今生可能再也遇不到像法師這樣持戒嚴謹的高僧。只是有點不明白，為何法師死時是得病而去？聽說過世前有開刀嘗試治療，開了卻又縫了回去，根本沒辦法治療，因為癌細胞遍布全身，信徒都說那是法師為眾生揹的業障；心中有些懷疑，書中不是說高僧可以自知時至，來去自如嗎？

一九九七年初父親不幸得了胃癌，開刀化療後，半年便過世。死前意識仍然非常清醒，父親不明瞭為什麼像他這麼一個隨時熱心幫助別人，又沒有作惡事的人，死亡是這樣的痛苦；母親為其擦拭眼淚五至六小時，一直到凌晨父親嚥下最後一口氣。父親享壽七十二歲，一生辛苦為家忙碌沒有眞正享受過；自己初次感受到生離死別的傷痛，身為人子，徒有空虛的博士學位表相，卻一點忙也幫不上，因而感嘆生命之短促無常，人力之渺小無奈。

一九九九年台灣又遭逢了九二一大地震，那時人在台中，住在學校安排的教職員宿舍，大樓連續搖晃數分鐘，停電數小時。後來根據報導，估計有上千人因而遇難，那時便生起要辭職返美與家人團聚的念頭。或許是「台灣獨自一人」過久，不知道要照顧好自己，長期單獨準備教書及研究工作，常常忙到半夜才回宿舍休息；身體負擔過重，健康狀況每況愈下，最後一年喉嚨常不舒服，又一直掉頭髮。剛好小女長大要開始上小學，在同修不斷要求回美共同生活及照顧下，因而於二千年毅然決定辭職返美。返美後，仍在金輪寺幫忙，並為該寺開發網站。

來本會共修之因緣：

舊習難改，每次外出吃飯都會隨手找一些書報看看，家人常抱怨每次點甚麼菜都沒意見，都是低頭吃飯配書。二〇〇一年十二月二十九日禮拜六全家為歡度耶誕外出吃飯，餐廳中無意間拿到《無相念佛》一書，一口氣讀完；那時的直覺是書中所述真實，而且發現道場竟離天普市家不遠。稍晚回家激動的打電話想去探訪，有人回話，但說禮拜天不開門。禮拜一回公司上班時，就一心盤算要早一點回家，也好再次造訪；又怕塞車來不及，故下班前央請就近工作的同修幫忙順道去一趟，結果兩人幾乎同時在五點關門前抵達，後來就歡喜的抱了一堆正覺結緣書回家。那時才知道洛杉磯共修道場二〇〇一年底剛開張，暫時借用鄭師兄工廠的二樓辦公室使用，由法□師主持。之後到破參約八年的每個禮拜就固定有自己的身影出現在道場內，從此沒有離開過正覺一步。

共修處開始有大約不到二十人一起共修，學員當中有三位比丘尼，一位老比丘。經常幫忙的有土地銀行國外部經理陳師兄夫婦與義工劉師姊，三人都破參，人都相當的客氣。法□師開始是以《無相念佛》一書教學，照書唸，唸完後，接著唸《禪—悟前與悟後》（這次禪三才知道，法□、法□等四位法師都沒有上過正覺禪淨班，講堂初期導師慈悲給予法師們特別優待，讓法師們直接參加禪三。後來的新規定則一視同仁），幾個月後就開始被叫下樓輪流小參。法□師在美沒有身分，每隔數月就必須出國一趟。法□師不在時，就由陳師兄或鄭師兄代理上課，陳師兄教〈八識規矩頌〉，鄭師兄教《維摩詰經》片段，有聽沒有懂；迷迷糊糊的過了一年，自己一下課沒有交談便離開，因此對大部分同修都不太熟悉。二〇〇三年春的一天，法□師站在道場門口分發禪三報名表，多數人自認功夫不夠，都躲避不拿，法師追著給，自己傻傻沒跑，拿了一份就眞的塡交了。

那時心裡準備，如果被錄取就回台。陳師兄說會安排在第一梯次，因此便將公司會議移開，也向公司請好了第一梯次的假，沒想到竟然被錄取，卻是第二梯次。那時無知，不知禪三名額得來非常不易，又剛好台灣流行 SARS（非典型肺炎），因緣不具足沒有回去，大大錯失了第一次寶貴的機會。大約同時期出境的法□師，也在海關遇到了麻煩；美國九一一事件後，成立國土安全部，嚴格審查外國人，因爲被美國海關懷疑有非法居留的嫌疑，無法再入境。課程突遭停擺，陳師兄等人代課一陣子後，決定推舉善藏師代理；善藏師臨時被推上代理教書，認爲自己仍是在學學生，只答應盡力代理半年到十月爲止。

屋漏偏逢連夜雨，當時第三次法難剛好發生，洛杉磯講堂不幸也遭到波及。記得有一天，講堂樓下入口處不知怎的，多了一些不是正覺出版的書讓學員拿，後來得知是鄭師兄自己帶來桃園懿蓮念佛會許大至等人印的書，師兄姊約十人在樓下議論紛紛，內容似乎是討論正覺同修會法義的對、錯。（鄭勝一原本隨從楊榮燦否定正覺弘揚之阿賴耶識勝法。嗣因楊某等人印書否定正法後，已由正覺以《燈影、辨唯識性相、假如來藏》三書及〈略說第九識與第八識並存…等之過失〉一文破斥畢盡，楊某等人完全無法回應；正覺又繼之以《眞假開悟、識蘊眞義》之連載，辨正古時安慧論師《大乘廣五蘊論》之邪謬，楊某等人仍然無法回應。以此緣故鄭某改緣桃園該念佛會之主持人許大至（已改名爲許西一），並言：「蕭老師只是我們以前的老師，現在我們以世尊及《宗鏡錄》爲師。」欲藉許某誘引大眾離開正覺同修會。）自己相信 導師的法沒錯，書連碰都沒碰，就獨自上樓拜佛去。

過了不久，消息傳來了，洛杉磯講堂不知何時被台北總會除名。（編案：當時之洛杉磯講堂是鄭某所設，經講堂請其回歸正覺法教溝通無效之後，不得不予以除名，不再承認其爲正覺之道場。）眾人逐漸知道原委，認爲學員幾乎都沒有人被鄭師兄影響退轉，鄭師兄個人的舉動並不代表全體學員的意志，認爲除名的處罰太過嚴重。不久陳師兄也自銀行退休，聽說移民到加拿大，從此再也沒見過他們。學員中剛好賴師兄夫婦有個機會回台，全體學員決定委請他們代表洛杉磯講堂到台北正覺講堂去探個究竟，並求見 導師解釋全體學員的共同看法。

此時原來任教的老師都已離職，善藏師臨危受命挑起教職，努力荷擔如來家業而得福報，慧力因此在教學相長情形下快速進步。法師也曾以「共修解散」試探大家的向心力，答案當然是沒人同意。過了不久，二〇〇四年初善藏師與班代趙師姊陸續破參回來，善藏師講課內容更是變得豐富有次序，信心也大幅增加。趙師姊回來四月便卸下班代一職，自己主動請纓要求擔任職事以服務大眾。由於幾個月後仍然未獲台灣正式答案，善藏師私下為了除名一事擔憂。我自己對 導師則有十足信心，因菩薩「不捨眾生永無盡」誓願力故，並勸導法師安心，認為「無名有實」（編案：當時正覺仍認定該處學員為正覺之學員，仍有參加正覺各項修行內容之權利）比「有名無實」要好，又比「無名無實」更是好太多。只要大家聚集一起，根據 導師教導共修，回復名稱應該是遲早的事。

那時鄭師兄私下分送個別學員《宗鏡錄》，說這個內容比 導師的還要好，要大家期待看他半年後更高的突破，也有計劃邀請許大至等人來此勘驗，大家都不為所動。有一次，更強力邀約法師、幹部一起參觀其構想中的美國禪三預定地（想要請許大至來主持禪三）；記得當天到達山邊，滂沱大雨，雨深過膝，到時才知鄭師兄同時也約有看風水的白某某一同看地點。法師、幹部都沒下車，自己覺得正信佛教徒與看風水的攪在一起，是一件非常奇怪的事。鄭師兄仍舊不斷想辦法影響學員，並提供更大場地鞏固學員對其向心力。為此，曾數次向善藏師反應道場應該搬遷，以減少寄人籬下受人左右的困擾。

第二次被錄取已是二〇〇四年秋。地點是借用新店山上女童軍訓練中心（編案：當時正覺同修會尚無自己的禪三道場），一週前即回台調整時差，禮拜一見到了仰慕已久的張老師，並在台灣正式上了正覺一堂課，如沐春風。重要的是在禮拜二晚上聽經，自從加入正覺兩年半多，從未親睹 導師長相年紀，為了靠近看個清楚，禮拜二下午五點就到講堂，佔了第二排第二個位子（那時規定第一排座位專門保留給親教師，比丘與比丘尼則分坐導師左右兩側），終於見到了 導師本人；導師法音如行雲流水般直接宣說流入心中，果然大大名不虛傳。

由於知見功夫差得太多，上山考試沒有過關。不久之後，台北正覺總會二〇〇五年初舉辦第一屆傳授菩薩戒，洛杉磯同修獲得消息，總共有十人報名參加，其中九人於前些日子已早早回台，自己則是搭乘當日班機五時四十五分抵達桃園，早上六時由機場乘坐只載自己一個人的大有巴士專車抵達會場，時間爲六時四十五分，當九樓電梯開門，排在最前九人竟都是洛杉磯早來的同修，自己名列第十，大家相見歡呼不已；心中暗自大感抱歉，讓大家爲自己擔憂了。那時鐵門未開，十人國內相見相惜，此情此景可待追憶。殊勝授戒會場進行之中，大樓震動不已。之後，懇請張老師代爲要求請 導師接見，等待中，那時大夥不知與 導師見面談話題目爲何，因此乾脆把搬家一事提出作個解決，臨時的投票便得到全體通過。向 導師報告結果，獲得導師歡喜大力支持。

受戒回來，善藏師即召集學員開會，找到一個一千三百平方呎倉庫後，立即搬出鄭師兄處所。搬家之後，道場名稱開始恢復，導師 DVD 講經光碟也陸續抵達，眾人累世多劫的法身慧命，在 導師 DVD 講經光碟法乳教導下得以長養延續。二〇〇四年底有一天早上，從鏡中發現自己的兩眉間有一個小紅塊，約半個一元大小，以爲是憶佛功夫成就，結果由 導師 DVD 教導下才知憶佛念不可以放在眉間或腦後，否則會發炎，「念」過了數天才放掉，若沒有 導師 DVD，發炎了還不知道。

見道過程與內容：

第一次眞正參加禪三是二〇〇四年十月，秋高氣爽，山上樹木林立，不時有鳥叫及附近寺廟偶爾傳來的鐘聲，清風徐徐，非常寧靜，晚上夾在兩山通往山下的路，紅黃綠，燈火通明，有如一條翻騰的金龍，就像世人在滾滾的紅塵中打滾。但禪堂內，自己除了拜佛與枯坐外，根本不知道方向從何開始。排在前面的師兄與 導師小參時，進去了有幾十分鐘，自己坐在走廊離小參室約十多公尺的小椅等，感覺有一小時那麼長，裡面時而有講話高低聲，時而有笑聲傳出；輪到自己與 導師小參，不到五分鐘便出來了，其中包括數分鐘的「嘴掛壁上」愣坐。之後與監香老師小參，口風更緊，密不透風，問不出個入處。

下山回家的路上，同車的幾位師兄都說有觸到眞心；另一位師兄更絕，他是在辦小孩喪事時觸到的，他說隨時隨地注意參究，任何地點任何時間都有可能，眞的是生緣處處，令人感動。那時心想回洛杉磯，功夫要加倍努力，不要浪費名額，下次至少要觸到再報名，那次五十位好像有約一、二十位破參。雖然距離今天已有五年，幾個留下的印象仍然深刻。一是 導師好會講法，隨便手到擒來一句話或幾個字，就可以長篇大論佛法一番，眞正達到「說法無礙」的境界。

除了小參外，每次過堂都是最緊張的時刻，導師一般都快速隨便吃一下，就開始到各桌巡視，要大伙吃水果，或順便給機鋒，然後問「是什麼？」有人不明就裡亂回話，老師便賞幾棒；最後大家怕說錯，都不敢回答。每天晚上的禪門公案普說，已明心的人，看導師是唱作俱佳，笑聲此起彼落，自己則是丈二金剛摸不著頭腦。另一個是睡在上鋪旁的師兄一直在「疑情」中，兩眼直瞪，會下床吃飯聽命令；但四天三夜下來，就是與他對不上眼。他當然破參了，好羨慕師兄的功夫深厚，也恭喜他過關。第一次四天三夜的精進禪三就這樣過去。

之後回洛杉磯有兩次在夢中夢到 導師，一次是大眾圍繞 導師，向 導師提問題；自己沒記住當時內容，但感覺 導師的每一個答案像刀片那麼鋒利。同時間的另一場景爲大家準備排隊吃飯，列於一條長桌子兩旁，開始報數，自己剛好站在 導師正對面，由 導師的那一排先報，一二三四五六七八……，一直往下報，突然 導師用手指著我說：「你。」自己則愣在那裡說不出話來。另一場景爲 導師正在台上講法，有一個人恭敬呈上一個信封，導師打開，用手拿出一張長紙條，不講話慢慢左右搖晃起來，大家一臉疑惑，看不懂 導師在作什麼。如今回想 導師都在夢中給機鋒。另一次則是要自己找親教師小參去。後來當然都照辦。

第二次參加禪三是二〇〇七年十月，是在新蓋的桃園大溪祖師堂舉行。由於有過去的經驗，參加禪三前，自己也整理了一些心得，與 導師小參時就把過去幾年觸證的體驗，如□□、□□、□□□□□，和當天□□□□，□□□□等的感觸，一五一十的向 導師報告，導師接著問：「是誰□□□？」答：「□□」。「□幫你□□？」答：「□□」。「誰□□□□□？」答：「□□」。結果 導師又將禪宗的幾個常見的公案毫無遮掩的表演起來。自己也學樣的回覆，最後 導師說只要答好最後一道題就有機會喝無生水，心想眞的就是這樣了嗎？自己彷彿觸證到了眞正答案，有點難以置信！輕浮心升起，從此之後，就這樣被自己障住了。吃飯舀湯時自己不由得的示範動作，被 導師突然叫自己的名字嚇了一大跳。

第三天接連小參，導師看自己都沒反應也沒登記小參，一直私下不斷的給予鼓勵，說從國外回來一趟不容易，催促自己登記；但由於被自己障住了，幾次與監香老師小參，每次都被棒棒狠狠打昏，被趕出來。就連 導師給予的「鈔票是□□□□□□的」也沒聽進去，葛藤越來越多，猛往牛角尖鑽。自己又竟然忘掉立即向佛菩薩懺悔。導師私下不斷的給予□□提示，護三菩薩不斷的要自己發大願，還是回天乏術，就這樣的第二次禪三又沒過關，帶著遺憾回洛杉磯。這一次比較特別的是七位過關中有三位七、八十歲的同修，好厲害。

被自己障住的心，下了山之後才開解，那時已是解三後的第二天。回來後不斷的求佛菩薩加持，希望繼續給與機會能滿自己的願及積極的護持道場。

千萬般的祈求，好不容易兩年之後，在 導師慈悲之下又有上山的機會。第到達祖師堂前，自己朝思暮想的期望竟然實現，猶如夢境一般不敢相信。第一天灑淨完，憶佛拜懺時，憶起往昔 佛的功德及對 佛的思念，懺到內心深處，愧感有負所托，淚水一直不斷的湧出，護三菩薩忙著遞衛生紙，眞的是擦了又濕，濕了又擦。

或許是菩薩特別安排，這次被排在第三號，除了天天與 導師面對面吃飯，正對 導師公案普說外，也比其他人有多一些小參的機會，眞的感謝再感謝菩薩。又由於上兩次失敗的經驗，這一次有了準備而且信心充足。事實上，自己的體驗仍然不夠深刻，知見的盲點仍然存在，似乎懂了一點，正所謂「差之毫釐，失之千里」。第二天早上過堂時，導師便開始考試，故意用台語問：「**台語懂不懂，哪裡人？**」台語答：「**嘉義人。**」後來想應該用台語答：「**自-己-人**」較親切。

與 導師開始小參時，說了一下體驗，導師便只給了一道題目，便又滿臉通紅答不出來。從自己的體驗報告，導師連連告訴監香老師說這是信心問題、信心問題，並要自己回想當年的提示。但當年被自己障住了，根本沒聽進去，說什麼當然也記不起來，導師便不再多說也不提示。後來幾次與監香老師小參，又被狠打數棒，不僅如此連自己的親教師都一塊被拉入狠打。沒辦法，只好不斷求佛、求菩薩幫忙。第四天一大早，已破參的人開始寫紅本子，自己仍想辦法拼拼看，不是說要把握到最後一分一秒的嗎？之後有了一些進展，也不知道要考多少題，到中午後，希望已不太大，因此頂禮監香老師，謝謝監香老師的辛苦。之後很奇怪，問題越答越快，看監香老師竟開始為我寫紅紙條，自己一臉茫然還沒回過神，竟然已經答完了，直呼不可思議。

之後監香老師說還要見 導師作最後驗收，為了保證永不退轉，導師一題又一題繼續考，一張張不退轉保證書繼續填，終於最後一分鐘得到導師認可，金剛印終於蓋上，大事底定。頭一個想到的是：哇！從今以後可以不必板著臉吃飯，破參實在真棒！有如作夢一般。破參前後竟然真的有天壤之別，此時也能進一步體會，真的是行住坐臥都是禪。吃飯走路吃喝拉撒都是禪，舉手投足莫不是禪，禪何處不可參？慶幸遇到了真善知識才有此可能，法身慧命出生的因緣，真的是到處都是。

最後，弟子今生能有如此福德因緣，能夠破參明心。想到多年來的堅持與努力總算沒有白費，於佛法修行上終於跨出了一小步，進了無門之門。回家閱讀公案第一冊，多數都能領會。今後只有朝悟前所發誓願盡力達成。

回首來時路，感謝 導師已爲我們鋪好的一條成佛之道讓我們循序修學，也感謝親教師善藏師多年來不辭辛勞的教誨，還要感謝這次的護三菩薩們日夜辛苦護持，還要感謝正覺洛杉磯講堂師兄姐們的鼓勵，更要感恩 佛、菩薩的加持，要感謝的人實在太多太多，在此再度說聲：「**謝謝大家！**」

南無 本師釋迦牟尼佛

南無 觀世音菩薩

南無 大勢至菩薩

南無 平實菩薩摩訶薩

弟子正覺洛杉磯講堂 姚嘉生 叩上

日期：2009 年 11 月 2 日

明心見道報告

——廖麗足

一心頂禮　本師釋迦牟尼佛
一心頂禮　當來下生彌勒尊佛
一心頂禮　大悲觀世音菩薩
一心頂禮法身慧命父母　平實菩薩摩訶薩
一心頂禮親教師　侯老師、蔡老師
一心頂禮監香　孫老師、游老師
一心頂禮護法義工菩薩

學佛的因緣及過程

弟子學佛的因緣約在一九九八年，當時是因爲婆婆歸依常照法師開始學佛，在家常觀看法界衛星電視法師的開示及參加其所舉辦的八關齋戒。弟子家裡從小是跟著父母到廟裡拜拜及祭祀祖先，對於佛法完全沒有概念，因此起初是擔心婆婆會不會被騙？所信是否正法？所以才開始想要對佛法有所瞭解，經由一位學佛多年的公司主管李課長介紹聖嚴法師的《學佛知津》等書籍，開始對於佛法有初步概念。弟子也因此與家人跟隨婆婆參加一次八關齋戒並歸依常照法師，於八關齋戒梵唄起腔時弟子不禁涕淚縱橫，心中生起似曾相識的影像，好像這些梵唄是熟悉的，過去生一定有所熏習的想法在心中生起……。

約半年後因同事的邀約而開始參加中台禪寺高雄普化精舍的禪修課程(回想當時因傳聞其有神通聞名，又可以明心見性而往，愚癡啊……「名師非明師」)，開始佛法基本概念的熏習，法門是數息觀；於彼時婆婆常身體違和，弟子常為其布施供養及消災祈福，並發願茹素三個月將功德迴向給她，也於此期間發現吃素可以去除瞋性及長養慈悲心，於是開始長期吃素至今。

在中台山期間弟子很精進希望可以明心見性，可是數息功夫一直未能成就，靜坐時而妄念紛飛、時而只是令心沉澱，猶如一杯混濁的水，因靜止而讓染濁沉澱下來，一下座，遇境界依然故我，無法降伏粗重煩惱；也參加過數次禪七，希望能剋期取證，卻是一直與腿疼交戰，終無所獲。**所謂「念佛不在嘴，參禪不在腿」，都在識陰中用心，當然不可能有所獲，因為非因計因、煮沙不能成飯嘛！想要將意識心修到一心不亂或完全清淨成為眞實心，猶如緣木求魚終無可能。進入正覺熏習方知此意識心是斷我見的標的，對於諸多佛子仍深受邪見所害而不得出離，常生悲憫之心，而發願救度；**另對於惟覺法師中道實相觀的開示亦不知其所云？有一次下山就翻閱祖師大德開示錄，發現祖師大德皆在生活作務之中悟明心性，非在靜坐中得，因此開始對於中台山的法門產生質疑。弟子的同修亦於九二一地震後，前往南投災區參與惟覺老和尚及其救災團隊工作；但同修於救災回來後即不再前往中台山之道場，亦不提任何隻字片語。直到有一天，他告訴我：「**自此以後他不再相信『光頭的。』**」（意指各大山頭的出家和尚。）我同修是位孝順且待人和藹又具善根之人，弟子聞後尊重同修之所知所見。時又值弟子公司有一「營業櫃檯電腦化作業系統」即將上線，非常忙碌，遂終止中台山四年的學佛過程。

在中台山熏習之初，弟子公司同事會計主管洪美珍常關心弟子的修學狀況，在交談中瞭解其有二六時中念佛不斷的功夫，甚是讚歎！她以前從未親近任何道場，亦未依止任何之師父；約在二〇〇〇年時，她因工作調動而離開鳳山區處，她以一本《眞實如來藏》與我結緣。那時弟子福薄，因緣未具足，無法看懂此勝妙法寶，因甚深難會（其實當時是弟子畏習深法）於是就束之高櫃，錯失轉入正法的因緣。弟子很感恩一路來佛菩薩冥冥中不斷的加被及攝受，弟子離開中台山後在尋找法的過程中，身邊總有貴人相助；不久，公司一位清潔包商劉師兄給我一本《無相念佛》結緣，弟子看了心生歡喜，就依書中拜佛方式開始禮佛，覺得很攝心，亦可以增加動中定力。約用功一個多月，就很歡喜的向同事李課長提起，不料，他向我說這位作者會批評諸大道場之師父。弟子慚愧當時未具世間慧及擇法眼，**不知法義辨正與人身批評之不同**，亦未深入瞭解而心生畏怯，弟子遂因此而再次錯失良機……（一別又是兩年）。

於是再次邁向尋找佛法的路，有一次在中醫師處，看到一本《藝術的生活》，封面是本師釋迦牟尼佛在菩提樹下靜坐之法相，原來是南傳葛印卡老師的內觀法門；弟子於二〇〇三年及二〇〇四年中各參加一次十天的內觀禪修，此期間早晚各用功約一個小時觀身無常變異，觀覺受之生滅無常，心生平等無喜厭心；因定力故心甚清明不易與外境相應，對於家人、同事及顧客不會起瞋，深受定法及少分觀慧之利益（清晨乍醒時會觀到全身表面有一圈如泡沫般的生滅相）。弟子知道此是南傳佛法二乘法，不知此僅是蘊處界、現象界的生滅，根本不知此蘊處界的本源是什麼？根本因是什麼？更未斷我見，落入意識境界中。一直到二〇〇四年底我的父親生重病、命在旦夕，面臨死亡，弟子才恍然，爲何自己學佛六、七年，面對父親之臨終竟無法給予一絲協助，不知如何引導。

我如此無知亦無助，因爲我所學，不知生從何來？死往何去？爲何學佛這麼多年，我對於生命的實相無所了知？所謂的因緣果報到底如何詮釋？《心經》裡所謂不生不滅、不垢不淨的到底是什麼？有哪一個是自在而又清淨的心？……，弟子遂生起對於生命實相探索的渴求，於是向玉皇上帝祈求（因當時已離開中台山，內觀禪又無法協助，於父親生病時常向帝釋祈求；父親在姊妹們同心祈福下延壽一年，我去還願時一併祈求，知其亦護正法故），**「願我得遇眞正正法，得對生命實相有所了知，我願利樂人間有情」**。

事後，我深自思惟身邊有誰學佛有所成就者？弟子想到洪美珍師姊，數年前知道她二六時中佛號不斷，功夫很好，不知她目前的狀況如何？於是打電話與她連絡，她告訴我：她在正覺同修會依止平實導師（據我所知她以前是不輕易依止任何老師，今日會依止必有其理由），她告訴我：她看導師《念佛三昧修學次第》幾天後，在夢中給 導師燃指印證相應的事，及她三年來前往台中參加禪淨班，接受 導師親自授課熏習佛法及參禪知見的內容；目前已明心，每隔週會上台北參加增上班課程等等……，並說一切皆值回票價。

我聽了好生歡喜，她邀我先一起到台南講堂聽 導師講經，我一口答應。經與美珍師姊連絡後，再重新拿出《無相念佛》及《眞實如來藏》來看，不禁悲從中來，我與此正法失之交臂竟將近五年；這五年卻是因爲自己的福德不夠，也因**別人的一句話，不能看出大菩薩救護衆生的大悲心、大智慧、大無畏及大無我，世間人的小心小量是眞的無法臆度菩薩之心量啊**！再翻到書末有佛菩提道及解脫道次第概要表，成佛之道已鋪陳在眼前，如此詳盡；正覺同修會的修道次第表——第一階段以憶佛拜佛修習動中定力、參禪知見……，第二階段開悟明心、學習禪門差別智……，第三階段……等，**有修學的具體目標、方法及次第**。若不是菩薩再來焉能如此，心中已篤定而不再動搖，自此即開始邁向正覺之路……。

邁向正覺

二〇〇五年四月底，與美珍師姊開始一起前往台南講堂聆聽 導師講《維摩詰經》，對於 導師能將大乘、二乘之不同，及匯歸一乘——如來藏，講得如此清楚圓融而不衝突，眞是讚歎！法喜充滿！也肯定這是我所要找的正法。《維摩詰經》是禪門的照妖鏡，聽聞方知佛法是無上甚深微妙，眞的是甚深極甚深；可是經由 導師的宣說演示，卻是可以如此生動活潑，不像以前各大道場所講皆是表相佛法、相似佛法，皆不及第一義。弟子隨即塡寫報名表，可是要等到十月份才有開課，弟子就繼續每週從高雄到台南聽 導師講經，接受 導師的攝受；（編案：當時正覺尚無高雄講堂。）一方面開始自行禮佛用功，一方面閱讀 導師的著作。尤其看到《念佛三昧修學次第》中有一段《央掘魔羅經》中 佛說「**娑婆世界眾生剛強難度，許多菩薩都不願到此娑婆來**……」，不禁爲 世尊及 導師不畏娑婆的大悲心，仍願爲救度眾生而痛哭流涕，今日我才能有此機會得此勝妙之如來藏法。

後來接到參加禪淨班的上課通知，眞是歡喜，開始載著公公、婆婆及同事一起上課；親教師是侯正惠老師，老師非常親切而風趣，講課時常照顧老菩薩們，怕他們聽不懂而間雜著台語來說，心中非常感激。侯老師授課提綱挈領，前三個月即讓我們對於佛法有清楚、有條理的知見；他常叮囑我們學佛作功夫要像燒開水一樣，要不斷加溫才能沸騰；所以要不間斷老實用功，功夫才能成片。侯老師授課皆是以他親證的智慧再加以詳解及整理後才宣說，所以常是有邏輯的條分縷析，讓我們不須用背的即可以很快理解；每次上課也都聚精會神、全神貫注的聆聽及作筆記，回家後用功禮佛、思惟及觀行。

精進的時間總是過得特別快，也總是期待下一次上課的到來。二年半的課程很快的就結束，可以報名參加禪三，侯老師說：「報名是自己的事、錄取是導師的事、幫助開悟是佛菩薩的事。」鼓勵大家要發心求悟。期待已久的這一刻終於到來，從侯老師手中接下報名表時不禁流下淚來；很慎重的在佛前感恩侯老師鉅細靡遺傾囊相授，無私無我的爲我們建立參禪的知見；並發願及祈求，願能順利的報名、錄取、親證實相，以報佛恩及師恩。

弟子感恩一路來 佛、菩薩冥冥中不斷的加被，及 導師的慈悲攝受，於禪三之前每每有所感應，有時是從書中信手捻來就是弟子所想解惑的，上山之前亦在夢中夢到一個畫面：看到一雙手在搓洗衣服，然後再將衣服慢慢提起。弟子眞的很愚癡，也許是功夫不好，雖然依夢境去作，仍然沒有觸證（未具看話頭的功夫故）。弟子平時除了早晚拜佛外，假日亦會自己加行：或一日禪或拜八十八佛。在早上上班前、中午飯後或無顧客時，會到辦公室外空地處經行參究，觀慧亦隨定力不斷提升。因此，有一次 導師在講《金剛經》時提到孝養父母：即使是奉上一杯茶，亦有無邊功德。弟子不久在辦公室爲客戶奉茶時，突然好像定住在看一雙手緩緩遞上茶，那是很不同的一個體驗。也有一次颱風來襲，下了好大的雨，辦公室積水，在清理後上廁所時，好像有一個人看著自己脫褲子上廁所，那是第二次不同的體驗。

終於收到禪三通知，弟子於佛前跪啓信函，一看是錄取通知，眞是感激涕零；將錄取通知供於 佛前，弟子懺悔無量劫以來無明顚倒，造作無量無邊罪業，至今仍輪迴生死不得出離；弟子以至誠恭敬之心，感謝禮拜 佛、菩薩的加被，及 導師的慈悲攝受給弟子機會。

禪三見道過程

弟子慚愧習氣性障我執深重，承蒙 導師慈悲不捨攝受；報名四次禪三均被錄取，由衷感激。回憶第一次參加禪三，與導師第一輪小參時，導師問我：「找到沒？」弟子回答：「還沒有。」導師很慈悲的告訴我：「用思惟觀找第八識，參拜佛是誰？要有個疑。如果拜佛累了，就坐下來□□□□。」弟子心想：導師眞的好慈悲，惟恐弟子太累，就先告訴我可以□□參究。只是當時還不知□□的方法，一直到隔天早上導師教弟子□□的方法：不要管□□□□□，以看話頭的念，□□□□，□□□□□□□□；□□□，□□□；有許多人從□□中悟入。那時弟子定力雖不錯，可是不會看話頭（眞是慚愧，不過在導師的《禪—悟前與悟後》中有方便看話頭的教導，弟子有練習過），心想：不管話頭，就如實作。雖然當下沒有找到，可是在經行後□□□□時忽然一念相應（當時不知這就是一念相應）；一見全體皆現，祂□□□，□□□□□俱轉；作意到那裡，祂就隨緣任運□□□□，眞的是眞妄和合運作如似一心。

祂離見聞覺知，又了七轉識心行，想起侯老師在講《禪—悟前與悟後》

時有提到，眞心隨末那俱轉，不就是祂嗎？平時在比對經藏時會一邊聽〈超意境〉，所以耳熟能詳；第一首〈溫州異類〉中「如何是道？不外圓相。」第二首中「原來爺是嫗」，不就是祂？的確不外圓相、爺是嫗啊！祂遍全身上下，無形無相在色身中；我就不斷的以□□□□□體驗（在體驗時，感覺導師好像知道我的情況），祂沒有任何境界，本來就在，再以《心經》來印證，不生不滅……無智亦無得，原來佛不離法、法不離佛，佛、法是不可分割的。心裡想：就是這樣嗎？（慢心已生）祂到底是不是？心裡不確定，就登記小參，想向監香老師求救；如果不是，就重新再找。

到中午午齋時，看桌上的菜餚時，與前幾天所看不同；想到《阿彌陀經》中說「青色青光、白色白光」，好奇妙！過堂時　導師的機鋒，有的懂，有的就不是很清楚；像「吃葡萄不吐葡萄皮，不吃葡萄倒吐葡萄皮」，是同一個？又不太確定。導師好像知道我的問題，午齋過後回到禪堂放香時，導師走到我面前問我：「腳所觸的是什麼？」我回答：「身識。」（原來我的我見未斷），導師說：「前天下午我說妄心□□□□？」我答：「□□□。」「對啊！那腳所觸的是如來藏外相分。」導師如是說，我心想：「對喔！內相分□□□……

（我的知見是那麼不足，我見也沒如實斷）。」當天下午繼續參究，於小參前，導師告訴我：「禮佛□□□□□□呀！這就是如來家業啊！敢不敢承擔？」那時弟子因所觸證仍未確定，所以就沒有直下承擔（眞是對不起導師的慈悲）。導師教我回座位好好體驗眞心與妄心的區別，弟子回到座位就繼續禮佛體驗，可是不知該如何？

不久護三菩薩通知登記的小參已輪到我，進小參室見到監香孫老師，也忘了是在禪三，竟然先感謝孫老師對兒子的指導（兒子讀高二時參加高雄週一班），然後將弟子觸證的過程向孫老師報告。孫老師就問我：「□□時□□□□□□？」我回答：「祂遍全身上下都是，□□□□□、□□、□□……等等都是。」孫老師說：「好！那妳□□□□來形容□□、□□、□□□。」那時我愣住了，我知道祂在那裡，可是要如何說出來？就說如來藏是嫗，是無時無刻□□□□的啊！孫老師要我「□□□□□□□□□□□□□知道如來藏是什麼？」她很慈悲，就以手作譬喻，□□□□，□□是什麼？來引導，我回答：「□□□，□□□□，如來藏是□□□□。」孫老師說：「□□□□□□好像都一樣分不清楚欸！」弟子心就閃過上課時對□□的印象，是一個□□一個□□的連貫猶如□□，不停動轉；自己的體驗也是，當時就卡住了。孫老師說：「**妳第一次上山，導師希望我們能自己努力通過這一關，不會給予額外協助。**」還說有人在這一關，很多次都無法通過。孫老師要我再體驗深細以後再登記小參。

退出小參室後，心想監香老師也沒有肯定那是（原來是要自己肯定祂），如何口說手呈？心仍舊無法確定，如果那就是？可是如何是了生脫死？爲什麼沒有？（其實是自己不知了生脫死的眞實義，有生死的是意識心、是五陰，如來藏本自不生不滅。）《六祖壇經》中六祖說：「**何其自性本自清淨……何其自性本自具足……，何其自性能生萬法。**」祂的本來性、清淨性已經知道……可是能生萬法，卻無法現觀到？因此就無法肯定祂是。此時心中竟然生起「這會不會騙人」的念頭？（眞的是好愚蠢哦！此一念，不知業有多重啊！）看看佛像！不可能啊！平時比對經藏時，導師所傳正法皆與 世尊所說無有差異呀！弟子想到爲什麼當初有人會退轉？可能就是像我這樣的狀況。如果沒有親自體驗出來，並加以整理（其實是佛菩薩加被，值遇眞善知識才能觸證，自己何德何能啊！）就會成爲未來會回來咬 導師的小老鼠（養老鼠咬布袋—台語），退轉了！我不想成為 導師的痛，傷 導師的心；而且自己體驗出來的，自己肯定的就不會退轉。導師是多慈悲啊！只因為要讓我們的般若智慧能生起，為我們的法身慧命設想而有種種關卡的考驗，目的是要讓我們自己肯定、自己承擔而能不退轉。想到導師是如此慈悲，於是就繼續禮佛體驗，□□體究；至於是不是祂？就等晚上普說時看懂不懂再說好了。

等到了晚上普說公案時，好像與 導師印心一樣，可以看得懂 導師在說什麼，演示什麼；公案中的「如何是佛法大意？」、「露柱」、「花藥欄」、「三七二十一」……等，懂了！如果不落於文字相，就懂；落於文字思惟，就無法相應。隨著 導師所說，有的懂，有的不懂，懂時就開懷大笑。可是等普說結束，如何「□□」的大煩惱就來了；於是想，好好在最後一夜作衝刺，就將事先準備好的補肝片吃了兩粒；沒想到兩顆膠囊黏在一起哽於食道胸口處，心好痛，吐也吐不出來，喝好多水也無法下嚥；心想，一定是 韋陀菩薩在處罰我，讓我嚐到 導師會心痛的感覺。因為弟子犯了大罪過（於此再次發露懺悔弟子無明顛倒習染深重），弟子眞的是對不起佛、菩薩及 導師的慈悲攝受及指導。

最後一天早上仍舊參究不出來，雖然有煖法，拜佛不會覺得累，可是心裡想：「時間已不多，可是還有許多問題及筆試都還沒通過，可能來不及喝水，下山後因工作忙碌及比對經藏等……，可能沒有如此定力、全神貫注，及無法有充足的時間體驗喝水。」所以弟子就以□□□□的方式，也模擬體驗□□；但體驗的都是妄心的部分，眞心部分因沒有肯定，也沒有 導師的指導，所以不知要如何體驗眞心及眞妄和合運作的部分。弟子如此體驗也不知有何過失，直到 導師於午齋時開示說有人輕慢三寶，弟子才恍然大悟原來早上如此行徑有如此大過失，就趕快到佛前發露懺悔；但覺爲時已晚，眞是悔不當初，也瞭解弟子眞是愚癡不乖，竟在禪三中造罪無量無邊……，辜負了佛菩薩及 導師！

解三後拿出公案來看，大多數是看得懂，有少部分看不懂。早上起床時妄心在內，觀祂分明□□□□，眞的是「夜夜抱佛眠，朝朝還共起」。有幾天，有如此很不同的體驗。與侯老師小參時，侯老師告訴我：「導師把整座金山都給妳了！不會是因緣未具足。」他也不說祂是不是（老師慈悲，希望我們自己肯定、自己承擔），只說下次緣熟對我比較好，要我繼續安住在道場「好好用功，繼續加油，總有悟的一天。」由於自己未能肯定，在山上時又聽到導師與孫老師的對話，知道自己落於五蘊局部，以爲自己所觸不是（眞的是自己障礙自己）。因此下山後仍不斷再找：是不是還有其他的心？弟子用功方向皆在定力的提升與尋找上（找時已沒有疑情），而忽略了 導師交代我要體驗眞心與妄心區別的事；只因體驗眞妄（已找到要體驗整理）與尋找第八識（未找到）是不同，所以方向都錯了，自己也不自知，徒費時日，眞的好愚癡、好懊惱。

直到第四次收到禪三錄取通知時，心想不能再佔同修們參加禪三的名額了，如果眞爲眾生，就該把祂參究體驗整理出來，才能有現觀智慧，未來也才不會以錯誤的知見爲人說法，誤人法身慧命。公公也一直期待著自己可以早日明心，內心很感激 導師慈悲不捨的攝受，相對的也因參加禪三次數的增加而壓力沉重，於是拿出《觀行斷三縛結》的同修會結緣書仔細的閱讀；針對斷我見的內容、五蘊十八界再如實的一一加以勝解及觀行。發現導師眞的好慈悲，內容都很老婆而詳盡的告訴我們了，只是自己的慢心、粗心、自覺很用功，其實仍然不夠老實；心是如此粗糙，觀行的功夫才不能更深細，弟子眞的很慚愧……。

帶著慚愧的心再度上山，接受 佛、菩薩及 導師的慈悲指導；前三次都是當日清晨出發，心情總是較爲緊張；此次特別請假，提前一天到桃園大溪，希望能有充裕的時間在佛前發願及祈求。第一天清晨到祖師堂，以至誠之心在佛前懺悔及發願：「弟子貪瞋癡深重，累劫所造罪業無量無邊，今對佛前求懺悔，懇請世尊憐憫哀納受。弟子願此深心奉塵刹，是則名爲報佛恩。」監香老師是孫老師與游老師，第一次上山時也是他們，所以感覺特別親切。下午起三儀式開始，能迎請 和尚慈悲爲我等主持禪三大法會，倍感任重道遠。導師爲我等開示五蘊十八界的內容及殺我見，雖然已聽了幾次，仍不敢輕忽，依舊很專注的用心聽，並隨聞入觀，一一斷除之。

第二天很精進的參究，依舊無法體驗出答案來，佛法眞的甚深難解難入；直到下午第一輪與 導師小參，導師看了報名表上自己所發「荷擔如來家業」的誓願，就問：「□□是什麼？□□□是什麼？」弟子的回答：「□□是□□，□□□是□□□的。」導師慈悲的說：「□□是□□的□□，只是一種現象。」對呀！這在觀行斷三縛結中，導師有說的很清楚，若只是聞法而不能思惟及現觀，就無法使意識心獲得勝解。導師要我再參究看看如來藏□□□□□□□□，如果不行，明天再幫點小忙。退出小參室繼續參究，弟子試著將□□□□□禮佛體究，仍然沒有答案；晚上公案普說時，因身體很疲累，頻頻瞌睡；所以放香後就跟 佛、菩薩告假，先休息，再早點起來參究；沒想到醒來上禪堂用功時，已半夜十二點半，仍有一、二人在用功；幾次上山，有時會半夜起來參究，護三菩薩們總是相伴到底，眞是辛苦護三菩薩們了！

也許是 佛、菩薩加持，也可能是 導師幫忙，清晨起床穿唐裝時，自己的妄心好像提高了，可以居高臨下看自己扣衣鈕；這是很不同的體驗，弟子知道是 導師幫的忙；因爲昨天普說時 導師有說過：把你們抓高來看。眞的非常感謝您的加持指導，讓弟子有此體驗。我也趁此加緊努力參究，可能是自己參究方法不對，或不知整理的方法，仍無法□□□來形容祂。直到下午經 導師的提示，才恍然大悟自己原來這麼愚癡，竟然沒體驗出如來藏可以□□□□□□□來形容祂。接著 導師問：「那如來藏爲什麼□□□？」弟子回答：「因爲如來藏又□□□□□，又□□□□，如來藏有□

□□□□所以能□□、能□□□。」導師很慈悲的指導說：「這樣會漏了□□□□□的□□，因爲色身是由如來藏所生，□□□□當然□□□□，所以有人□□□□□時會有□□□□，就是因爲□□□□□的才會如此，才要用□□來□□。」原來是要如此環環相扣才能說服別人，也說服了自己。

導師要我再整理思惟後再登記小參，心想自己爲什麼這麼愚蠢呢！怪自己不能直下承擔及仔細的驗證，來確認原來第一次禪三所觸證的是祂；所以努力用功的方向才會有所偏差，浪費 導師及監香老師寶貴的時間。回到座位將幾次禪三自己所體驗的，及 導師指導的部分串聯起來，智慧開始源源不斷的產生。佛法實在太勝妙、太深奧了，可是，祂是那麼平凡實在而又親切的，是可以親證的。

與孫老師小參時，弟子將整理後的心得一一向孫老師稟告，孫老師就提出下一個問題：「□□□□□□□。」要我思惟整理後再登記小參，經過思惟整理再與游老師小參時，他仍從□□、□□、□□□的區別再次詢問，以及如來藏爲何可以□□□等環環相扣的問題，讓弟子再一一回答，勘驗無誤後，就問□□□□□□□，弟子回答：「□□□，……，再……，如此具足……，所以萬法皆由如來藏所生。」游老師說：「品質很好，那妳思惟整理一下『如來藏□□□□□』後，再登記小參。」最後一天晚上普說公案時，看導師辛苦而且老婆的爲大家觀機逗教，扮足神頭鬼臉，演示如來藏神通妙用，爲 導師的慈悲，內心感到十分不捨，也爲自己的性障及愚癡而非常慚愧。

普說後孫老師非常慈悲的替同修們設想，不辭幾日來的辛勞，爲大家爭取最後一個晚上能有多一點的時間給同修們小參的機會而加香一小時，這是菩薩「但願眾生得離苦，不爲自己求安樂」的最佳寫照；弟子也得以提前小參且順利回答口試的最後一題，孫老師說明天會安排與 導師小參，請我要將今天所有問題再思惟整理一次，因爲有人會因遮障而又答不出來，由衷感謝孫老師慈悲的叮嚀。

最後一天早上與 導師小參時，再次一一詢問□□、□□、□□，以及如來藏□□□□□□等等環環相扣的問題，弟子也一一回答後，導師說等一下向糾察老師要紙筆寫，題目是：「阿賴耶識□□□□□□□？」導師很慈悲的爲弟子舉了好幾個經典證據來證明，譬如契經說：「阿賴耶識……

乃至成佛，常所寶持。」阿賴耶識是本體，因地時有染污種子，要到八地滅阿賴耶性時才改名爲異熟識，只改其名不改其體；直至成佛究竟清淨，改名爲無垢識，也只是改其名不改其體，本體還是因地的阿賴耶識心體，所以□□□……等。整理一段時間後，此次明心的師兄姊一起進小參室，輪流將自己所寫向 導師報告。

導師進一步說到退轉的師兄們所提出第八識外另有一眞如心的種種無量無邊的過失，書上已有破斥，今天以此爲題，可是範圍縮小到「□□、□□、□□、□□」時，……？此題一樣各自答題後一起進小參室，輪流將自己所寫向 導師報告；最後 導師再考大家□□□□□□，問：「……。」當大家開始思想時，火慶師兄馬上就回答：「□□不是□□，□□不是□□。」大家異口同聲哄堂大笑，導師還稱讚說有史以來只有一位可以直接回答，火慶師兄是第二人。

導師爲大家印證後，囑咐明心的弟子們：「要先至佛前禮佛三拜，飲水思源故；感謝世尊傳此如來藏無上大法，今日弟子才得以親證生命的實相。並向韋陀菩薩感恩祂的護持才能無所遮障，並祈願祂成佛時亦能成爲其座下弟子，蒙其攝受。再感謝克勤圜悟菩薩……，然後向糾察菩薩稟告，感謝他們的護持，才可以開始喝水，喝水時……？」

體驗喝水時才眞正瞭解原來眞心這麼忙、□□□□□，體驗中 導師以竹如意在弟子身上點出眞心關鍵之所在，讓弟子知道沒有觀察到更深細的部分，弟子也體驗到喝水□□時□□□□□部分更複雜；妄心的了別功能亦是如此強烈，妄心在見的當下就完成了別，分辨形狀、顏色、距離、決定速度……等，不斷的了知、分別、決定；眞妄配合時，妄心□□□眞心□□□□配合得天衣無縫……，眞妄和合如似一心；喝水整理後師兄姊們一起進小參室……，經 導師詳細的說明，才知道原來還有那麼多深細的法，光□□□□□□□就可以講半個小時的法，導師的智慧實在難測啊！

導師還特別選了三件禮物送給大家，□□□□□，導師……，導師瞬間□□□□□□，問大家□□□□，弟子們回答：「□□□、□□□、□□□。」這個實驗讓大家體驗「見聞覺知，見的當下即已完成了別，因此不可說『無語言文字就是不起分別』」。最後 導師要我們到禪堂外體驗，……。導師最後叮囑弟子們盡此一生每一天的功課從醒來的剎那到晚上睡覺，都要時刻去體驗及觀行眞妄和合運作的內容。

回想前幾次及此次的禪三過程，若不是 佛、菩薩加被及 導師慈悲無私無我的攝受指導，不斷的施設種種善巧方便，心性狹隘而又習染深重的我，豈能如願親證生命的實相。達摩祖師云：「諸佛無上妙道，曠劫精勤難行能行、非忍而忍，豈以小德小智輕心慢心欲冀眞乘？徒勞勤苦。」弟子再次以虔誠恭敬之心叩謝 導師、親教師、監香老師等，活我法身慧命再造之恩，韋陀菩薩、護三菩薩、所有班級義工及父母家人護持護法之恩，弟子必履前誓，生生世世盡形壽護持追隨 導師弘傳正法摧邪顯正，荷擔如來家業永不退轉；願弟子行菩薩道中得如實修除性障、發起聖性，惟仍仰賴 佛、菩薩及 導師繼續慈悲不捨的攝受指導，願弟子得具足善觀眾生根性、善巧方便、四無礙辯，以清淨心、無私無我無惱害之心救護一切眾生，得以親證生命實相、行菩薩道乃至成佛。

最後弟子願將禪三功德迴向正覺同修會佛法常興、正法久住，平實導師色身康泰、地地增上、早證佛果，親教師們弘法度眾無礙、大願成滿，護三及義工菩薩們道業增上、護法無礙，累世父母親眷冤親債主得蒙諸佛菩薩慈光加被早生善處、發菩提心、修學正法早證菩提，現世父母親眷依止正法學佛無礙早證菩提，迷途佛子早日得返正覺修學正法親證實相，所有同修得在導師座下明心見性護持正法永不退轉！願弟子披功戴德菩薩行，超劫精進利有情！

南無本師 釋迦牟尼佛

南無大悲 觀世音菩薩

南無 平實菩薩摩訶薩

愚弟子 廖麗足 頂禮

公元 2009 年 11 月 19 日

見道報告

何素英

一心歸命頂禮　本師　釋迦牟尼佛
一心歸命頂禮　極樂世界　阿彌陀佛
一心歸命頂禮　大慈大悲　觀世音菩薩
一心歸命頂禮　大勢至菩薩
一心歸命頂禮　平實菩薩摩訶薩
一心歸命頂禮　陳正瑛菩薩摩訶薩

學佛因緣——

三十歲那年，沒有預警的情況下，突然我痛失那才一歲九個月大的老二，當然那時候的我沒辦法接受，太突然了；就在我痛哭欲絕、無法自已時，有一天在後陽台發呆，從暫放在那裡滿滿的書堆中抽出一本，隨意一番，呈現在眼前的是「萬般帶不去，只有業隨身」這幾個字。因爲還沒有信仰，只覺好奇：什麼東西帶走業？怎麼帶？於是再翻一次，書中講到往生、中陰身，突然好多問題都浮現。我的孩子死了去哪裡？他還沒有長大、讀書，爲何會死？既然來了人間，爲何沒有長大就走？他有什麼業？我趕緊看了封面是「台中聖天堂」的一本結緣書，是佛教嗎？於是我瘋狂盲目的一知道哪裡有「師父」就趕去問問題，希望能解開許多疑問。

可是好像都只有一個標準答案，都說孩子是來報恩的，來度我進佛門的。可是好痛苦呀！爲什麼要度媽媽非得要死呢？好殘忍的說法呀！我又怎麼能接受呢！一次又一次的問，希望會有不一樣的說法，但是，終究還是得無可奈何的接受！一次的因緣中得知土城承天禪寺正要舉辦超度法會，爲期一個月，迫不及待的等老大到幼稚園、先生上班後直奔承天禪寺；那裏的出家師父很慈悲，但是說法依然是一樣的；並告訴我至誠爲孩子唸佛，參加法會、多行善迴向給孩子，讓孩子能往生善處。我領悟到這也許是我能爲孩子作的最後一件事，雖然心痛，也非得收拾起傷痛的心，每天在家時至誠的唸佛，白天則土城、家中兩頭跑，至誠的唸著經文，深怕漏失一字一句而影響孩子的往生處。

是佛菩薩可憐我嗎？在最後一天施食完畢的那個夜晚，於睡眠中出現了幾秒鐘這樣的情況：聽到一個女人聲音說：「來！跟媽媽說謝謝。」接著看到我的孩子笑著臉對我說：「謝謝媽媽！再見。」就不見了，我可能想拉住孩子並大叫一聲他的名字，因為當我醒時，我坐在床上右手往前伸狀，先生也坐在身旁問我怎麼了？無言以對！記得《地藏經》有這樣寫：「……或於夢中、菩薩現大神力，親領是人於諸世界、見諸眷屬……」就這樣，我的心平靜了些，但日子還是不好過，身體消瘦到有人問我是不是得了癌症？好痛苦！沒有辦法過正常的生活。不久，被安排到審計處工讀，我變得不在乎錢，心想：我只能好好利用這身體努力作義工，並打聽到聯合勸募及慈濟團體來捐款，留下少數飯錢外剩餘的全用孩子名義捐出；也逐漸投入義工行列，希望能對得起孩子，不讓他白來人間一趟，這或許是我後來學佛的因緣。

記得家中同修在正覺講堂上課時，我在慈濟擔任義工；非常感謝我同修，因爲那時雖然在不同道場，可是他仍然支持並配合我，讓我沒有遮障的去作一個快樂的義工；只是那時要出門前感謝他時，他總是會語重心長的告訴我說：「個人造的業個人擔，建立正確的知見很重要；等妳福德具足了，就會進來了（進到正覺講堂上課）。」因爲同修常告訴我這些話，讓我也不禁有了這些疑問：什麼是正確的知見？我的知見是什麼？有不正確的嗎？這些疑問一閃而過也沒有加以思惟，仍然家裡、慈濟兩頭跑；那幾年幾乎獨來獨往，接到通知出門，埋頭苦幹作完就回家；因此不太認得人，多數時候有人和我打招呼，則必須努力的回想，但仍多數是沒有印象的。

在進入正覺的前三年，由於抵擋不了人情的邀約，正式被報名爲見習志工，後一年爲培訓委員，第三年成爲正式慈濟委員，也守本分的努力募款、收款、承擔工作；但是愈深入，失望感越大，很多疑問也無法排除，人與人之間好像都在權力鬥爭；明的客氣，暗地裡較勁，搞得只想單純作事的我無所適從。有一天，突然有個想法出現，慈濟師姊常常把「知足、感恩、善解、包容」所謂的四神湯掛在嘴邊，可是卻沒有把每次開會前會唸一次的十戒提倡發揚植入每位師姊的心，到最後卻變成自己犯錯要別人「喝」四神湯來包容她；心中有了一種很顚倒的感覺，成爲委員後反而沒有擔任義工時那般單純與快樂，反而常常要處於是非中，很辛苦。偶爾心中會生起一股莫名的空虛，覺得人的一生不應該只是這樣子才對呀！

有一天，同修告訴我他要上禪三；因爲不知道內涵，所以也就不知道爲他高興及祝福，只笨笨的知道他會不在家。等到夜晚孩子睡了，突然起了一個念頭：來看看同修讀的書好了，順便瞭解一下到底什麼是正確的知見。於是從書櫃抽出一本比較薄的，想說在慈濟許多年了，了不起也只看了一本《千手佛心》；但是那晚，不愛看書的我卻沉浸在《無相念佛》中，並反覆看著它思惟著：那是什麼意思？心中有股莫名的衝動想知道！幾天後，同修回來了，當他開門時我調皮的故意用手擋住視線說：「好強的光。」逗得兩人會心一笑。那時，我眞心希望他明心了，終於忍不住問他；雖然那時還不懂明心的內涵，但還是爲他高興！

不知過了多久，可能緣熟了，一天，我問同修最近會有開新的班嗎？我也想去上課。就這樣，我報名了週四班成爲陳淑瑛老師座下的弟子。第一天來到講堂，好清淨莊嚴的道場，禮拜佛菩薩後找個位子坐下等待。看到陳老師帶著淺淺的笑容，非常謙虛客氣的說著話，心裏感覺很輕鬆。從老師講話中聽到眞心、如來藏、不生不滅、要去找到祂……等。心中非常震撼，這時我確信對生命的種種疑問將可以在這裡獲得解答，不由得對講堂產生一股敬意，但也深怕自己不夠好，不能成爲莊嚴道場的一分子，於是在心中叮嚀自己要注意自己的身口意行。

至誠的感謝 平實導師創立了這個修了義大法的道場，讓我有機會修習到正法；也至誠感謝陳老師的慈悲攝受，除了教導我們佛法知見外，更像親切的媽媽般不斷的叮嚀再叮嚀，讓我有了一個學習的目標，這對於往後我在修改習氣中給了我非常大的幫助。兩年半以來，遵從老師的教導，信心不退，努力用功，不攀緣，努力攝心，鍛鍊功夫，並祈求佛菩薩加持我於境界現前時，能有智慧如理作意的面對處理。漸漸的我終於知道並慶幸自己在慈濟許多年中除了作事外並沒有接觸到佛法知見的層面，這令我有種開心的感覺；回想正覺兩年半的課程，自己就像是一塊海綿，迫切的需要水分滋養不停的吸收；一路走來，感謝佛菩薩一直加持著我、圓滿我的願，讓我能夠順利沒有遮障的去接受佛法知見的熏習。

記得初期時，自知愚昧，害怕自己辦不到，一直不敢發弘揚正法利益眾生的弘願；也因爲陳老師不斷叮嚀鼓勵、慈悲攝受我們，有一天拜佛前，終於能發出大願了，無法自已的在佛前泣不成聲，眼淚鼻涕一起來。從那天起我變成一個愛哭的小孩，不管是禮佛、祈求、發願、懺悔都很容易哭，甚至懷疑是不是乾眼症已經好了？又自覺罪業深重，學歷低微，種種條件都不足，對自己很沒信心，卻又渴望能把生命實相弄清楚，極爲徬徨無助的心情；陳老師慈悲告訴我只要直心就好，並告訴我這個法並非一定要高學歷才可得。同修也告訴我不要妄自菲薄，並說我能來到講堂修學到正法，必定都有自己殊勝的因緣，只要聽老師的話如實的去作就好了。於是，心得決定，放下煩惱，不曾起過一念要退轉，反而常對自己說勤能補拙，不要洩氣；也不斷的向佛菩薩祈求發願懺悔迴向，持續用功鍛鍊功夫，除了家人的聯繫外，極少主動和人連絡，只爲能早日成就淨念相繼的功夫。雖然至今都還沒有辦法具足成就，但是，從無相念佛、看話頭、疑情、參究的過程中，沒有碰到太大的挫折，對我來說已經非常幸運了，只能說自己認眞不夠。

雖然不知道如來藏在哪裡？但知道一路走來的努力都是爲了要尋找祂，雖然找祂的過程中因爲找不到而感到非常苦悶，常常望著天花板難以成眠，經常是眼皮到了睜不開時才睡著。有一段日子眼睛一睜開就馬上看話頭，有時在馬路邊一坐就是一、兩個鐘頭，不在乎外面的世界如何，只盡情的攝心看住話頭；雖然還沒能找到祂，但其實我已受益良多，能常常觀照自己的身口意行，也能發現原來自己還眞的非常拙劣。還好能學到正法，才知道於境界現前時把握因緣修除如來藏裡執藏的染污性種子，汰換成清淨性種子。這麼寶貴的體驗，除了講堂，我想再也沒有一個道場會這麼教導我們了！又如「安忍」，看似簡單，若不是修學到了義正法，想要如實的「安忍」恐怕也不是那麼簡單；但是在同修會中，祇要跟隨老師、相信老師、心得決定，那麼即便是不容易，但也必定能逐步少分少分的進步，安住於任何的緣中；若非善知識的教導叮嚀，何德何能而能有這番體驗及功德受用？

自從交了禪三報名表後，如老師所言，遮障不斷現前，公公、孩子、娘家媽媽乃至於自己，一個個色身都出狀況了；我知道除了看醫生外別無他法，就是至誠的在佛前祈求、懺悔、發大願，並祈求冤親債主的赦免、原諒……及迴向，如實而至誠的作。農曆過年前，公公生病住院，除了照顧家裏外，仍找時間繼續參究；初二公公一切順利出院了，感謝佛菩薩。初三回講堂用功，因爲一直沒有消息，仍覺苦悶，於是一到講堂，再於 佛前至誠祈求佛菩薩慈悲加持，給弟子一個方向或指引；爾後就開始拜佛參究，非常輕鬆殊勝，疑情很濃。也不知道過了多久，……，有緣生必有緣滅，非常住法，這時，想到 導師曾在上課時說：是人打不到，不是人才打得到。「是人」是指□□□，□□□見聞覺知的功能；「不是人」是□□□、□□□，才有辦法打到人。好像沒錯欸！如果不是那個「現影」的識，□□□□□□□□□。

真的好像是，心裡蹦蹦跳，慢慢起身，看看時間，哇！不知不覺已經過了中午了。禮謝佛菩薩後回家的路上繼續用功參究，坐在捷運裡，右耳傳來尖銳的女生講話聲，這是耳識、意識的了別，末那攀緣作意欲了知是誰在講話，如來藏了眾生心行，流注出身根、觸塵、身識、眼根、色塵、眼識、意根、法塵、意識等種子，和合運作，……；一樣的，若不是那個「現影」的識，□□□□□□□□□。再由眼識、意識了別是一個胖胖又漂亮的女生，這時，我把眼睛望向前方看著許許多多的人，發現好像也可以看到他（她）們的如來藏，有點確定又不敢承擔，還是趕快找陳老師小參。

先有一堂週二的講經，很奇妙的以前完全聽不懂的宗說，好像有些也聽得懂，也會笑了。在家裡，我向同修借了本《公案拈提》，想試試看能否看得懂？看了幾則後有懂的、也有不懂的，先暫時放下吧！搞得自己好累喔！星期四，迫不及待的找老師小參。把經過報告給老師，同時也把一些爬山時的體驗報告老師；報告完畢後，老師慈悲告訴我，根據以上我的表述，已經有「眉目」了，叫我依照平常用功的方法繼續用功，並教我不斷求佛菩薩加持讓我可以上山。

等待錄取通知的過程好緊張，既期待又怕受傷害，每次去郵局開信箱時，伴隨而來的總是失望。幾天之後說服自己要調適心情，準備再出發，並於最後一堂課去跟老師報告並請求允許轉週五班的事宜。第一次上課前，我沒辦法攝心拜佛，而是哭得很悽慘；不是因爲沒有接到錄取通知，而是在心裡面謝謝老師兩年半來的辛苦教導，又是最後一堂課，不由得悲從中來，突然就潰堤了。雖然知道情執不能太重，可是卻難以控制！一直到下課時才警覺到還有一次開信箱的機會，迫不及待的趕回去郵局那裡。從來沒有感覺回家的路途竟是那麼遙遠，一下唸總持咒、一下唸觀世音菩薩、佛菩薩、保佑能讓弟子上禪三，顫抖的手去開信箱，心臟似乎快跳出來了；看到一封印有「正覺」的信，我拿著並全身發軟的坐在樓梯邊打開看，高興得哭了：錄取了！喃喃自語的謝謝佛菩薩、謝謝平實導師、謝謝陳老師，讓我有機會上禪三！並打電話回家告訴同修這個好消息，休息一會後才慢慢騎車回家。

接下來的幾天找時間趕緊用功，就這樣，我帶著那「眉目」上禪三，期待 導師能給我臨門一腳，讓我有好的因緣悟得真心如來藏；但仍然有點不安，害怕自己沒有悟的因緣，同修告訴我說：「**有機會上禪三體驗已經非常不容易了，悟了很好、沒有悟也很好。**」只是曾在生死邊緣走過一遭的我，對未來不知，無常何時到也不知，此世得了人身、又能值遇大善知識 平實導師，讓我有機會修學到了義正法，我怎能不把握此世的種種因緣努力向上，多學多作，多累積未來生生世世的資糧；我總是盼望能夠早日明心、見性，早日能夠具足弘揚正法的資格與條件，盼望自己在未來也能夠是一個利樂眾生的人。

不知是緊張或是興奮、或兩者都有，上禪三的前一晚竟然睡不著。四月二十七日在規定的時間前到達禪三道場，看到已經有幾位師兄師姊在廣場上用功，我也把握時間趕緊的攝心參究。之後，在起三時，導師精采的為我們殺我見，心裡有一股莫名的感動。到了晚上公案時間，眼皮好重，雖然全力想撐住繼續用功；但是為了讓自己在未來三天保持好的體力狀態，於是放下心，十點回寮房一倒就睡著了。隔天清晨四點不到便精神奕奕起床，迅速梳洗完畢趕緊到佛前禮拜、祈求、發願、懺悔、迴向，接著拜佛參究。每天早上的經行讓我印象深刻，有著深刻的體驗，每每用心體驗經行時，或慢、或快、或跑、或停，都讓我覺得□□□「現影的識」，否則□□□□□□呢！

第一次進入 導師小參室，非常的緊張，導師的威德力令我不敢直視他；感謝導師慈悲允許弟子先行懺悔，幫助弟子滅了煩惱。導師問我有沒有什麼體會，我回答有，導師要我說說看，於是我把年初三的體驗報告給 導師聽；我很緊張，好像也有點恍惚。非常奇怪的，正當要說那個「現影的識」時，腦子裡的東西改變了，卻由嘴巴講出：有一個□□，（右手比劃著自己的身體），導師知道意思並替我說出「色身」兩個字，有茫茫然的感覺，怎麼從來沒有想過、說過「□□□□」？這四個字就出現了。接著繼續向 導師報告在爬山時的體驗，及懂得 導師慈悲的剝饅頭給師姊們接時，都是在顯現 導師的眞心給我們看；而其實我們也都是用自己的眞心和 導師應對，卻因無明遮障而看不見。知道 導師慈悲的處處找機會要幫助我們，使了很多「機鋒」給我們，無不希望我們能因此而能觸證到眞心如來藏。只是還來不及說完，眼淚卻先出來了，覺得對 導師很不好意思。

導師用□□□□□給了我三個題目：……？我回答是：……。導師給了我兩個題目要我弄清楚，並告訴我這關係到我的般若智慧能不能生起，並問我□□□□□□嗎？想到陳老師曾教導我們要勇於承擔，於是我堅定的回答：是的，老師。感謝 導師看出我的問題（□□和□□□沒有弄得清楚），因爲有 導師給的題目出去思惟，才有機會在監香孫老師的慈悲引導下，把眞心、妄心弄得清清楚楚，□□□□□□□也分得清楚，也終於眞正明白**毫釐有差天地懸隔**的意思。很不可思議，就在眞心妄心弄清楚時，我見確實斷了，眞的斷了，好確定呀！

接著孫老師問第二個題目時，我發現自己腦袋空空，本來就不聰明，突然更是變成文字白癡，還問孫老師：「想不出來怎麼辦？」孫老師說要打屁股。一出小參室，發現眞的該被打屁股，並且感覺自己有點好笑欸！雖然知道不能馬上排小參，但還是去確認可以排小參的時間。輪到我時被安排進監香游老師小參室，游老師很慈悲問了我幾個問題，更加強了我的知見後，很快就讓我通過了。一會兒，再一次進入 導師小參室，導師輕輕的一句話：「很辛苦喔！不簡單。」我不敢回答，因爲知道自己是超級遲鈍的，若非 佛、菩薩及 導師慈悲加持，監香老師的慈悲引導下，想再進 導師小參室恐怕也不是那麼簡單。

在小參室裡，我總是緊張，不知道是不是 導師也覺得我太緊張了或太遲鈍了，而放過了我幾個問題後，要我去思惟整理下一個題目，並慈悲的問我需不需要提示？（當然需要。）於是懇請 導師提示後，禮謝 導師後就出去開始整理。這個思惟整理的體驗相當棒，因爲對慧力不好的我來說，那是一個非常具有挑戰性的題目；我努力的想、努力的思惟，盡量整理後，發現老師在課堂上說的，一點一點的都被證實了：祂才是眞正生出我的「父母」，也眞正體會到五陰的虛妄；若不是有 導師，若不是有同修會，若不是有親教師，若不是有義工菩薩，若不是佛菩薩慈悲加持，以我如此卑微的條件，怎有可能證得祂！

「無生水」的體驗令人印象深刻，如來藏……，八識心王和合運作下始能成就世間一切法。但是弟子遲鈍，沒有辦法深入體驗。光一個□□□的□□，如來藏竟然……。聽 導師的開示時，感覺非常震驚、非常不可思議，非常崇拜 導師及 導師那深不可知的智慧！

接下來的幾次在 導師小參室，可能是人數比較多，題目也比較活潑，都是在比較輕鬆的狀態下度過，也同時領受到 導師那無比深妙的智慧，無法想像；更慶幸自己有幸能於此世值遇到大善知識 平實導師，無論如何，不管自己多麼愚笨，都將繼續努力用功，努力護持正法，護持講堂，努力修改習氣，調柔自己的心性！

至誠禮謝　諸佛菩薩

至誠禮謝　平實菩薩摩訶薩

至誠禮謝　陳正瑛菩薩摩訶薩

至誠禮謝　諸義工菩薩摩訶薩

明心見道報告

——廖瑞青

學佛因緣和過程

從小，在雲林縣虎尾鎮出生長大，小學四年級時，因父親調職，搬到嘉義，後來大學考上台北的學校，就北上讀書、工作；家境小康，生活平凡、平順，乏善可陳；小時候，印象比較深刻的事是：會偷父母親和親戚的錢，因為喜歡集郵；也偷過隔壁鄰居和叔叔的郵票，會撒謊，考試會作弊……等。偶爾聽到老人家說，某個人面相很好，耳朵很大；一般長壽的人耳垂都很大，而我自己照照鏡子，發覺自己的耳垂小小的，不是長壽的面相，心中便埋下一些陰影，自忖可能不會活得很長壽；死亡是怎麼樣的一種情況？想像著死亡是一片黑暗，什麼都沒有了，身體也消失掉了，好恐怖啊！

四十歲以前的我是一個庸俗的醫師，在社會上打滾，自私自利、追求名利，經營診所，希求多賺一點錢；因爲醫療經營不容易，有可能潛在著醫療糾紛；工作時間長，來回奔波，也累積了生活的壓力；雖然收入比起一般大眾已是好上許多，卻還是煩惱著：怎麼診所業績沒有別人的好？活得不快樂，對人生充滿了煩惱和困惑，加上內心深處對於死亡的害怕、恐懼……等。在偶然的機會，從書店裏買了一些佛學相關的書籍，就很驚訝：兩千多年前，佛法就把煩惱描述得十分清楚；現代科技文明非常進步，可是現代人的煩惱、痛苦、壓力，比起古人卻是有過之而無不及，便想更深入瞭解人如何解脫煩惱，離苦得樂。

讀過聖嚴法師、月溪法師……等人的書，一些《心經》、《金剛經》的白話譯本……等；後來看到現代禪李元松老師的著作，深深被書中那有別於傳統佛教的人文、理性、科學精神所吸引，更被李老師那禪者修行人非常陽剛的氣魄所震撼，便加入現代禪學習。學習的內容包括如何經營事業、投資理財、教育子女、夫妻如何相處、婆媳問題如何化解、穿著打扮……等日常生活大家耳熟能詳卻又不知如何解決的問題。李老師認爲人類的苦是切身的，與其談一些抽象、概念性的人生哲學，不如面對現實的身心之苦去解決和超越它；在現實人生中，李老師的態度是比較接近務實或實效主義者，李老師認爲：適度滿足世俗的需要是修行的第一步，面對欲望，不要採取壓抑的方式，對於先前原有的六情五慾應該採取疏導的方式，開放的心靈，好好地去發揮自己種種的興趣。李老師認爲慾望的本身是空性的，它只是一種動力；情欲不是好，也不是不好，它只是這樣，但要知道它無常、「緣起即空」，所以指導學員在吃喝玩樂中快樂修行，修觀空性。

除了現實煩惱的務實解決外，李老師也非常重視人格教育；要學佛，要先學作人，人成即佛成。舉凡孝順父母、友愛兄弟、惜情念恩、守信重諾、坦白誠實、客觀積極……等基本的道德人文價值，都是學習的重要課題。在尚未進入現代禪之前，自認爲有一些世俗上的小聰明，貢高我慢，可是經過現代禪的洗禮後，原有的人生價值（貪愛世俗五欲：財、色、名、食、睡）慢慢被打破、揚棄，重新不斷的去思索人生的意義，其中的核心思想便是：緣起性空、無常、無我，人生是沒有什麼值得留戀的，沒什麼好執著的，也不能執著什麼！人應追求涅槃解脫、永恆的安樂；李老師說法較少提及佛法名相，常以最簡單、人人都可明白和最貼近你內心的話語，來說明他的體驗和心境。

在現代禪，學習的目標很清楚：解決現實生活上的煩惱困擾，不斷的觀察、整理自己內心矛盾的思想觀念，配合基本道德人格的熏習教育，最後以緣起性空、無常、無我來統合，化解內心的矛盾、衝突和執著。十年的學習，生活上的種種煩惱的確減輕不少，個性也變得更穩重，比較不會生氣；但什麼是開悟、涅槃解脫，卻完全沒有概念。佛法的基本教義：「緣起無我」，但什麼是「我」？卻始終弄不清楚；「緣起性空」，可是因果業報不失、三界六道輪迴如何統合？輪迴的主體是什麼？開悟者死後會去哪裡？意根是什麼？……很多佛法的名相、基本知見其實是似懂非懂，朦朦朧朧。

李老師悲心深徹骨髓，全面性的關心弟子，因爲無時無刻、不眠不休、持續深度的關心和照顧弟子們，導致李老師經常身體不好，白髮增加；可是對弟子開示時，仍然熱情洋溢，絲毫不覺李老師爲病體所苦；李老師對弟子和學人的關心，讓我見證到了什麼是「悲天憫人」、「一枝一葉總關情」的菩薩胸懷，菩薩應該就是像李老師那樣的人吧？！我非常用心的自我體會和少分的實踐李老師的教法，過程中，受到教團同修們無微不至的照顧和協助，尤其令我十分感念，背後其實是李老師透過資深的同修在指導我修行；雖然自認為思想統合沒有什麼問題，但因為露水道心，無法傾全力實踐李老師的教法，一直處於道基法器培養的階段，等待哪天李老師認可我是具格的弟子、因緣成熟時，直接指導我開悟是什麼。

初一、十五（一天打魚、三天曬網）的修行方式，常常讓自己感到悟道似乎是遙遙無期；悟道之標的是什麼？完全不清楚，學禪必須仰賴禪師。由於偶發的無常感觸，也會讓我覺得：以自己的修行因緣，可能尚未悟道，便離開人世了，這該怎麼辦？我算計著：有無一種法門可以不用自己費力，又不需仰賴老師，而仍然可以了脫生死、永斷輪迴呢？李老師也常教導弟子要早晚唸佛，以免尚未悟道便捨報，來生有個安隱妥當的去處；每當李老師提及彌陀，我便覺得十分親切，對於稱唸「南無阿彌陀佛」非常喜歡。雖然那時仍不太相信眞的有極樂淨土，也不太喜歡經典所描述的彌陀淨土充滿了珠光寶氣。

現代禪是非常強調經驗主義的，李老師更是非常的理性，注重邏輯思辨；李老師很少提及諸佛菩薩的境界，往生前不常談到彌陀淨土的殊勝，也沒有人去過淨土回來告訴我們；而李老師的彌陀觀是以「法界不可思議的神秘力量」來詮釋，我自己則在一種好逸惡勞、不知如何精進的心態下，對彌陀信仰產生憧憬和寄望。

然而對我而言，人生最大的無常就是：李老師因積勞成疾，在二〇〇三年十二月突然往生，修行頓失依靠；自己在現代禪學習，號稱學佛，但說來矛盾，自己受的是西方式的科學教育，凡事講求科學證據，眞理要能夠以科學儀器重複驗證，眼見爲憑；比較傾向唯物論，其實不太相信死後有生命，對「三世輪迴、因果業報」半信半疑。喜歡唸佛，但不太相信有淨土、有佛菩薩……等。經歷過此一重大變故，我知道自己必須要嚴肅面對：「**到底彌陀淨土是否眞實的存在？人死後到底有無生命**（或稱爲神識靈魂等等）**繼續存在？**」以現有的科學儀器，目前無法證實死後有無生命存在，有無鬼神、佛菩薩（或上帝）存在；但很顯然的，科學也無法證明其不存在。

換一種思惟方式，從開放心靈的角度，我們應保留其存在的可能性，淵源長久的三大宗教都說：死後有生命存在。古來佛教的大修行人都說：有生命輪迴。我們知道大修行人是不妄語的。許多社會上種種超自然的靈異現象，如死後託夢、中陰身和往生實例的描述記載……等；再加上李老師往生後，七七四十九天的佛堂唸佛迴向，不斷的有許多同修看到佛菩薩、天人、彌陀極樂淨土、蓮花，還有許多種種瑞相感應，都使人相信死後有生命存在是比較合理的；無視於上述種種現象事實，僅憑自己有限的感官經驗便否認死後有生命的斷滅心態，其實是非常不合乎科學理性的！經過此一深思轉折，我就很高興、不再有罣礙的唸佛了。

李老師往生前曾對佛教界公開懺悔，否定自己的開悟；當一聽到此消息時，心中有些驚訝和錯愕，但卻沒有很強烈的情緒反應。十年的現代禪學習，生活上種種煩惱的減輕，這是自知自覺、經驗性的體驗，是事實，無人能否定；但開悟的境界是什麼？我完全不知道。李老師說他是開悟者，作爲弟子的我就相信，因爲修行人是不妄語的；李老師公開懺悔說他悟錯了，我也相信，因爲修行人內心坦蕩，都是如實語，而李老師的內心體驗、轉折，又豈是膚淺的我所能體會？李老師說他悟錯了，比起他說自己開悟更令我敬佩感動，李老師眞正是一個追求眞理、菩提道上的勇士！佛教界悟錯者比比皆是，何曾有人能像李老師那樣公開發露懺悔？

李老師往生後，全教團改轉歸依慧淨法師的日本本願念佛法門，身心暫時得到安頓；約三年之中，不斷的被教導：人是多麼的卑微渺小，是不可能依靠自力而有任何成就的，只有完全仰賴 彌陀的悲願，他力往生淨土才是最究竟的法門。其間，我對於淨土法門也是十分相應的，經常也是法喜充滿的；「信則往生」，法義單純，只要相信、信仰，單唸一句 彌陀名號，此後不用再作任何修行，就一定能夠往生彌陀淨土；只要能夠往生彌陀淨土，一切自有阿彌陀佛安排，可以快速成佛。這是本願念佛法門所教導的內涵，對於沒有禪師指導、修行無力的我，實在有致命的吸引力！若詢問去淨土後，成佛的次第、細節，則全部推給 彌陀世尊，說那是阿彌陀佛的事；至於法義辨正、思惟簡擇，當時的我是毫無能力的，所以就在毫無選擇的情況下，信受了本願念佛法門。唸佛雖然法喜充滿，可是卻也覺得人生沒有什麼意義，食之無味，棄之可惜；生活中除了唸佛以外，也不曉得要幹嘛？只是隨緣了舊業，此外就是努力唸佛，設法一心不亂，淨念相續，但實在不容易。

來本會共修之因緣

終於，修學正法的因緣成熟了，有一天，志成師兄、美伶師姊、瑪麗師姊、美俐師姊他們全家介紹正覺同修會的一些書籍給我看。我讀了導師的書後，非常相應，很驚訝怎麼會有人能把各種的佛法名相解釋得這麼清楚，也就順理成章的進入正覺同修會參學。未進同修會之前，什麼是第八識如來藏？完全沒有概念，只聽過「八識心田」這個名詞；而導師的每一本書都會講如來藏，也不斷的說明如來藏的種種體性；很詳細的說明佛菩提道和解脫道的異同，很清楚的說明成佛之道的五十二階位；導師以眞心如來藏貫穿所有的世間法、佛法，理論上非常完美，也都是引經據典，理上又是完全合乎邏輯思辨和事實，因此，上述有關佛法的種種疑惑全部一掃而空。

例如，尚未進入同修會之前，關於「我」之認知是：我有一個「身體」，由頭、軀幹、四肢組成，有眼睛、耳朵、鼻子、舌頭、皮膚表層觸覺等感覺器官來接受外界的訊息，認知所謂的世界；我有一個「心」，「心」是思想、觀念、記憶、經驗、感覺、情緒(喜、怒、哀、樂……等)、感情、性格、慣性、執著……等的綜合體，「心」似乎是透過大腦神經組織等在運作。「我」是由「身體」加上「心」所組成，從身體和心的各部分單獨分別來看，它們都不是我；例如，眼睛不是我，耳朵、鼻子、舌頭、皮膚、手、腳……等也不是我，「念頭、想法」不是我，「感覺」不是我，「高興、痛苦、記憶……等」都不是我，可是它們綜合起來看，卻似乎有一個「我」存在，而且好像還蠻眞實存在的。

佛說「緣起無我」，可是「我」到底是什麼？學佛十多年，自己其實也不是很清楚，內心深處一直有這樣的疑惑存在。進入同修會之後，導師說「見聞覺知就是眾生我」，剛從 導師書上看到這句話時，心中非常震撼，如雷貫耳，心中有一絲疑問：只有這樣嗎？可是生活中稍稍思惟體會，便明白的確是這樣。十多年內心深處十分迷惑的疑問，導師竟然只用一句話就把它解決了！太震撼了！以致於以後，只要談起這樣的經驗和覺受，內心還是澎湃、激動不已，充滿了感恩。有關我與無我的意涵其實是很深的，這一部分，導師在《我與無我》這一本書中有非常詳盡的說明。

導師又從現代天文學的觀點，以銀河系四大漩臂來說明須彌山和四大洲，是相當令人信服、合理的解釋。導師認爲「緣起性空」只是世俗諦，依附於五陰而存在，必須要有第一因如來藏和助緣才能出生五陰和一切法，三界一切法都不能只有助緣而無根本因（唯緣無因）、自己自然而生。想想：「人體」是一個非常精密複雜的生命有機體，但仔細分析其物質結構，都是由原子、分子所組成，原子、分子怎麼能無因唯緣、自動聚合而變成一個有生命的個體？「心」是怎麼來的？「心」無形無相，心與物質身體如何配合運作？導師對於生命現象本質的種種闡述說明，都讓我佩服得五體投地。

導師說他常在睡夢中或定中看到自己的過去世，二千多年前，就在 佛陀座下開悟，九百多年前曾經是 聖克勤圜悟大師的弟子；過去世世都是不斷的持續修行，也曾因爲毀謗善知識而下墮變爲一隻老鼠；這一世明心、見性後，也曾蒙 佛陀召見，說明此世出生在台灣弘法的因緣、來龍去脈。第一次聽到有善知識以自己的親身經歷來描述三世輪迴、與佛菩薩的種種因緣事跡，都讓我對三世輪迴確信不疑，也深信佛經所敘述的種種佛菩薩的境界都是眞的。因爲 導師是大修行人，不妄語，而且以 導師的智慧、證量和人格，也不可能爲了名聞利養而欺騙學人，也沒有任何必要爲了其他的動機而說謊，因爲 導師從來不接受任何人的錢財……等供養。眞實的人生對 導師而言，就像作夢一般的虛幻。而 導師對死亡過程的描述：中陰身如何生起，如來藏如何捨身，讓我對死亡的過程更清楚明白，也才瞭解民間習俗的「作七」並不純然是迷信。導師也常說色身老朽不堪使用了，就換一個新的色身，來世繼續修行，這都只是在如來藏的表面生生滅滅，就這樣一世又一世的往佛菩提道邁進。熏習像導師一樣的智慧，對死亡如理作意的思惟，都讓我內心深處對於死亡的恐懼害怕，減到最低。

導師所架構的如來藏義學，理論非常完整；光只是信受有如來藏眞實的存在，本身即有很大的功德受用。想像著自己身中的如來藏和自己同時同處，你的身口意行祂無不瞭若指掌，而且會將你的所作所爲記錄起來，等待因緣成熟時使你受報。「人在作，天在看」，「天知、地知、你知、我知」，這些勸善的諺語都變成很具體的解讀：如來藏阿賴耶識執藏種子，有六塵境界外的了知；祂執行因果業報，昭昭不爽。每每一想到此，有時當貪瞋念頭起行時，就會嚇出一身冷汗；所以後來親教師鼓勵學子受菩薩戒，雖然有些猶豫，不知自己能否守戒，但因爲報名禪三的條件之一就是要受菩薩戒，所以也沒什麼掙扎就毅然受了菩薩戒。而受菩薩戒後，發覺「戒」可以保護自己的身口意行，減少造作惡業，使心更加清淨，以免障道；否則只是以個人的意志力來說服扭轉意根無始劫以來貪愛執著的習氣，實在是困難重重。

進入同修會後，因為對 導師的法很信受，而且 導師所施設的修行目標非常具體明確：學人現階段最重要的事就是找到第八識如來藏，也就是一般所謂的開悟明心。而開悟明心必需要先具足動中定力、知見慧力、福德資糧、慢心消除、斷我見等條件，同時因緣成熟時才有可能，所以禪淨班修學期間，就自然而然的非常努力參學，依教奉行：

一、努力拜佛，進禪淨班大約一、二個月後，剛學無相拜佛沒多久，也常練習日常生活中都設法帶著憶佛念。有一次在開車時，突然覺得人好像要騰空飛起來，車窗外的景物、車流就像電影情節般的一直飛逝過去，內心凝然不動，只有憶佛念帶著，心中非常清明，幾乎沒有什麼念頭起伏，身體一切都自然的運作著；把車子停到停車場、下車、走在路上，從未有過的覺受經驗，很奇妙，類似心理學上所描述的高峰經驗，是否這就是憶佛定？雖然已在現代禪學習「動中定」許多年，也從未有過類似的經驗。後來請教禪淨班親教師，陳老師說我過去世一定有修習過這個法門，才會在這麼短的時間內，有這樣的體驗，要我持續用功。以後就隨著上課的進度，每天拜佛逐漸延長到平均約二個小時，日常生活二六時中都設法帶著憶佛念。以前很喜歡的一句李老師法語「二六時中，攝心不放逸，勿使心念全投於境」，在現代禪學習多年，卻無法達成，但心嚮往之；沒想到學了一、兩年的無相拜佛念佛後，居然就很接近那樣的境界。

二、除了上課專心聽講、作筆記外，也經常閱讀導師的書籍。閱讀導師的書是生活中最快樂的事情，一面閱讀，一面作摘要整理備忘。曾發願要把導師所有的書全部讀完，後來發現實在沒辦法，導師出版書的速度比我的閱讀速度還要快；而且很多法義必須一讀再讀、反覆思惟，要有觀行體驗，才能眞正理解。

三、努力修集福德資糧，舉凡同修會所辦的義工活動都儘量抽空參加，如彌陀法會、亡者助念、講堂清潔打掃、文稿校對、電子報引文英譯、正覺學報論文英譯……等。也努力護持同修會作財布施，自己一直都是很節儉的人，布施方面算是慳吝，可是禪淨班的教學給了我很大的啓示：佛說布施一個包子給狗，未來世可以得到一百個包子的回報。親教師更進一步闡述：布施給一隻狗，未來世都可以得百倍報，更何況布施給同修會，同修會有地上菩薩和許多明心見性的開悟者，布施的福德，未來世是無量報，世間有哪一種投資的報酬率高過於這種布施？而布施的功德，就是把慳吝布施出去。我非常信受這樣的觀念，辛苦了大半輩子，所賺的錢財大部分都交給太太了，我的餘生也該作好財布施，為未來世籌備一些福德資糧，以利來世的修行。

可說是除了工作、家庭責任義務之外，所有的時間都投入正法的學習，幾乎不看電視，原本最熱愛的網球運動、交響樂團演奏（大提琴）全部都放棄。因為無常感，又已年過半百，覺得來日不多，而正法要學習的事太多，時間必須作最有效率的分配，我變成從未有過的精進，恨不得一天有四十八小時；也常常因為閱讀 導師的書，對法義有所體會，感動莫名，淚流滿面。

也曾經起過這樣的念頭：成佛要三大阿僧祇劫，何其遙遠時久，我作得到嗎？可是再進一步仔細想想，如果不走這一條路，那人生只是不斷的重複著貪、瞋、愛染、恐懼、害怕……等種種煩惱，苦多樂少；不斷的生、老、病、死、六道輪迴，三大阿僧祇劫後，還是這個癡漢繼續在三界中輪迴，這樣的人生有何意義？無始劫以來，我已經歷過無數個三大阿僧祇劫了，而同時也有無量數的諸佛已成就了常、樂、我、淨的境界。如來藏不生不滅，是不會死的；如果不學佛修行，就只是永無止境、不斷輪迴的痛苦；相較之下，修學正法卻是經常法喜充滿，煩惱痛苦不斷的減少。就以今生為例，學佛以前和以後，快樂指數可說是天壤之別。也常語重心長的告訴女兒：人生只有學佛，才有眞正的幸福快樂可言；廣修六度萬行所累積的功德福報，使菩薩的未來世越來越好，如滾雪球一般。經過這樣的思惟體會，人生何去何從，其實是再清楚不過了，當然就會心得決定，不再猶豫徬徨。

修學期間，導師的證量和智慧，同修會所展現出來的整體風格：無私、解脫、智慧，一直令我驚異、佩服、感動、讚歎；自己似乎是不斷的在進步，對於人生的意義不再疑惑，心得決定，往佛菩提道勇往直前，這分踏實、身心安頓、回家的感覺，實在是筆墨難以形容，感恩自己竟然此生有機會得遇這樣的微妙甚深無上法。我的無相念佛功夫不是很好，但心中卻是非常篤定，心得決定，願將此生所有的資源全部用來學習正法、弘傳正法；人生不再有疑惑，對死亡不再恐懼害怕。進入正覺參學大約兩年四個月，但所學得的正知見、觀行體驗，卻不是未入同修會之前的我所能體會和想像的。能進入同修會參學是我此生最重要、最精彩、最幸福的一件事，是最殊勝的福報，我會持續不斷的努力學習、精進，帶著這樣的心情進入下一世；無窮的未來世，生生世世再來人間學習佛菩提道，學習成為像 導師那樣的人，利樂有情，不捨眾生永無盡，以報 佛恩、導師恩。

見道過程與內容

剛進入同修會時，星期二 導師講經說法的題目剛好是：金剛經宗通。導師引用許多公案作為輔助教材，我聽了滿心歡喜，也將全套的《公案拈提》請購回家，計劃性的閱讀、思惟。有一次星期二聽經時，導師說：「胡餅、露柱、花藥欄，都是同一個公案……」，當時就想：到底它們哪裡相同？想著、想著，就突然想到它們不都是如來藏所變現的內相分嗎？背後都是如來藏啊！如來藏無形無色，你當然看不到祂，必需要透過祂所製造產生出來的五陰等種種功能的運作而顯現。對啊！就是這樣啊！就自以為通了。導師接下來所說的公案好像都聽懂了，《公案拈提》好像很多都看懂了；雖然還是有許多看不懂的，不過覺得進步很多了，當然是法喜充滿。

以前對公案真的是看不懂，可是又很喜歡看；現在可不一樣了，不會再滿頭霧水。想想我才來不久，導師的書也沒看好多，但如來藏如何生出五陰十八界，導師在許多書本中都是一講再講，眞的是老婆無比，這樣的理解就讓我看懂公案了。導師實在是很有智慧，很會說法，讓人一聽就懂，太厲害了！又有一次去聽大提琴獨奏會，聽了些時候，突然想到我怎麼忘了憶佛，便帶著憶佛念聽音樂；又聽了一陣子，覺得這琴音雖然清清楚楚，卻又覺得不眞實，很虛幻，一直覺得聲音背後有一個什麼東西。當時突然靈光一閃：這不就是如來藏嗎？而整場音樂會就一直沉浸在如來藏如何非常精準的將外相分變現成內相分，種種聲音的細節都非常清晰，了了分明，直覺樂音與如來藏同時存在，眞妄和合；但倆者又完全不一樣，聲音是聲音，音高、音低、大小聲、節奏不斷的在生生滅滅變化著；眞心無形無色，藉聲音而顯現。

這樣的體會領受，非常眞實明白，於是就自認爲已經找到如來藏了，當下是法喜充滿而一直沉浸在這樣的覺受中，回家後也一直在回味這樣的體驗而有覺明現前的現象；後來就寫在心得報告上，向親教師請問，這是不是就是如來藏？親教師只是淡淡的告訴我：「**忘掉那次的經驗，好好繼續用功學習，那次的經驗也許在日後的參究會有所幫助。**」其實我也明白，除了在禪三以外，我是不可能向任何人求證的；這是 導師立下的規矩，爲了確保弟子的道業。可是親身的體驗是不可能忘記的，雖然當時還不太敢確認，因爲才來同修會沒有多久，算是初學；之前完全沒有接觸到與如來藏相關的佛法，拜佛功夫也不太好，怎麼可能沒經歷過參禪的辛苦，就這樣找到如來藏呢？可是矛盾的是，我心中卻有一種篤定：就是「祂」，我必須要不斷的自我檢驗，我必須要更加不斷的觀行體驗五陰十八界、七轉識如何生起運作，因爲它們就是如來藏顯現的遊戲。

後來，我對《心經》上的一句話：「色不異空，空不異色；色即是空，空即是色。受想行識，亦復如是。」若有體悟，五陰存在的當下，全部都是如來藏啊！色身、見聞覺知、行住坐臥皆是。五陰是生滅法，假必依實，生滅法一定是由不生滅法所生，而且「生滅與不生滅和合」才能成就五陰在器世間的種種功能運作，《阿含經》也說：「色非我，不異我，不相在。……受想行識亦復如是。」聖教量都證明生滅法不能單獨存在，因爲一定要依附於不生滅法，才能出生、運作、消失，所以五陰生滅法顯現存在的當下，便是如來藏眞實存在的證明。

色身是無常的，從出生到死亡，分分秒秒皆在變化；西方科學的理論也說色身是由原子、分子所組成，如果沒有如來藏□□、□□□□，那四大或是原子、分子怎麼可能自動蘊集成一個構造、功能都如此複雜的有根身？所以色身存在的當下，當然就是如來藏眞實存在的證明。

而前六識的觀行體驗，見聞覺知了別的當下，更是剎那間生滅；在無相拜佛時，眼睛閉著，心中帶著憶佛念，眼前一片黑暗。有一次突然覺得這黑暗的感覺很奇怪，怎麼不是一片均勻黑色的感覺？而是不均勻的光影不斷的閃爍著；再仔細的觀察這不斷閃爍的光影，赫然發現它是由很細很細的亮點、明暗交替不斷的閃爍著。咦？怎麼會這樣呢？後來在日常生活中的觀行，眼睛看到一片均勻的灰白或綠色牆壁，都是同樣的情況，只是加上不同顏色的感覺；再持續觀察，擴及所有眼前所見的一切色塵事物皆是如此，好奇妙！

以前只是知道電視機或是電腦螢幕的畫面，是由不同大小的小點（畫素）明暗交替不斷的閃爍著而形成，現在居然發現到眼識、意識所見的色塵也是由同樣的原理所構成，只是這明暗交替、不斷快速閃爍的小點（畫素）更細更細，我不知如何去描述、度量它的大小，這如何解釋呢？想到 導師所說唯識的原理：前六識是由如來藏不斷的流注種子而形成，而有了別的功能，剎那生滅變異，這是現觀、親證；而且一片黑暗中，這些明暗交替、不斷快速閃爍的小點多到無法計數，眞的是「種子如瀑流」；這樣的組合，整體的感覺認知，就是所謂的「黑暗」。或是眼睛張開後，所見的「景物色塵」，「黑暗」或「景物色塵」並不等於「種子流注」，「種子流注」是如來藏的性用，而「黑暗」或「景物色塵」是眼識、意識進一步的分別、覺知功能，但兩者非一非異；可是 導師又說：「**種子流注，一念之間有九十剎那，一剎那間有九百生滅。**」我怎麼可能肉眼看見如此微細的種子生滅變化呢？可能我所看到的明暗交替、不斷快速閃爍的小點是一組種子群的生滅，而不是單一的種子生滅吧？眼識如此，耳識亦同。

學無相拜佛憶佛一年多以後，突然發現自己有腦鳴的現象，清醒時可以持續聽到一種很細的聲響，如在很寂靜的夜晚，萬籟俱寂，耳中可以聽到很細的嘶嘶聲一般，而這腦鳴亦如同眼睛所看到的黑暗一般，由非常非常細的微小變化、不斷快速的生滅著，只是這是「音聲」、不是「明暗」的變化，不同的功能差別（種子）。後來發現身識觸覺，不同的觸覺，冷熱、乾濕、疲麻、痛癢……等也是由不同種子，非常非常細的微小變化、不斷快速的生滅著；而鼻識嗅覺、舌識味覺也是如此，前六識透過上述的觀行已經非常確定是生滅法，絕對不是常住不滅的眞心；這是現觀，不只是理論上的理解，所以見聞覺知了別作用的當下，當然就是如來藏眞實存在的證明。

行住坐臥等行陰由色、識、受、想四陰所成，更是生滅法，經過上述色陰、覺知心和行陰的觀行，思惟和經典比對印證，五陰生滅法既然不能單獨存在，必須由不生滅法如來藏出生、和合運作，五陰即是如來藏所顯示的種種功能體性之一部分，必須攝歸如來藏：「**此時五陰不異如來藏，如來藏不異五陰；五陰即是如來藏，如來藏即是五陰。**」導師這樣教，經典這樣說，便非常相信自己所悟應是正確；雖然誤以爲自己已經悟了，但也不敢懈怠，因爲據親教師說禪三考題很多，並不是找到如來藏就一定可以通過所有的考題被印證，因此上山前一個月，便努力的複習禪淨班上課筆記，還有自己平常閱讀《楞伽經》、《阿含正義》後所整理出來的重點心得筆記，好像在準備大專聯考一樣的苦讀，到禪三前的前幾天，合上筆記本，突然驚覺：很多內容都不是自己的親身體驗，而記憶力衰退、已不如從前，我所讀過的許多名言概念幾乎都忘光、記不住，自認爲觀行、感受、體驗很多，自以爲悟，但很多細節好像無法說清楚。

帶著自以爲悟的想法和體驗上禪三，第一次進入小參室，有點緊張，辛苦了兩年半，等待的就是這一刻，有滿腹的情感和體驗要向 導師訴說，又不知從何說起；導師看著我，很慈悲的跟我說：「學報的翻譯，辛苦你了！」我回答著：「我只是作我該作的事。」我接著又說：「進入同修會參學後，一直法喜充滿，非常感恩；我過去世一定有跟導師參學過，這次是來認祖歸宗的，可否請導師告訴我過去世和您的因緣？」導師說：「今天沒有時間，你先說說你的體驗。」我便開始向 導師報告：「我們所看到的影像色塵，所聽到的聲音……等等五塵都是虛妄不實的，□□□□□，□□□□□□□□□□。例如有一個公案說，如何是佛法大意？禪師答：春日雞鳴，……又答：中秋犬吠。……」導師聽了便說：「你的體驗都是落在□□□上，這個不對。」我一聽，愣了一下，就趕快繼續解釋說：「□□□是生滅法，『生滅』必須與『不生滅』和合才能顯現而運作…」導師沒聽我說完，就快刀斬亂麻、直截了當告訴我說：「你快把這些丟掉，重新來過；否則就算再讓你參加十次禪三，還是悟不了。」

本想繼續答辯，監香蔡老師在旁提醒我，要注意聽導師的話。導師繼續說：「你這是在□□□中想像有一個眞心如來藏，這就是意識心的變相，我見還沒有全死，我昨天才提醒過你們。」當時腦筋一片空白，心中吶喊：「我已經自我檢驗好久了，自覺都無問題，怎麼會變成這樣呢？到底問題出在哪裡？」就這樣，也不清楚自己是如何走出小參室的；更可怕的是，當晚的禪堂普說，導師所講解的公案竟然完全聽不懂。怎麼會這樣呢？可見我所體會理解的東西是那麼樣的脆弱，不堪一擊；那一夜，我久久無法入眠，心中一直翻騰著；本來上山以前一直自信滿滿，自以爲已經找到如來藏了，沒想到竟然被全盤否定，心情眞的是低落到谷底。可是我也很快自我調整，就如同導師所指示的：「重新來過。」雖然很累，卻還是無法睡著，也無法繼續參究，平常的憶佛功夫此時就發揮很大的效果，雖然其他菩薩的鼾聲很大，內心還算平靜，最後還是瞇了一會兒。

隔天早上經行時，導師走到我身旁問我：「□□□□□？」我答道：「五陰中。」導師再問我一次：「□□□□□？」我想了一下：「大腦。」導師接著說：「□□□□□？參！」聽完 導師的指導後，我發覺：雖然理論上我知道□□□□□，可是平常的習慣錯覺還是會以爲觸覺在身體上，是眼睛看到東西，耳朵聽到聲音……等，所以下意識裏還是會錯以爲手痛是手感覺到，腳踏在地面上以爲是腳感覺到，跟一般人一樣；後來又被指派去廚房洗碗，導師要我們帶著「□□□□□？」的話頭繼續參究。

同時也登記小參，我先跟監香蔡老師報告：「如來藏在五陰中，從頭上的頭髮到腳底板都是。」蔡老師說：「嗯！不錯，比昨天有進步，不過如來藏……？我們都知道五陰各有不同的內涵，可以清楚的描述出來，而如來藏與五陰是完全不同的，應該……，……如來藏在哪裡？」我有點詫異，心想：我不是很清楚的指出來了嗎？就……，說：「在這裡啊！在身體中，□□□□□。」蔡老師看著我說：「我覺得你應該是知道的，再仔細去體驗整理。」

其間幾次進出小參室，蔡老師不斷的設法引導我，我也試著將我所理解體驗的如來藏說明出來，例如：有情生命的……都是如來藏□□□，蔡老師幾乎每次都會說：「這些都是導師書上寫的，大家都知道，……？」我心想：如來藏……體性那麼多，到底要如何……呢？問答過程中，蔡老師不斷的質疑我的用詞，我也發現自己對五陰十八界這些名詞雖然很熟悉，可是也常用詞不精準，怎麼會這樣呢？蔡老師認爲我對五陰十八界觀行體驗不足，要我回去後，好好補強。

最後一天，導師再問我：「如來藏在哪裡？」我說：「如來藏與色陰同在，從頭到腳都是，但兩者不同，不相在。」導師說：「這樣的體驗非常粗糙，你來禪三，是來跟我學書上所沒有寫到的部分；書上有的，你自己回家讀就好了。」要我回去座位上，……繼續參究，累了就□□□□，帶著「□□□□□？」的話頭，兩者交替。最後還很心疼的對我說：「再參不出來就□□□□！」我不斷的感受到 導師的慈悲引導，又忍不住眼眶濕濕的，趕忙跟導師頂禮，走出小參室。

下山後，進入進階班繼續修學，並請教進階班親教師：頭腦上的理解和親證體驗有何不同？親教師一針見血的告訴我：「就好像一顆蘋果，你聽人家說它很好吃，跟實際上自己吃下去有很大的不同，對五陰十八界要用『領受』的方式去體會。」我就按照親教師所指導的觀行次第，五陰十八界從色陰開始，一步一步的更深入去領受，寫觀行報告；但上山之前已答應英譯小組要完成一篇學報論文的英譯，禪三過後便加緊趕工，每天約耗費五、六小時的時間，歷經三個月把它完成；幾乎都只能利用零零星星的時間觀行，再把觀行報告整理寫出來。雖然很辛苦，卻很紮實，發覺以前雖然有些小地方觀察得很細膩，但五陰十八界還是有很多地方的體驗眞的非常粗糙，缺少有次第性、完整的觀行體驗和整理；都自以爲懂了，然後就跳過去；而在進階班透過親教師這樣的督促、引導，覺得很受用。

有一次我請問親教師：「覺知心只能接觸內相分，並以此來認識了別外五塵，但外五塵眞正的樣貌是什麼，則完全無法知道，請問老師，這就是導師公案中的問話『你喚什麼是水果？』的意思嗎？」親教師面色凝然、很嚴肅的告訴我：「禪不是用思惟分析的，你要好好去體會祖師悲心的所在。」當下，我若有所會，知道自己又落入禪師的語脈中了。

很快的，時間又接近禪三了，可是那一陣子，母親身體狀況很差，我很擔心，不曉得母親可以拖多久；而太太又住院開刀，有好幾天都是到醫院去度過的；我開始很擔心，可能這次上不了禪三。還好佛菩薩保佑，妹妹非常用心照顧調養母親的身體，母親狀況慢慢好轉；太太開刀後，復原狀況非常順利，而我又幸運的被錄取禪三。

第二次上山，我到佛前發願，很虔誠的向佛菩薩稟報：弟子已經盡了最大的努力了，一切就聽從佛菩薩的安排。突然，心中若有所覺：世尊看著我，一切祂都明白，我的狀況世尊都清楚。這是第一次，我覺得世尊眞實的存在，而且撫慰了我的焦慮。進入小參室，導師問：「怎麼樣？眞心是什麼？」我還是同樣的回答說：「如來藏與色陰同在，色法存在運作的當下就是如來藏。」導師聽了，有點詫異說：「咦？你上次第一題還沒通過啊？」一面翻翻上次的記錄看，我又說：「欲界有情色身一定要有如來藏，才能□□□、□□□啊！」導師接著說：「好！你說的兩點，我們先從第一點來談，感覺就是意識覺知心的功能，你這樣說，根本是眞妄不分。」我很急的回答：「可是覺知心是由如來藏所生啊！」導師看看我，就說：「好！這次教你如何找如來藏，眼識是能看，耳識能聞……意識能分析、思惟、判斷，意根作決定，□□□□□？你從這個方向去參究。」

隔天和監香孫老師小參，孫老師看看我過去的小參記錄：「你上次都已說出來了啊！我知道你的問題出在哪裡了！你這是經過很細膩思惟整理出來的。」我問孫老師：「為什麼我知道，但說不出來？」孫老師說：「智慧不夠。」孫老師停頓一下，又說：「那你□□□□□告訴我如來藏是什麼？」我聽完後，立即□□□□，□□□□，將如來藏呈現給孫老師看，孫老師就說：「喔！我看到只是□□□□□，你必須要再□□□□如來藏。」我一下又口拙，想了一會兒，就說：「如來藏□□□□□□□□。」孫老師就說：「不要用『□□』的字眼來說。」

回到座位，沉思好久，實在想不出要如何□□□如來藏。明明就是祂，而我也把如來藏的體性、功能特性都說出來了，為何老師們都不肯我？到底該如何表達呢？好像一直在兜圈子，卡在同樣的問題上；突然，耳朵旁聽到彈指聲，義工執事帶我到一旁暫坐稍候；等了一下，才知道 導師要再跟我小參。走到迴廊，看著 導師，覺得參得好苦，而 導師又那麼慈悲關心我，要額外再引導我，內心非常感動、感恩，忍不住一直掉淚，導師趕緊去拿衛生紙給我拭淚；終於淚如雨下，就先跟 導師頂禮，導師等我情緒稍微平靜，告訴我：「正法需要人，需要用你。」接著就說：「如來藏□□□□□。」

我一聽就恍然大悟，原來是□□□□，可是馬上又想到 導師不是一再說：……？那 導師豈不是要揹起我所有的業障嗎？渺小卑鄙醜陋如我，何德何能承受 導師如此大恩大德？我雖然希望早日破參，能進增上班繼續學習，可是從未期望 導師□□□□，當下心中有些紛亂。

導師繼續開示：□□□，□□□(台語)……我一聽就很清楚的把眞心和妄心區分開了。導師以心印心，這是學子夢寐以求、重大難得的時刻；我因爲太意外、太震撼了，於是有些心神不集中，導師再問一次：「如來藏是什麼？」我又答：「色陰。」雖然符合《心經》的「色即是空」，但一出口，就覺得不對，導師更是一愣，便說；「人死了，屍體還在，如來藏呢？」導師又再問一次：「如來藏是什麼？」我想了一下，又像以前一樣，想不出該如何答，便說；「如來藏是如來藏。」我怎會如此答話呢？眞是白癡到不行。導師看我腦筋如此漿糊，又很慈悲的再對我說一次：「如來藏□□□□□。」導師便再問一次：「如來藏是什麼？」這時我才懂得說：「……。」接著 導師又提示後續幾道題目的重點，要我自己再整理一下；並告訴我這一次有機會可以考過，但一切還是要按規矩來。我趕忙回答說：「我可以等。」導師並交代：「□□□□□□□□□□，自己□□□□□繼續整理。」我忍不住又激動起來，一直掉淚，請 導師先離開，讓我先靜一下。導師點頭，我趕忙再跟 導師頂禮。

回到座位上，先開始整理領受，並且再更深入思惟「爲什麼如來藏□□□□□？」□□屬□□，是色身□□、□□□□過程變化，要先有色陰才能有受、想、行陰，而色陰□□□□□□，才能有□□，而且「□□□」的功能也和前七識的功能明顯不同，眞心和妄心就區分開了。之前一直卡在一切法都是如來藏所生所顯，因此一切法存在運作的當下，都是如來藏，但如來藏不是一切法；一直以這樣的想法去領受觀行一切法，卻落入眞妄不分的困境而自己渾然不覺。「……」是很具體的描述，任何人一聽，便可具體的領受到如來藏是有眞實的性用（編案：前提是必須能現觀五陰十八界的虛妄性與自性，否則知道了這密意反而會謗法、謗佛、謗賢聖），不是想像的；而且不分別六塵，就是所謂證眞如（眞實存在又如如不動於六塵）。

雖然七轉識亦是如來藏所生，但悟前一定要將眞妄區分清楚；並且說出來後，也能讓別人區分清楚。這樣的智慧，又豈是小根小器的我所能參出的？

雖然這半年來透過五陰十八界更細膩的觀行，已經確認意根作決定，如來藏配合□□□□□□□□，但一直卡在要以「處所」來指出如來藏之所在。如來藏先出生色陰，□□□□，以後才有識陰、受陰、想陰和行陰；而五根身尚未發育完成的胎兒，除了色陰外並無其餘四陰；所以就一直卡在要以色陰來說明如來藏的所在，這就是我的死角、盲點。被 導師這麼一打通瓶頸後，禪三中，所有導師所施設的話頭、監香老師所引導的題目、還有公案，全都豁然開朗；接下來一整天的不斷整理體驗中，幾乎都是夾雜著一把鼻涕、一把眼淚，一直心想：**導師揹起我所有的業障助我明心，我要拿什麼回報導師、佛菩薩的大恩大德**？……而後續的題目也在監香游老師的協助指導下，逐一過關；但時間不夠了，只能留待下回繼續努力。

第二次下山後，繼續於日常生活中仔細去領會眞心的運作，觀行六、七、八識是如何配合無間而無一剎那停止；公案中的種種關節處，更加了然於心，轉依如來藏變得更加具體；由於尚未被印證，仍然不確定第三次禪三會不會被錄取，後續的考題還有多少？自己是否可以順利過關？都不清楚，因此也不敢稍有鬆懈，持續的用功、作義工、除慢。下山不久後，英譯小組又有緊急任務，要限期完成，又是修集福德資糧的好機會，當然不會放過；又馬不停蹄、昏天暗地的過了兩個多月，幾乎都不再有時間閱讀 導師的書，只能上課時專心聽講；而回家後也無暇複習，還是只能利用零星的時間觀行。心想：既然佛菩提道的智慧不是憑自己所能參究出來的，那就努力作義工，修集福德，把一切都賴給佛菩薩。很快的，又過了半年，也幸運的可以再上山。

第三次的禪三，心情比較篤定，心想即使沒過關也無所謂，每次上禪三一定都可以學到一些東西，一定會有進步，導師不會讓你上山空手而歸。導師花了那麼多的時間、人力、物力辦禪三，就是要提昇眾弟子的道業；對於緣熟的弟子助其觸證、破參，因緣尚未具足者，先幫其去粘解縛，等待下回，可說是人人有獎。這次禪三從頭重新一一勘驗過以後，導師同時召集幾個學員，一起給第一道筆試的題目：你們已經證悟到的阿賴耶識心□□□□，爲什麼□□□□□□?理由很多，導師並且給了一些提示和方向，要我們回座好好整理、補充、儘量發揮。這一題我以前曾想過，但不知應如何證明回答，這次就順著 導師提示的方向去作整理補充。

第二題是……？過失太多了，說之不盡，因此……要我們發揮想像力，從這個練習中，穩固自己的見地，也可增長度眾的方便。寫這一道題目時，覺得很矛盾、衝突，寫得很難過。因爲自己的基本知見是：一切法分成兩大類，生滅法和不生滅法，生滅法由不生滅法所生，不生滅法本然存在、不生不滅，不可能由他法所生，不然就不能叫作「不生滅法」。第二題「……」，基本前提就已經錯了，後面再如何推演，只是更見處處矛盾、混亂，完全與法界事實不合，令人無所適從。不過，經過這樣的練習以後，自覺日後更有能力善巧導正別人的邪見，也把邪見徹底消滅了。

接下來，導師要大家喝水，仔細去體驗……，……。體驗之後，由學員輪流報告自己的觀行心得，一一由　導師驗收，再綜合講評。最後，導師要學員到……，體會……。導師如此方便善巧的施設……，透過學員們的相互觀摩，導師補充指導，同時提升學員們觀行的細膩度。透過這樣的悟後指導，見識到　導師無比細膩的觀行體驗和智慧，令人大開眼界，歎爲觀止；心嚮往之，不知何時才能如　導師一般。這次的禪三又是滿載而歸，自覺道業又往前邁進了一大步。

導師引導助我開悟明心，除了讓我免於繼續兜圈子外，更把我內心深處那自負自傲的慢心完全打死。也讓我徹底的明白：所有的知見、拜佛功夫、參禪方向的引導、連最後的觸證破參，全部都是依賴 導師指導、佛菩薩加持；自己只能信受、好好努力、作好弟子該作的部分，然後靜待因緣成熟。甚至破參後的整理，悟後起修，都還是要不斷的依賴善知識、佛菩薩，沒有一點點是自己所能創造發明、自學而得的。認清此一事實後，破參後可能產生的慢心就幾乎無從生起了；一個靠佛菩薩憐愍、加持，導師引導、協助，甚至於被引導才能開悟明心的人，哪敢再起什麼慢心。被印證後，並沒有特別高興，反而有一股壓力，心情有些沉重：我必須要更加謹言慎行，以免砸了正覺的招牌；若是害正覺同修會揹黑鍋，那就很對不起 導師和正覺所有的菩薩眾了。不過也稍許鬆了一口氣，因爲 導師滿了我的願，可以進增上班進一步繼續參學。

禪三期間，我見證了 導師的慈悲，導師眞的比我們還急，恨鐵不成鋼。導師很平等的看待不同根性的弟子，對於悟緣逐漸成熟的弟子，觀察不同的因緣而決定如何引導幫助學子破參。禪三所有問題的施設，都是爲了幫助學子更正確、深入的體驗眞心如來藏的運作，眞心妄心如何配合無間；當通過這些考驗後，道業便可迅速提昇，也可確保日後不退轉，導師眞的是非常慈悲、用心良苦。

導師非常看重學子的菩薩性，何謂菩薩性？以我目前單純的理解是：願意為正法所用，願意付出所有的時間、精力，將同修會所交付的事情擺在第一位，儘快完成，不計私利，因為導師自己就是如此。我並不知自己有無菩薩性？常常覺得自己是法貪：貪勝妙法，貪福德。說是為正法作事，其實都是為自己作的；只是因為在同修會參學的過程中，經常是法喜充滿、感恩、感動的，自然而然就帶著報恩的心情和修集福德、種福田的喜悅，凡同修會交付的任務，都努力以赴、傾全力完成，以報師恩、佛恩。也許是這樣的癡情傻勁，所以佛、菩薩加持，導師憐愍，讓我過關，滿我願進入增上班修學種智。導師以心印心，傳我菩薩大法，而我自覺接受到的心法傳承就是：菩薩性！學習成為像導師那樣的人，荷擔如來家業，利樂有情，不捨眾生永無盡。

末了，謹以此明心見道報告供養　平實導師和一切與正法有緣的佛弟子。

南無　本師釋迦牟尼佛
南無　阿彌陀佛
南無　大悲觀世音菩薩
南無　大勢至菩薩
南無　當來下生彌勒尊佛
南無　平實導師菩薩摩訶薩
南無　正覺海會菩薩眾
南無　十方一切佛菩薩

佛弟子　廖瑞青　頂禮敬呈
2010年　5月　10日

見道報告

——呂昭慧

南無 本師釋迦牟尼佛
南無 大慈大悲觀世音菩薩
南無 平實菩薩摩訶薩

很早就與佛菩薩結下因緣，大約三、四歲時阿嬤帶我到寺裡浴佛，悉達多太子的模樣深深烙印在我腦海中，當時我不清楚那是什麼，只覺得很有趣；後來到正覺學法時參與浴佛節法會，才恍然大悟知道以前浴佛過。從小到大一直都承蒙佛菩薩護佑，每當遇到生命危急時，觀世音菩薩總是適時拉我一把，讓我順利脫離險境；記得幼稚園時有次因生病，醫師發出病危通知；當時高燒到迷迷糊糊，但很清楚看到穿著白衣手拿寶瓶的人，長得非常慈祥的面容對我微笑，我不知道祂是誰；但後來醒來時，像奇蹟似的燒退了，不再熱痙攣，並且漸漸康復。生命中祂不時伸出援手幫我度過好多、好多難關，甚至參加國家重大考試前祂也會出現在我夢中；直到有一天跟爸爸媽媽到佛光山看花燈，一直走到大悲殿去禮拜時，我才清楚知道祂是　觀世音菩薩，當時我跟媽媽說我常常夢到祂，祂救我好幾次；我真的好歡喜，我終於知道長久以來護佑我的是　觀世音菩薩。

小時候我常對著窗外發呆，不斷問自己：「我從哪裡來？」直到六歲那年阿公忽然病逝，我開始問自己：「阿公到哪裡去了？將來我死了會去哪裡？」我找不到答案，頓時失去依靠，心中莫名誘發種種矛盾與衝突，生活中永遠覺得少了什麼；因此叛逆的個性無所遁形，學任何事永遠定不下心來，今天跟媽媽說想學畫畫，畫材買了、老師也找好了，過了不久又覺得這不是我要的；明天又想學小提琴，又買了一把琴；到了國中時期別人補習英文只找一位老師，而我偏偏找兩位老師補習，不是爲了比較誰教得好，而是心浮而定不下來，因此反反覆覆尋尋覓覓永遠沒個著落。

求學時期我曾經看過一部電影，什麼片名已不記得，只清楚記得劇中的小王子誕生後一手指天一手指地，大聲說：「天上天下唯我獨尊。」我心中好大好大問號：爲什麼他會如此說？爲什麼劇中又說「衆生皆有佛性」？我好困惑，找不到說服自己的答案，我開始涉獵一些探究生命的書籍，總覺得那些書籍無法滿足我心中一大堆的疑問。我不知道我想知道什麼答案，開始漫無目標的求學過程，讀藥學系卻不想當藥師，在爸爸的威脅利誘下，認眞準備一個月，順利通過國家考試。爸爸一直有個心願，希望我能讀學士後醫學系，而我偏偏想讀植物系；讀了一學期覺得很乏味，又想讀微生物系；別人說學理科的不懂管理，爲了讓自己懂得管理，讀了醫院管理，也讀了人力資源管理，於是就糊里糊塗讀了好幾個學位；長久以來一直搞不清楚自己要的是什麼，總是覺得這些都不是我要的。

一個偶然機會在媽媽的書架上看到《金剛經》，第一次翻閱了《金剛經》，雖然看不太懂，但還是很喜歡，因爲我喜歡它的書名，有種說不上來的親切。我也曾經陪媽媽去寺裡歸依，因媽媽的因緣我也跟著歸依了；曾經朝山拜佛，也曾在寺裡上過早課。二〇〇六年八月，媽媽不知什麼因緣，想參加某個法師舉辦的八關齋戒；那一天媽媽身體非常不舒服，但又堅持要去參加；

爸爸不放心，希望我能陪同，於是我參加生平第一次的法會。

八關齋戒那天需過午不食，並且不能說話，重要的是須持齋戒、吃素食。過去也曾經沒原因的好幾個月天天持齋，只因聞到肉味好想吐；加上開示的法師說持齋的功德，及說了一個因果故事後，從那天起我開始茹素。一直到二〇〇七年一月，我的老闆林茂隆院長一直問我這個學位什麼時候可以拿到？什麼時候畢業？當時我好像回答說我即將去讀微生物研究所（學校已內定錄取名單），他告訴我他學佛的地點，要我一起參加共修。高雄市的路我不太熟，當下我拒絕說：「好遠喔！」他不斷說服我，並且告訴我親教師張老師多麼棒、多麼好。

那天是星期五，並且是開放報名最後一天，院長非常發心，載我和一位同事去高雄共修（我怕沒伴、拖了同事一起去共修）。一進去大家都在拜佛，看著投影螢幕學習拜佛；接下來張老師開始上課，我被老師的和藹可親，以及散發出來的威德力給攝受住。老師提到如來藏，從來不曾聽過的字眼，但莫名的歡喜，應該說很歡喜；於是我安住下來，每週都在等待星期二及星期五到來，因爲聽經及共修成爲我精神最大依靠。我喜歡無相憶佛、無相拜佛，不用限制時間空間，想憶就憶，久而久之竟然也非常習慣；不但習慣也很安心，總覺 世尊陪伴在我身邊。

隨著修習正法的日益深入，我對佛法的科學不只是讚歎，而且深信不疑；對生命不再傍徨，更對 導師、親教師浩瀚的般若智慧佩服得五體投地。我不再為工作的忙碌胡思亂想，煩心的事越來越少，不攀緣，有事時直心的思考，讓我輕安自在；我的改變也影響到同事，我不時把如來藏正法的知見，說給身邊每一個人聽，每個跟我接觸的廠商或是每個我接觸的患者，我都希望他們能跟我一起探究生命的實相。

為了破斥藏密，開始研究《密宗道次第廣論》、《藏密佛教世界》，只為了不想讓別人說：「**沒讀過的人沒資格批評。**」努力的閱讀畫重點，就為了證實 導師寫的書中說的話一點也不虛假；因為如此，我更相信我所學的一定是正法。今生能值遇正法、值遇大菩薩，是累世福德讓我有機會，且毫無牽絆跟隨大菩薩修學正法；而我經常於靜心時想到此福報，不禁喜極而淚潸；心中感謝佛菩薩的加被護佑，深謝 導師、親教師的慈悲攝受。

禪淨班兩年半的課程，很快就過去；這段期間非常感謝張老師不辭辛勞風雨無阻，高鐵築建期間尚未完工之時，老師須不斷克服高空交通往返不便，及氣候不佳所造成氣象亂流；只爲了護佑我們的法身慧命，不顧自身安全；只爲了傳授如來藏正法，盼能在我們的心中生根發芽。在老師慈悲又威嚴的教導攝受下，弟子不但於佛法的正知正見有所增益，也因老師身口意的身教言教耳濡目染下，性障及習氣也能在日常生活中歷緣對境漸漸消除。

每週二導師《金剛經宗通》《實相經宗通》的開演，《金剛經》中有一首偈子：「凡所有相皆是虛妄，若見諸相非相即見如來。」這首偈常在腦海中浮現，一有空就參，累了就暫時放下。最讓我有所感覺的應該是 導師上課所說的公案，每次在經文結尾時 導師總是會大聲唸：世尊說咒曰「唅（長呼）」、「憾（長呼）」、「唵（長呼）」、「咭利（短呼）」。每次聽，都莫明地起雞皮疙瘩。還有禪宗裡最常聽到的一句話，未悟之學人常常會拿來問諸方大師：「如何是佛？」禪師聽了會回答「乾屎橛」、「花藥欄」、「胡餅」、「春日雞鳴」、「麻三斤」、克勤圜悟菩薩：「弄潮須是弄潮人。」黃龍三關的「我手何似佛手」「我腳何似驢腳」；這些機鋒一再的顯現，當下直覺……，……；隱約知道，但又好像不是那麼清楚。

這樣的念不知道對不對，由於自己不敢承擔而姑且放下；第一次報名禪三，極度忐忑不安，張老師要我們全力以赴準備。依照張老師的吩咐需每天拜佛三小時，但工作關係每回拜完已深夜兩點，隔日需要早起，長久下來昏沉不已，往往拜佛就趴在地上睡著了。醒來後慚愧的心不斷告誡自己，一定要換個方式改變現狀，讓自己拜佛的時間縮短，留一些時間閱讀 導師的書籍。

接到錄取通知單，手不斷地發抖；一則以喜一則以憂，喜的是我真的錄取了，憂的是我還沒準備好，怎麼辦？禪三前不斷抽空發願、懺悔、迴向，一有機會就拜八十八佛大懺悔文；弟子深知遮障嚴重，也擔憂自己累世冤親債主眾多，萬一帶到禪三給 導師帶來麻煩那真是大罪過。禪三四天三夜的參究，我被佛菩薩的威德力給攝受了，但意根的叛逆表露無遺，每個起心動念都讓自己非常惶恐，這時才知自己未到啊！帶著 導師要我用功的方式下山，其實心中很難過，在高鐵上偷偷掉淚，覺得自己辜負了 導師及親教師的期望，告訴自己一定要捲土重來。

二○○九年這一年，工作的醫院須參加評鑑，頓時覺得身心俱疲；評鑑將屆，須建立的文件非常多，加上報名禪三在即，考慮非常久，還是硬著頭皮領報名表。我不想放棄，也許這是我這一生最後機會。蒙佛菩薩加被，導師的慈悲，得以僥倖錄取。第二次禪三進小參室，監香老師問：「請……如來藏在哪裡？」弟子敘述老半天，總說不到中心點，老師一直強調說：「在哪裡？」在小參室慌了，整個腦袋都是糊的；汗流浹背非常緊張，一句話也說不出來。我非常沮喪走出小參室，難過自己的笨拙；連 導師非常慈悲的不斷給予機鋒，我還是依舊模糊，只是隱約知道眞心在哪裡？第二次又帶著遺憾下山。

弟子覺得可能福德不具足，才會一次又一次讓自己陷入泥濘中，無法讓自己思緒清明；下班後只要一有空，就挨家挨戶發開課通知，且引領與佛法相應的廠商朋友到講堂上課。遇到星期假日儘可能發破斥藏密的小冊子，一邊發一邊憶佛，奠定了我憶佛的功夫。從孫老師口中得知平實導師將到高雄辦大型演講活動，眞的、眞的非常興奮，但想到需花龐大的金錢，卻莫名擔憂起來；想了想，乾脆把多年存放的股票賣掉，當下一個念頭「捨貪」；護持講堂以後眞的很快樂，以後不用再申報每年股票所得，不用擔心起起落落的股價，眞是一舉多得，讓我在正法上可以盡綿薄之力。爲了讓四二五活動增加曝光率，加深人們的印象，與廣告公司商討作大型燈箱，依照活動宣傳內容作大型看板，心中只有一個念頭：想把正法弘傳出去。

四月份禪三即將到來，我不敢多想是否會錄取；我想我不會像之前那麼幸運，但又深切希望 導師再給我一次機會。我意外收到錄取通知，謝謝 導師的護佑；不斷告訴自己這是最後一次機會，這次一定要努力才對得起 導師、監香老師、護三菩薩。每次受每位大菩薩那麼大的恩澤，實在承擔不起；心中告訴自己假如有機會破參，我一定要回來護三。

上禪三前一天靜下心來，仔仔細細觀行思惟，忽然間一個念，我非常確定就是祂了。心中有些欣喜，翻開公案想檢視自己是不是眞的知道，我好高興眞的看懂。又將《心經》內容檢視一遍，如來藏的體性完全與經中所寫相同，但還是需要 導師的印證才可。

禪三第二天進小參室，導師問：「如來藏在哪裡？」我回答：「□□□□□。」導師說：「對。」猶如打了一劑強心劑，接下來 導師問：「□□與□□□的□□？」我明明清楚，就是講不到那一個關鍵……；我慌了，導師要我回座整理；越急越慌，緊張情緒無法理出一個切題答案，再到佛前發願、懺悔、迴向。隨後由於 導師的慈悲，幫弟子釐清一些知見概念，要弟子再去拜佛體驗，導師也要弟子再次體驗洗碗。弟子因為不聰明，老是被 導師問得腦筋一片空白；感謝 導師不斷譬喻引導，希望弟子能現觀如來藏體性，結合所學知見歸納整理。弟子感受您無盡的悲心與深廣般若智慧，只為了讓弟子更清楚、更明白，對親證如來藏有更深瞭解與肯定。

弟子發誠實誓，不違誓願，生生世世弘揚正法，只為眾生而來，為眾生而作，盡形壽報佛恩、報師恩，護持 導師破邪顯正。

最後，願將見道功德迴向：

願 導師、師母、恩師張正圜老師、恩師孫正德老師色身康泰。

願 正法久住。

一心歸命頂禮 本師釋迦牟尼佛

一心歸命頂禮 大慈大悲觀世音菩薩

一心歸命頂禮 平實菩薩摩訶薩

一心歸命頂禮　親教師團菩薩摩訶薩

弟子　呂正昭　頂禮謹呈

見道報告

——李冠林

南無本師　釋迦牟尼佛
南無西方極樂世界　阿彌陀佛
南無十方三世一切諸佛
南無護法　韋陀尊天菩薩
南無　平實菩薩摩訶薩

感謝　世尊留下遺法，在末法時節，讓我有因緣追隨眞善知識，並得以證悟見道。

感謝　導師弘法廿年，歷經辛勞，念茲在茲都是佛子眾生的法身慧命；眞善知識住世，猶如明燈。

感謝 師母一路護持 導師，令廣大佛子得以親近 導師這位大善知識。

感謝正覺同修會的成立、運作，在末法的佛教界成爲中流砥柱。

感謝親教師 蔡禮政老師，授我正見、善護密意護我慧命。

感謝今生父母親，在我成長過程中，過得安然；在小康的環境中，學會常存慈悲心，養成菩薩性。

成長經過

還在唸小學的時候，有一次拿到了一本時報出版的《神仙傳》，裡面提到彭祖等成仙的故事；心裡很歡喜，就告訴姊姊，以後長大賺夠錢就退休，到深山裡學仙去也。

母親說，在生我的時候，曾大量出血陷入昏迷。完全清醒前，曾見到觀世音菩薩出手相救。因爲早產，體重僅一千七百克的我住進大醫院——彰化基督教醫院保溫箱。公教人員收入不豐，只能借錢救小孩。確定撿回小命後就帶回家，不會吃也不會拉。時值嚴冬，父母親要二十四小時輪流抱著當保溫箱。

聽母親說，小時候我被放在嬰兒籃裡，早晨自己醒來也不哭鬧，就自己舉起手來，動動手；眼睛盯著手，看個不停。現在想起不覺莞爾。

小時候我在彰化長大，經常跟著媽媽到溪湖鎮去看阿嬤（是母親小時的養母）。我對溪湖頗深的一個印象，是一位在美容院工作的女居士，就是《華陀仙翁秘方》（台中聖賢雜誌社出版）一書的作者。這些「秘方」也是我小時候有興趣研究的課外讀物。

小學期間，我一直不花太多心思在學校的功課，看課外書也很特別。同學們帶童話書來學校，我則是帶《祕術一千種》這類的書。對農民曆、相書上的畫符、狐仙……這些感到興趣。書上有一個教人找尋失物的方法，我照著畫了一張符供在祖先牌位前，然後依照注音符號唸七次大悲咒，果眞立即找到了作業簿。印象所及，我很高興地畫了幾張符帶到學校送給同學，告訴他們這個可以要他們家祖先協助，把百般難尋的失物找出來的好方法。

雖然父母親分別在國中、小學任教，但對我的教育似乎從來沒給過壓力。可能是上有哥哥姊姊，身爲老么的我就不這麼被要求；感覺上我一向都是自己玩自己的，自己學自己的。因爲不是很用功讀書，所以在學校的功課總是並不很理想。但如果遇到一些特殊的情況，例如換了一個投緣的新代課老師，我就會用功起來，成績起伏很大。經常不寫作業、不帶課本，書包裡又盡是一些奇奇怪怪的課外讀物，但只要督學來訪或校際教學競賽，我都會「為了幫助老師」而積極舉手表現，說得頭頭是道，讓老師和校長很有面子，也充分滿足來採訪的記者。熱鬧過後又繼續不寫作業、不帶課本，所以老師們對我又愛又頭痛，頗似連續劇情節。

國中二年級時有一次學校老師好意來家庭訪問，說：「你兒子模擬考成績很差。」後來父母親告訴我說：「你若不喜歡唸書，又喜歡動手焊接電路板、維修電器和機械，那就不要考高中，改考彰化高工也可以。」雖然父母親這麼不要求，被刺激了以後，就捨課外書，轉而專攻聯考。一陣子以後，成績就大躍進了。聯考時以極高分上了台中一中。

想要作到的事就一定要作到。準備聯考那年，在教室布告欄看到老師為激勵我們所貼的剪報：一個隨父母移居紐約的高中女生，參加西屋科學獎，研究癌基因（某些體細胞中的基因，不正常表現時，會引起細胞癌化），拿了醫學類組的研究獎。我心想：好棒喔！我也想要這樣欸！但我只是生長在台灣鄉下彰化的小孩，父母親也是小人物，我該怎麼作呢？

上高中後，我自己到鄰近的醫學院圖書館去尋寶，硬是生吞活剝了一些分子生物學的知識；然後到研究室一間一間去敲門，去問一位又一位教授：他們個別專長是什麼領域。那個年代，高中生跑到大學的研究所混，是很罕見的，應該說沒有先例吧。所以，教授們都覺得這個十幾歲的小朋友很有趣。消息傳開了，就有很多好奇的眼神出現；接著就有好心的教授來幫我！我就被介紹到中研院去了。之後，從中研院又被輾轉送到石牌山坡上的某醫學院，我就在那間醫學院的生化研究所當了兩年沒有名分的學生。

當時我想證明：癌細胞內的某些分子，會經由一些方式傳遞進入鄰近接觸的細胞，使其往癌化方向發展。一週一次台北、台中往返，擔任班長；不能蹺課卻依舊蹺課，靠的是同學們罩我。辛苦一年半，頭一次參加第廿八屆比賽未能得獎，接著廿九屆就拿了全國第一名（第廿八、廿九屆，數字上的巧合，好似參加禪三一般）。評審委員說，這是台灣第一個以生物基因爲主題的高中生科研案例。接著，得到西屋電器公司的資助，立即到美國賓州匹茲堡參加比賽並得了獎。

高三的時候，因爲確認不必參加聯考，所以有了更多的時間。我常跑到台中聯成書局去看書，找到一本關於「開天眼」的書，有一個嘉義人幫人「開天眼」。我就寫了信過去，接著去拜訪、參學。其中很多人說看到靈、鬼、神明，讓我一度非常嚮往。但是冥冥中的安排，最終證明我的因緣不在求神通的法門裡。

因緣是奇妙的。大學畢業後，憑著不錯的成績申請美國一流大學法學院。經由一些關係人的幫忙，當時非常積極，自己飛往波士頓到哈佛大學法學院，一位一位教授主動去面談。但我與美國的一切淵源，就在正覺同修會在台灣成立那年，突然、自發地停止下來。

進入正覺的因緣

二○○五年初，逢父喪三個月，我到台中霧峰探訪好友——「火哥」吳蒼火先生；他領著我到霧峰街上一家素食麵店。食畢後，他囑咐我繼續慢慢吃，他很快就回來。我閒得發慌，到處張望；看到素食麵店角落裡一堆結緣書，其中有一本黑黑舊舊的《無相念佛》。我直取此書翻看，「哇！這啥？！怎麼這一本髒髒舊舊的書（很多人翻閱過），令我讀了感覺很舒服？！」我讀完了自序、緒言，就決定把這本書帶走，而且對書後載明的台北市承德路上的「正覺同修會」產生莫大興趣。書中提及年長者、甚至小學程度的學人，都可以有所成就；當下就想到我的老媽媽：「我希望媽媽可以學這一門。」我心想。

由於「火哥」帶我去吃麵，以及那本經多人翻過卻未被取走的《無相念佛》，我、吳振聲師兄、郭俊賢師兄進入了正覺，而且現在三個人都破參了。這因緣，直到今日，身為吾輩三人的好友「火哥」還尚未知悉呢！我還要感謝當年台中講堂某菩薩到霧峰去擺結緣書，這一擺，擺出了新竹三兄弟破參。

讀到「暗助弱小」一詞，心中對該作者起了嚮往：咦！這一點跟我很像啊！二〇〇三年，我把與吳、郭兩位師兄合資的公司財務給搞垮了；好不容易借來重整的錢，聽到一位清貧老同學很困苦，徵得他們兩位同意，我就領了其中的一部分錢給他送上。

初體驗

十月初，就在上山約十天前的週二講經，導師又再次提到：「一念頓悟時即可當場證得第八識如來藏心體之全部，這就好像是不知芒果的人，忽然有人取來一顆芒果讓他觀看時，他當場就看見芒果的全體了，絕不是先見芒果的蒂頭，再見芒果的上半部，再見芒果的下半部。」我心想，這是我第二次聽導師說芒果與開悟的關係，莫非這開悟法和芒果有關？（眞是傻孩子！）隔天在家拜佛時，又想到此事。望著 釋迦世尊聖像，我向佛祈願：「我一定買芒果來供養您！」接著就上街去也。一家家水果店問下來，才知道今年臺灣的成熟芒果，已經在八八水災後完全損毀。「怎麼辦？」我心想：答應過佛欸！作不到不行呀！難道回去跪著道歉喔？此時突然想到，夏威夷也盛產芒果，東南亞也是，找進口商問問！於是，開始一家一家地打電話；經過一番折騰，終於問到了進口芒果的所在。價格，是省產的十倍……很便宜啦！我答應 佛的事可以作到了！

供上了芒果的星期五當晚，收到了錄取通知，很高興。當晚拜佛後，一時念起，拿了前輩們的見道報告來看。看到了「□□□□□□□□」一段文字，心裡出現了師母戴著招牌黑框眼鏡，笑嘻嘻的樣子。「□□□□□□□□……」「□□□□□□□□……」，這句話一直在心中繚繞。又回到佛堂，時近午夜，把燈關掉開始拜佛。拜下去，感覺身體在晃動，晃動的節奏與心跳一致。「**是心跳帶來身體的晃動……**」，但是，爲什麼呢？就寢了，躺在床上快入睡時，□□□□□□□，怪怪的。「**這有什麼關聯性嗎？**」我心裡繼續想著：「□□□□□□□□□……」，迷迷糊糊睡著了。

星期六中秋節中午，拜佛拜累了，看到佛像有點灰塵，我拿了除塵紙輕輕擦了起來；後來索性將 釋迦佛的聖像請下座，抱在懷中仔細地擦拭。就這麼擦著、盯著，看著手指突然模糊了，才發現自己因爲傷感，淚水就滴落在 釋迦佛聖像上。趕忙說了對不起，將聖像請回座上，走到廚房切柚子吃。

左手抓著柚子，右手準備切下蒂頭。就這麼切下去的時候……我覺得觸到了什麼……這□□□□□，莫非是祂？突然這時「□□□□□」的畫面又跳出來……，我體會到……，我知道怎麼回事了！原來觸證如來藏，眞的就像桌上取柑一樣的容易！

「**好開心哪！終於對得起導師他老人家了……**」、「**師母穿越時空幫了**

我……」、「一定是芒果，佛陀也幫了我……」、「若非聽導師說法四年，我豈能建立正確知見？導師在《金剛經宗通》開講時烘雲托月，既作又說，老婆到不行，導師最偉大！」一整天，心裡都歡喜得不得了。開始看公案，那個沒吃粥會餓的火頭僧人，眞是親切啊！舉起手來，「我手何似佛手」；抬起腿來，「我腳何似驢腳？」呵！呵！呵！原來這麼回事啊！

一整個星期，都沈浸在歡喜之中；呵呵笑！笑呵呵！停都停不下來。

禪三上山中午第一餐，大眾依序就座。突然發現竟然我將會與主三和尚同桌吃飯；三秒鐘，眼淚就湧上來，眞奇怪。第一天下午拜懺，還想著，等一下應該用不到衛生紙吧？孰知整個拜懺過程中，男眾用最多衛生紙的人竟是我！一拜一泣，怎麼這麼愛哭呀？

第一次小參，導師微笑著問：「說說看！」我先是愣了一下，第一次近距離端詳這位長者，與夢境中穿著淺藍色長袍馬掛、長得略高，讓當時還是孩子的我跪著的那個人好生神似。我將中秋節當日下午一點五十分切柚子觸證的事講了一遍，導師笑著提高聲量說：「嗯！中秋節，殺賊頭！」接著，導師問，如來藏是什麼；我說：「祂無形色，您看不到祂，但我可以把祂請出來向您請安喔！」接著我笑嘻嘻地把如來藏「請」了出來；並且向　導師報告昨晚普說時，公案內祖師喚桌椅爲竹石的原因。導師說：「□□、□□，算你過了一項。」接著　導師出了一個題讓我整理，隔日再向監香老師報告。

回到座位上，「警慢心」三個字已經被拋到九霄雲外去了：「這次妥當了！」開心地在座上打起了妄想：「回到新竹班上，見道報告說些什麼好呢？」八字還沒一撇就慢心高漲，渾然不知遮障即將現起，這一遮就一直到下山……。

隔天，與監香老師小參，智慧完全發不起來。監香老師說，我找到了時間還太短，因此體驗不夠。「嗯！這次應該是完蛋了！」我心想著。接下來的兩天，什麼都想不出來。不過沒關係啦！我不擔心自己，卻持續關心著一同上山的吳師兄、郭師兄：「他們狀況如何呢？新竹講堂一次來了三個人，可不能就這麼完璧歸趙呀！吳師兄、郭師兄！你們要達陣成功啊！」我心裡一直惦念著。

中午，已經有兩位男眾師兄開始寫書面考題了；一直到傍晚，吳師兄還沒被要求寫考題，我心裡開始慌張了！怎麼辦？越想越慌，向糾察老師報告要去洗手間，其實是躲進廁所哭了起來。我心想：「新竹講堂三人上山來，還沒有人過關？吳師兄你不是第一次上來了，你若不趕緊過關，怎麼可以呢？」之後，壞情緒一直襲來；藥石後、普說前，夜幕低垂，我跑到陽台上，望著遠方，淚流下來；心裡竟盤算著：若把我秤斤賣了能拿多少錢（大概不到一萬元）？這些最後的錢護持正法後，能不能幫助吳、郭師兄見道啊？

導師普說完畢，我到佛前祈願：「我不參了，若這些明心的機會、額度可以集中使用的話，請拿我的福德籌碼先灌給吳師兄吧！如還有剩（還眞會算），灌給郭師兄吧！」語畢回座，坐我旁邊的吳師兄又被叫進小參室。別的師兄姊們很努力拜佛，我卻一直緊盯著小參室門口。幾分鐘後，門打開了，吳師兄到佛前禮拜後，向糾察老師領了書面考題……噢！欸！

新竹終於有人破參了，眞是太好了！好像大事已畢一般！當晚睡得好極了！

第四天午齋，入座後導師簡單開示一番，告訴大眾說若未過關，下回再來與善知識共住。我一邊吃、一邊流淚，又不敢發出聲音吸回涕沫，只好將飯菜摻和著鼻涕吃下去。我與　導師就比鄰監香老師而坐，一舉一動　導師看得太清楚了；看我吃鼻涕，導師放下碗筷，起身到窗邊拿了一包紙巾，放到我面前。和尚發了一個好球，弟子當然要揮棒呀！我大力地抽了兩張起來擦臉，怕擾人食慾，不敢發聲用力將鼻涕擤乾淨；幾分鐘後，又是飯菜摻和著鼻涕吃著。導師高舉筷子晃到我面前，再次指著桌上的紙巾，我又抽了兩張起來擦臉，給大家看！……感恩　導師！眞是太失態了！實在是因爲與善知識同桌吃飯最後一天，心中不捨呀！加上吳師兄確定過關，是新竹講堂開班三年餘以來第一人；離情依依加上溢於言表的歡喜，才會這樣吃著鼻涕餐。不是爲我自己沒過關而哭泣啦！（後記：事後吳師兄曾來問末學，末學告知，才不是參不出來而哭哭啼啼！度量哪會這麼小！嘻嘻嘻！）

餐後，大眾回到大殿繼續用功。經過　導師身邊時，導師將我攔下，說了勉勵我等三人的話。導師您眞是太慈悲了！

再度上三

農曆年後第一次週二講經，我到台北九樓講堂；明玉師姊交給我一個信封後，我隨即入內禮佛後坐下；抬起頭，睜眼一瞧⋯⋯這不就是上次監香老師問時，答不出來的那個答案嗎？下山後我一直想找一個最貼切的答案卻一直找不到，原來就在眼前。「這麼現成」，我心想。「可是在此刻之前，因緣未具足、福德也還差一點，怎麼樣就是找不到！」

比起第一次上山前整整一週因觸證的喜悅而沈浸在歡樂當中（眞是天眞可愛），第二次上山前就覺得戰戰兢兢了。若未過關，眞對不起好多菩薩，但禪三嚴格的考核上次已經見識過了。收到錄取通知，知道這次得努力一拼。在座位上，每次心裡起慢、妄念生起，我就前去禮佛求懺悔。起床後、三餐畢、安板，一天五次到佛前求願。後來覺得一直這麼求實在沒意思，就開始改求：「同時上禪三的眾同修們早有入處，遮障減少」，「求見性的師兄快見性」，「導師、監香老師、護三菩薩色身康泰！」。

這回第一次經行時，在硬水泥地上走了幾步，突然踩到地上軟軟的青苔；深深體會，妄心了別此步踏下與前幾步身觸所得覺受熏習不同，生起自我保護警覺，而眞心□□□□□，眞妄搭配得太妙了；「眞的是這樣欸！呵呵呵！」我心裡高興，獨自笑了起來。監香游老師見狀，快步走到我身邊關切地問：「有體會了嗎？」我感動莫名，爲什麼呢？游老師應該是老監香了，對禪三初次見面的學員還這麼老婆關切，嗯！眞是菩薩性！

用齋時，老婆心切的 導師，吃沒兩口飯，又一桌一桌地請大家吃水果。最後走到我與俊賢師兄這桌，一個一個點名吃水果，輪到我與俊賢，「嗯！」心裡作好準備，球投過來就要揮棒。「你們兩個，我不要請你們吃水果啦！呵？」啊！突然呆住，不知道怎麼反應。眞是感謝 導師，也自責自己智慧不夠，只能對好球揮棒，對變化球就呆如木雞，懺悔、懺悔！。

第二次上山，與 導師小參依舊是緊張的，但未知的惶恐少了許多。導師問話，我回答，口說又手呈。一問一答，不知不覺師徒對話好長時間。導師出了兩個問題讓我思惟整理。步出小參室，其實心裡忐忑不安，因爲第一個問題不會回答，「怎麼辦呢？」我到 佛前禮拜。

隔天，輪到我與監香老師小參了，我靦腆傻笑。「你應該會啊！試著說說看！」蔡老師慈悲地說。我小心翼翼地試著回答：「如來藏具有幾個不同的特質與特性……」我說著說著，竟答出那個關鍵答案！「眞是太奇怪了！昨天也是這樣，導師問、我回答，感覺這個回答的好像不是自己！」我興奮地向蔡老師說。「是啊！智慧都不是自己的，都是佛菩薩加持！」是啊！眞的是這樣！回想我傻傻供上芒果、淚水滴到 世尊聖像、□□□、導師在《金剛經宗通》開講時烘雲托月，老婆到不行……。若無佛菩薩加持，透過眞心如來藏令我覺知妄心一念相應而發現眞心所在，任誰都想不到啊！很有智慧？有什麼好驕傲的呢！我向蔡老師報告：就像布施三輪體空一樣，智慧也是，一切若說若作，譬如能說出一句有智慧的話，都是眞心的作用；這個妄心、覺知心我，絲毫無須感到驕傲。所以，一切都是佛菩薩慈悲加被。

在這唯一一次與監香老師小參的過程中，蔡老師聽我報告並慈悲地予我開示更細微的智慧知見外，並未再問我問題，且交代我不需再登記小參。出了小參室，我才驚覺原來昨天 導師已經慈悲一次地問完我所有問題。「好奇怪喔！」我心想：「眞是慈悲而有趣的經驗」。

看見示現

在小參室第一次報告書面考題，導師慈悲開示時，我都叉手置胸前，因爲我知道，這是今生法身慧命父母面授重要知見；如此珍貴的智慧演示，當然愼重諦聽。導師開示一段落，看得出 導師色身的疲累。此時，我突然生起一念就說：「導師！現在我近距離看您……您有裝假牙喔？」我問。「對啊！你有看到喔！看這麼仔細。」導師微笑回答。「您裝假牙前，治牙的時候，是不是牙齒也要鑽要磨，很難受；昨天我看到您在量血壓，但是我們禪三施設禁語，我很擔心，但是不敢問情況……導師您可以不要再來，您爲了我們，又這樣再來人間，五蘊具足，要承受這些……色身上的苦……」我問，很是感傷 導師的示現。「對啊！因爲佛法需要有人弘傳。」導師微笑回答。

此時，瑞青師兄說：「導師這樣爲眾生，令我非常佩服，我也希望以導師爲榜樣，在道業上努力提升，在娑婆世界利益眾生……」俊賢師兄突然說：「我也是！」「我也一樣！」我趕緊說：「弟子李冠林發願，以平實導師爲榜樣，累積福德、提升道業，常在娑婆，利樂有情，復興佛教！」導師：「好！太好了！這樣正法就可以長久住世。你們會發這樣的宏願，很好！」我如此發願時，好緊張、好興奮；叉手胸前，四個字、四個字地說，我記得好清楚，導師充滿慈愛的眼神，很有耐心地聽我四個字、四個字地說出心願。「**好！太好了！很好。**」導師再次勉勵我們。

經過幾次的體驗、報告，導師慈悲、細心地指點每一位在小參室的同修，絲毫不馬虎、不打折。還格外花心思安撫我與俊賢，告訴我們不要緊張，心情放輕鬆。我看到導師的倦容，眞的是靠著「慈悲一片」硬撐著；導師還得要上上下下，到花園去照顧看話頭、求見性的師兄。

後來導師對我們說了「恭喜」，讓我們去禮佛；交代我們要抱著飲水思源的心情，一定要記得先答謝釋迦世尊。我在佛前愼重稟白、發願，並到韋陀菩薩像前叩謝。接著，我到克勤祖師像前禮拜，我說：「**克勤爺爺啊！您放心好了，我一定會保護好大慧阿爹的……。**」（後記：當時眞是天眞又可愛，法身慧命剛自導師手上出生，受導師保護，到底誰保護了誰啊！莞爾……。）

您給我無上大法，我給您生生世世！

第二次上山，解三前最後一次進入小參室，導師開示後，大家依序走出小參室時，我趕緊請示 導師：「等會兒能否拜託導師賜給我幾分鐘時間？」導師慷慨答應。

眞是奇妙殊勝因緣，出乎意料地，導師喚請師母前來。我等兩位大菩薩坐好了，笑嘻嘻地說，我有一件禮物要送給您。導師問說是什麼東西，我淘氣地回答：「**不花錢買的，但也是很珍貴喔！**」我拿出一張「自製手繪卡片」呈給 導師與師母，以這張卡片上的所繪內容，發願與世尊遺法、與 導師、師母生生世世結緣；並祝願 導師、師母長久住世。導師看了後，很開心地同意收下了。

感念俗家父母

回想起這一生，成長過程是很順遂的，沒吃太多苦，在公教人員的小康之家出生、受教養、長大。父母親都是良善之人，受其身教言教，養成我樂於助人，不願見人受苦，對金錢不慳吝的個性。這些都是我能在眞善知識座下、在正法中見道的基礎。我將見道功德迴向先父李建軍先生，願他蓮品增上，速學了義正法；我將見道功德迴向母親王碧玉女士，她常唸 阿彌陀佛，願她色身康泰，與正法因緣速速具足成熟並得以修學，今生捨壽時安祥平順，往生善處。

成長過程，同時多受俗家哥哥、姊姊關照疼愛，一併將功德迴向給兩位，願兩位速與正法結緣。

下山後記

想起以前同在一實驗室工作的近齡學長，現在在哈佛大學當教授。我問俊賢：「會不會後悔沒進學術圈子？」他說不會，又說：「那個鑽研色法的圈子，不眞實。」我回應：「哈佛大學現在有兩千多名教授，加上其他國際一流學府，耶魯、劍橋、牛津、東京……，超過一萬名教授吧。但是在這個星球上，加上你我，目前一共只有四百多名證悟生命實相的見道者；這更了不起吧！」「眞是感謝世尊、導師！」郭師兄說。

記得四月廿五日，大眾乘遊覽車前往高雄，共赴〈穿越時空—超意識〉的演講盛會。車上，隨車師姊廣播：「……這千年以來的盛會，今日預計到場人數將超過一萬人。當年北宋時期大慧宗杲祖師被南貶，離開京城之時，兩萬餘名老百姓扶老攜幼前來相送……。」我告訴鄰座一位同車的師兄：「今日這到場的一萬餘名聽眾，其中不少人當年曾上街相送大慧宗杲祖師呢！」

是啊！我們都是一世一世地與眞善知識結善緣，在正法中數數熏習，地地增上。叩謝眞善知識 平實導師。

南無本師 釋迦牟尼佛

弟子 李冠林 叩首敬上

二○一○年五月十一日

見道報告

——郭俊賢

弟子世間求學之路順遂，頂著資優生、好學生的光環，卻越來越自我，愈來愈走進象牙塔裡。還記得大學時代的我，曾有一次看到同學對自己臉色不善，那時只擔心是否自己作錯什麼？竟然也不會先關心同學是否發生什麼事、需不需要幫助？後來得知同學確實有些不如意的時候，才赫然發覺自己是多麼地自私卑劣。

讀大學時曾糊里糊塗被安排受洗，儘管對於基督教的教友們的良善有好感，但猶記得當時的我曾問了幾個挑戰性的問題；後來也想不起是甚麼原因，參加過兩三次聚會後就不曾再接觸。直到台北上班後，有同事一定要找我跟主耶穌禱告，理由是「否則她就對不起我，也無法跟主交代」之類的。不忍拂逆這位同事的好意，便隨其到了一處，當她虔誠地禱告說：「主啊！

請求您賜給郭俊賢⋯⋯」的時候，當場我真的有背脊發麻的感受；或許是感於她的一片虔誠，或許是其他還看不見的原因。但不管如何，我除了謝謝她之外，更為其感到惋惜：世間確有不少本性良善者，也想追求真理，也願意多少犧牲奉獻，但卻因為看不到「眞相」，找不到那個一直與我們同在卻不曾作主的「主」，而以盲導盲──竟教人永遠於三界中當隻上帝的羔羊。

現在弟子深切體悟到菩薩子們因為開始懂得眞相而於生死無所畏懼，反於生死中拔濟沉溺眾生，欲令其亦復無懼。佛陀所教豈止是人天善法當個好人而已？菩薩所願豈止是生活安樂、當隻上帝的羔羊而已？然而進入正覺之前的我，充其量不過是個裝「好人」的人罷了。

讀研究所時期，進入屬於妙天體系的清大禪學社；剛開始覺得在繁重課業壓力中，得以練習禪坐來沉澱身心眞是不錯，甚至因此也曾對他人推薦過「印心禪法」；然而始終對該教教主妙天及其講師所說法不甚相應，也總覺得商業行銷味道太重，也因此漸漸不再參與活動；直到後來於台北開始上班後，復有其他因緣而又重新接觸。儘管對於課程中吹捧該教教主以及要花錢買蓮座、免於冤親債主來擾等事，依舊不以為然；但那時候的我對於眞實佛法不知不解，仍樂於感應某些脈輪氣動境界，也貪著於打坐時「意識心」上的平靜。如今回想起來眞可笑，就連當時所能理解的「法界」還誤以為那是另一個神祕的異次元空間，想到至今仍有不少好友還在該外道中流連，便不免為之遺憾。

所幸，感謝李師兄與吳師兄的接引，讓在外漂流而不自知的弟子始有機緣接觸**眞正的佛法**。當弟子第一次來到正覺講堂聽聞　導師講經說法時（那時正在講《勝鬘經》），即詫異於底下很多聽眾都很用心地在抄筆記；除了心中納悶台上這位講者到底有什麼本事之外，根本連《勝鬘經》名都沒聽過的我，對於　導師的開示只覺得名相繁多，甚至對於　導師破邪顯正的部分感到疑惑，想著「**學佛不就是要與人為善、以和為貴嗎？**」這些由錯誤熏習所產生的疑惑，再加上當時還在妙天的道場修習的狀況下，竟然自以為「**應該不用再來聽了**」。在李師兄與吳師兄軟硬兼施、好說歹說之下，慢心深重的弟子方有機緣再度踏進講堂聽聞　導師說法。

沒想到，此後弟子突然開始被　導師所宣講的勝妙法所吸引，發覺　導師說法次第清楚條理分明；更重要的是，所說法皆直指佛法的根本核心如來藏而說，不僅無互相矛盾衝突的情況，反而將佛法整體脈絡清楚舉示於人。如果佛法是一棵大樹，那眞的可以體會到 導師所宣講的了義妙法就是大樹的根本，從這裡可以通達所有佛法的枝脈乃至每一片樹葉；相反地，外道卻只能在某些枝葉上著眼；乃至藏密更只落在樹外，就像是藤蔓寄生攀纏於此一大樹，卻向眾生招搖說它才是眞正的大樹一般。

正邪眞的要善於簡擇啊！習於當好好先生的我，一次坐在底下仰望 導師說法時，想到如果我已經知道什麼是正確、什麼是錯誤，難道我不應該勇於告訴大家是非曲直，好讓大家遠離錯誤嗎？難道我應該保持鄉愿才是對大家最好的嗎？突然間對 導師不畏眾多謗罵而仍以悲心破邪顯正之心行更加感佩，亦悄然生起「有爲者亦若是」之慨。至此，弟子的菩薩性又在善知識攝受下多發起了幾分。

在到禪淨班上課前不久，剛好有機緣參訪日本和平公園；印象中當弟子看到世尊莊嚴金色佛像、白色舍利子塔與「妙法蓮華經」等字時，內心有一種佛法無所不在、佛力無遠弗屆、佛恩浩蕩的感動，讓身心皆如遊子的我，只想在塔前伏拜、伏拜、再伏拜。儘管後來還是得隨遊覽車離去，感動也隨之慢慢遞減，但那種不管外境如何也要禮拜 世尊的心得決定，卻已深深烙印。

禪淨班兩年半在乃鈞老師的教導下，每個週六下午上課逐漸變成弟子歡喜期待的事。記得開課後不久，老師教到憶佛的方法，弟子心想既然不依語言文字即可憶佛，那不就是看到什麼、想到什麼都可以憶，「哇！那不就統統都是佛？！」那時有一種似乎眼界突然變寬、整個世界開始不太一樣的心境。

乃鈞老師所講的內容，不時會切中弟子心中所想的一些煩惱與問題；然而可笑的是弟子總擔心自己的問題會不夠水準而很少小參，小參時又很緊張。印象中有一次小參：「有時作義工時會擔心遲到什麼的，這樣如何達到《心經》所講心無罣礙？」對於乃鈞老師慈悲開示「《心經》說的心無罣礙不是你所想的那樣」猶然不解，都還在意識境界中打轉，自尋煩惱。

剛上約半年課的我，有一次在開往花東的火車上讀起了《識蘊眞義》，當時雖然看不懂書中法義，但卻開始思考「識是什麼？爲什麼有情會有心識？」等等問題。慣從「生命科學研究」切入與落在「演化論」的我，當時反覆推敲著：「原始」生命的形成與某些分子可以自我組裝有關——分子與分子可以藉由彼此「認識」而相互作用，進而演化出更複雜的生命體。後來儘管乃鈞老師曾於課上提及「演化論」的謬誤，然而彼時卻早已不自覺地種下「色法可能出生心法」的錯誤知見。

第一次禪一拜佛時緊抓著憶佛念，陸老師慈悲過來提點弟子應該要放鬆時，弟子赫然發現原來這個聰明伶俐的我，竟然完全沒察覺到自己的肩膀與手臂處於緊繃的狀態；也突然意會到這個意識我還眞可笑、還眞不濟，就算察覺到了而想要讓臂膀放鬆拜佛，都還不能立即成辦。

還有一次睡前帶著睏倦拜佛時，當逐漸攝心後感覺很清明，似乎看得見想睡的念頭的生起而可以不理它；當時除了暗喜於有此境界，復又妄自猜測莫非這是悟境？所幸只是幾個念頭過去，隨即將之打包起來。後來回想起來，更明瞭當時也只是在妄心中打轉。有一晚拜佛完很有精神，本想多少閱讀吸收一些導師的開示後再就寢，沒想到一翻開《禪—悟前與悟後》，只覺趣味盎然、不捨擱下，此後對於「明心證眞、眞覺踴躍；眼見佛性、生機澎拜」這幾句更爲嚮往。

有一次回到台南老家，於馬桶上看著報紙，邊思惟法塵與前五塵的關係的時候，突然想到：難道把我們所見所聞等等排除之後剩下的就是祂？不過這樣不就一切都顚倒了嗎？看得見摸得到的原來不是眞實？那個祂竟然才是眞的？又怎麼樣證明祂不是假名施設呢？當下雖然懷疑，但卻也不否定，想說現在才修學不久，思考這個實在太早（現在想起來，那時都落於思惟，而且也偏差含糊）。那時候既未開始觀行，也對五陰十八界的名義自性差別所知甚少，因此就將此打包起來，還是按照老師所教次第用功。

另有一次週二聽經完就一直帶著憶佛念，感覺起來似乎就是雜念一來就排除一樣。回到家裡拜佛時特別攝心，融入憶佛念中；突然有外面聲響，感覺起來不是直接聽到，而像是先有什麼反應再接觸、再了別這個聲響一般；連起念也是這樣，而且似乎會伴隨著亮點生起，因此感覺到亮點此起彼落；現在回想當時的狀況已經不是很清楚，後來也只有過一次類似如此融入拜佛的經驗與覺受。當時雖然妄自猜測：這跟明心見性有什麼關係？不過弟子照樣打包起來，甚至之後拜佛時也避免落於對此覺受的期待與想像。

寫到這裡，發覺自己過去打包了這麼多，卻沒能即時跟親教師好好小參，只因自己的慢心而自我障礙，實爲愚癡！所幸反觀自己心性尚可稱爲「於師恭敬、於法渴仰」，除了上課注意聽講（但課後仍未好好整理），也能大致按照老師的教示而行。祈願諸學子皆無吾病，皆能珍惜與善知識難得之因緣。

當禪三報名表遞上的那一天，乃鈞老師一句：「等你很久了！」讓弟子又慚愧又歡喜。慚愧的是未能好好早日填妥報名表，歡喜的是感受到親教師的慈悲，即使對不常小參的弟子依然不捨護念。那天下課後，從九樓講堂走下樓時，邊走邊掉淚。兩年半課程結束前，還記得乃鈞老師請善思師兄誦唸一篇關於末法亂象的經文；當善思師兄讀到一半不禁悲從中來，哽咽無法成聲時，弟子發覺自己儘管亦以荷擔如來家業爲己任，但原來未能像年紀輕輕的善思師兄一樣，對於佛法興衰如此感同身受；於是更打從心裡讚歎這位師兄，當下亦發願未來世也要護持這樣的菩薩。

自以爲錄取有望的我，當收到禪三未錄取通知時，先是故作鎭定，其實內心翻騰，才發現原來自己是多麼想上山，才發現破參後要寫論文等等這些願都無法完成。弟子懺悔自己的輕慢，跪在佛前開始檢視自己的不足，對於未來要怎麼樣護持正法反倒漸漸清晰了起來，知道自己要更加精進。現在比對一路走來前後心境，更加明白；即使讓弟子眞的第一次報名就錄取又破參（其實那個時候就算勉強上山也無法過關），那不知道慢心會高漲到什麼地步，受用也相對受限。「待緣」眞的是有道理的，佛菩薩與 導師的安排就是最好的安排。

懷著既期待與恭敬的心情，轉到了禮政老師新竹週六進階班。當弟子於座位上仰望蔡老師合掌乃至說法時，弟子彷彿感受到親教師的悲心與智光。感謝蔡老師的身教言教攝受：老師常常舉示何者是菩薩所當爲，怎麼才是個菩薩。尤其在心行磊落不覆藏這方面，弟子深覺受用。當老師解說《眞實如來藏》時生動親切，常常舉生活時事爲例，也從科學、哲學的觀點切入比較，論理清晰；乃至於論文研習會上的種種開示，都覺得老師眞的兼具世間出世間智慧；弟子眞的很慶幸得以在正法中持續熏習，得以蒙獲老師的諸多方便攝受。

禮政老師在小參時對弟子觀行的開示，讓弟子對於五陰十八界分得更清楚，也更體會到洗澡、吃飯、唱歌時□□□□□□□□□□運作，此時弟子已能明確知道五陰十八界外的那個就是如來藏，也分得出來□□與祂有何差別，知道五陰十八界也都靠著祂而出生，而能和合運作。

然而，當時弟子卻有一個莫名其妙的盲點，當弟子看到新聞報導說科學家已製作出幾可亂眞的機械魚，它在水中活生生地擺鰭搖尾游來游去，甚至還會感應周遭其他魚群的變化等等時，心中一直納悶：如果有人如此堅稱心識與生命現象單由色法即可成辦，那要如何回答？記得導師在講經說法時曾提到電腦沒有「心」，當時已經猶如當頭棒喝，可是那時仍未想通電腦的記憶運算功能到底算是什麼？

弟子之前曾因爲看到街頭 LED 廣告文字一行一行的出現，當初思惟其原理，錯以爲物質與物質若有類似鎖與鑰的關係就是「識」，資訊依此關係而傳遞，生命科學領域中諸多分子不都是藉由類似特性而有其特殊功能嗎？然而明知一切物質皆是生滅，如此豈不落於斷滅或自然生？

蔡老師恰好於課堂與論文研習中舉出唯物論之過失，但弟子爲何仍暗自疑惑？思及老師課上所言，回家後趕緊祈求佛、菩薩慈悲開導後，頓時轉個念，心開意解，果眞長久以來自己遮障自己，自尋煩惱啊！本來色法生滅，其暫顯之諸多功能與自性不也都時時刻刻拜祂所賜！機械魚的功能若非人的意識了別發明，又如何運作！就算模仿得栩栩如生，它仍非有情，依然不會「看到」、「想到」、「感覺到」。姑且不說物質本身剎那變化，若眞能出生心，那是否石頭突然有一天會變成有情？就算退一萬步，假設在某些因緣條件具足下色法可以出生心法，而所生的心竟然可以思惟決定乃至自殺毀掉出生心的色法，那豈不可笑？

想通了這點，已是在經歷了兩次「待緣」之後，而上山的因緣也跟著成熟，終於有幸收到了禪三錄取通知。上山前一天，突然接到母親心臟不適就醫的消息，深刻感受到往世罪障深重；如果只單純影響自己參究也就罷了，當思及自己往世無量惡業累及親眷時，不禁黯然，深覺菩薩救度眾生都來不及了，要當個菩薩的我怎能因爲自己而妨害有緣眾生！因此深自警惕自己切勿再造作惡業累及他人，更深切地懺悔、將功德迴向給有緣眾生。所幸承蒙佛菩薩慈悲護佑，母親的病況後來並無大礙。

初次上山第一晚普說剛開始時，正擔心前座的師兄怎麼還未入座之際，沒想到 導師突然問弟子：「你有去高雄聽我演講麼？」此時愚鈍的我尙未明瞭 導師早已入泥入水，當時回想了一下後還傻乎乎地回答：「有、有！」隨後明瞭這可是殊勝難得的禪三普說——主三和尚可不是在閒話家常。於是當導師慈悲又再度問弟子「是什麼」時，弟子即鼓起勇氣拍起手來說：「是演講！」弟子在緊張之中旋即瞧見 導師的微笑時，頓感親近善知識的可貴，也更信心倍增，以為這一次的禪三過關有望。

然而眞正的考驗才剛開始，當隔天進入小參室面見 導師時，儘管對哪裡是如來藏已經有了答案，自覺足以口說手呈，卻仍無法直接切中要害說明；在 導師慈悲耐心引導下，弟子方才有所轉進，懂得從□□□開始切入。導師隨後給了兩個題目，要弟子整理□□□□□□□□□，以及釐清□□、□□□□□□□□□□。當 導師慈祥地開示說「你就是想太多了」，弟子聽到這句話時不僅不覺憂惱，反而心悅誠服、點頭如搗蒜，覺得 導師還眞瞭解弟子哩！弟子何其有幸得以親從眞善知識開導啊！

後來與監香老師小參時，承蒙陳老師慈悲，再再為弟子去黏解縛，並開示說弟子體驗不夠。後來回想起來果眞如此，難怪不夠親切、不夠通透。依照陳老師的開示，從比較□□□□去體驗。一回到座位沒多久，就相應到祂不就是「□□」嘛！然而，要如何更深切的體驗，對於陳老師提出來的其他問題要如何回答？想到當初求明心不就是爲了能自度度他嗎？若勉強過關而無法利益眾生，那又所爲何來？於是弟子效仿蔡老師以前祈求 佛、菩薩不要讓他解悟之心，在 克勤祖師前發下了「**若品質不好，此次就不要過關**」的心願。

既然知道自己體驗不足，弟子第三天晚上持續在座位上加強體驗，反覆觀察□□□□□□；當弟子覺得困頓、始終沒有進展時，承蒙 佛與菩薩慈悲護念，瞬間感受到手掌類似「電」的流通，觀察到「電的刺激感」隨著意念、隨著眼睛所看位置而出現，眞的還蠻奇怪的境界。復又想到「電」還是色法，不可能是實相心，刺激感也是「覺受」而已，那這個體驗到底是什麼意思？爲何自己混亂的印象中，似乎 導師曾於高雄演講中開示祂就像□□□□□□的「電」呢？在懊悔爲何當初沒好好聽講整理清楚中，時間一分一秒流逝，愈思惟愈混亂，陷入不曾有的困惑與慌亂的我，幾乎想要推翻目前所有答案。後來想到我們學佛不就是要從信受佛語開始，不是就先從信受 導師教導開始嗎？隨之心定了下來，也明白了離開這個實相心去探求生命的實相，本來就不可能有正確答案；也更加體驗到確實□□□□□□□□□□□，電的刺激感不就是祂的無數功能顯示出來的現象之一呀！

最後一天，愈發覺得自己慢心習氣深重，愈來愈覺得對不起 導師，在佛與菩薩前自責懺悔；導師仍一貫的慈悲，鼓勵弟子下次來品質會更好。了知此次無法順利過關的當下，竟然有灰心喪志的念頭出現；但旋即想，我要的豈是大家恭喜我破參的虛名？我要的是可以貨眞價實、可以用來利益眾生的破參！怎能如此辜負精進禪三之殊勝？遂即再次登記小參，最後進到小參室，沒能順利回答問題；但陳老師仍勉勵弟子，並提點弟子要對於 導師的書多深入閱讀消化整理。

解三後解除禁語，明顯感受到齋堂裡頓時熱絡了起來；然而自己卻還在自責的境界中，與周邊感動的氣氛形成很大的反差；乃至後續打掃廚房時，看見菩薩們各具方便善巧打理祖師堂上下，彼此就像家裡人般了無隔閡，慚愧心油然生起，覺得「菩薩」不就是該這個樣子麼！自己實在欠缺諸多方便善巧，又似乎只想到自己為多，又再度捫心自問：這樣如何利益眾生荷擔如來家業呢？

感謝戴老師提點弟子「要作意自己是個菩薩」，本以為這是理所當然，後來下山後才發現履踐起來實在不簡單，更因此漸漸於歷緣對境中汰換自己自私與不如理的種子。當最後離開禪三道場前，於大殿禮拜 釋迦佛、諸菩薩時，當弟子頭磕到地板的那一剎那，深深感覺佛恩、師恩浩蕩，而自己福德是如此不足。

下山後那一個晚上，作意要趁著難得的禪三殊勝因緣與定力未散亂之際，繼續轉進，果眞對於什麼是「法身」以及意根遍計執更有體會，這當中似乎聽到 導師和藹的聲音對弟子說：「對嘛！」隔天上班路上，望見路上形形色色男女往來，儘管美色當前，但彷彿即可彈指粉碎一般，忽然莞爾一笑，似乎有少分意會到 導師所期許我們讓天魔波旬不得其便的意涵。之後持續在蔡老師課堂中熏習，也更投入義工工作，更常發願懺悔迴向；第二次上山前有時也會反問自己這就是了嗎？每每發覺其實退無可退，就是這樣。

第二次收到禪三錄取通知書，仍然喜出望外，覺得自己的愚癡卑劣、慢心深重，但卻仍蒙 佛、菩薩慈悲與 導師不棄；在 佛前深心感念，淚水也不覺湧出。因爲知道自己上山前還需要多加準備，當移交手邊〈四二五〉高雄演講的相關工作時，感受到菩薩們無私地相助，這眞是只有在正法中修行才有的幸福。

再次上山，更加感受 導師的慈悲與智慧，小參室中 導師的開示讓弟子知道，原來要如何貫通說明祂，整個佛法的聯結才會完整。經行時，自己依然緊繃，游老師親切地關心讓弟子頓時一陣溫暖；之後與游老師小參時，弟子自以爲對「□□□□、□□□□」的道理已經整理得差不多了，但說起來卻仍然不順。弟子如今回想起來，更爲感念游老師那時恨鐵不成鋼的老婆心切，讓弟子得以更深入瞭解□□□□□□□□。

第三天晚上普說後，夜色已經很晚，弟子因爲色身過度緊繃而疲累，意識瀕臨渙散。此時 主三和尚與兩位監香老師竟還在爲學子們勞心勞力。菩薩眞的就是這樣啊！第四天再次承蒙 佛、菩薩慈悲加持，超乎想像順利回答原本滯礙不前的問題。當弟子聽從 導師囑咐，在 世尊前與 克勤祖師前稟告的時候，眞的深心慚愧，一切都是 佛、菩薩與 導師慈悲，弟子唯有不惜身命生生世世護持正法，於此法中如說而行方能略報佛恩、略報師恩啊！

喝水時，導師用竹如意在弟子身上快速點了好幾處，一開始還有些納悶 導師的用意；但親自體驗喝水時，才知道 主三和尚這麼一出手果然不同凡響，實在比武俠小說的點穴神功了得，讓弟子得以現前觀察眞、妄、眞妄和合，到現在回想起來猶不免一陣觸動；乃至走路的體驗，更加體會眞心與妄心之厲害。眞是何其有幸，弟子猶如無知小兒，由善知識一點一滴啓蒙攝受，方才多少瞭解「喝水」怎麼喝、「走路」怎麼走——不管是走在世間路上或是佛菩提大道上。

想起自己在科學領域的研究雖然辛苦，但其實眞的比上山過關容易。作學術可以因自己聰明所得而孤傲，而參禪卻是要去尋覓那個不聰明伶俐、既平實又從不起慢、也從不自私自利的傢伙。研究就那麼一個課題，需要的是世間的聰明才智與努力；而破參明心除了需要慧力、定力，更需要累世累劫修集的福德與菩薩性作爲支撐。就如同定坤老師曾經給弟子的鼓勵與提點，其實在　導師的著作中早已說明見道所需具備的條件，其中弟子最感深切的除了除慢心之外就是菩薩性。就如　導師於《大乘無我觀》中的開示：

【第五個條件是：要有福德。如果你說：「我們學習明心見性的法，既然完全是慧學，那爲什麼又說一定要有福德呢？」好像不相干。其實不然，因爲這個明心見性的法，祂是菩薩的根本大法、是大乘菩薩道的入道之法、是唯一佛乘的法，必須從這個大乘法的見道開始。大乘法見道的這一關過了，才算開始修行大乘的法道；還沒有證悟之前的修行，都只是在修集見道所應具備的福德資糧而已，都不能稱爲修道。菩薩想要在大乘法中見道，而這個法又是佛法中的根本大法，那就表示說：你想要悟道的話，必須要有證得這個法的福德因緣——你必須是一個菩薩——必須具足當菩薩的條件。】

導師的開示眞的打進弟子的心坎裡。是的，感謝世尊遺留正法、感謝導師出世弘法，感謝師母一路護持導師，感謝乃鈞老師、禮政老師攝受，感謝諸護法菩薩，感謝同修們相互砥礪，讓弟子得飲「正覺盅」，從一個濫好人換骨易髓成爲眞正的菩薩。

回家了眞好，但菩薩的路才正要開始！

願 導師長久住世

願 佛法早日復興

佛弟子 郭俊賢 頂禮

二〇一〇年 五月十一日

明心見道報告

——陳晏平——

公元二〇一四年四月二十一日是我大喜的日子！我終於被 平實導師印證明心了，被蓋上了金剛寶印，眞的眞的好感動。一般荳蔻男女所嚮往的愛情、婚姻，不曾吸引過我。我沒結婚，也沒有談過戀愛，然而這一天卻讓我體會到甚麼是大喜，甚麼是快樂，甚麼是幸福。我此時此刻的心情是五味雜陳的，心中的悸動久久無法平復，我感慨的在心中作了一首偈：

風情萬種禪師愛，原來無聲勝有聲；
刻骨銘心難忘懷，千劫萬劫永不息。

眞的非常感謝 平實導師的慈悲，沒有 導師的幫忙，這根本辦不到。原來我與 佛的一念相應，這只是個輪廓，還需要 平實導師來貼上鱗片、添上色彩、點上眼睛，這才算完整。眞的太感動了，我找不到一句話可以充分表達我心中的感激。這也讓我體會到平實導師的功力，眞的深不可測。回想過往，我的人生看不到一分彩色，直到進入正覺。

記得我讀小學的時候，忘了是幾年級，有一次在廟口看露天電影——觀世音菩薩傳，看得專注、看得歡喜。結束後，我對著天說：「**我也要學觀世音菩薩。我要作菩薩，我也要救護眾生。**」頗有「有爲者亦若是」的架式。雖然是童言童語，然而我往後的人生也似乎註定要走上這樣的道路。而且，這樣的心念至今不曾斷過，我深深的愛著觀世音菩薩。我生長在花蓮，這是個非常貧瘠的地方，我的父親因爲是被招贅的，所以與我母親之間充滿著矛盾與爭吵。這讓我很不快樂，這也引發我思考人生的意義是甚麼。

高中畢業後，我上台北，很快的被我阿姨帶進一貫道。對求道時傳授的三寶，我有很大的疑惑，尤其他們說求了這個道以後就七賢九祖全被超度。這是大大的不合理，因果要如何酬償？這眞是個大問題。但先不管這個，因爲當時有其他因素吸引著我。他們有開班教《論語》、《孟子》、《大學》、《中庸》、《詩經》、《易經》、《道德經》、《莊子》，這些都是我喜歡的書籍。對生命實相的渴求，一直沒停止過，我期望在古人的智慧中找到答案。我對古人的智慧非常地恭敬，並且要求身體力行，這樣才能眞的報答古聖先賢。在這方面，我是很認眞的，對自我的要求很嚴格。但是，我依舊沒有找到答案，很多道理都無法全面貫通，我無法說出個道理來，好苦惱呀！

就這樣子，在一貫道待了將近十年，就在一九八九年，我心中有著一股力量牽引著我要離開一貫道。也剛好因爲工作的關係外派到香港及中國，於是我向點傳師道別，準備走人。沒想到點傳師不放人，並要我到大殿問 觀世音菩薩的意思，要 觀世音菩薩答應了才可以走。我就乖乖地到 觀世音菩薩面前抽籤。哇！籤王！觀世音菩薩要我快點離開。但點傳師說我抽的籤不算，他再幫我抽一次。還好結果是一樣的，就是要我離開。於是，我就在和平的氣氛下離開了一貫道，飛往香港及大陸任職。

因爲公司出了大問題，我必須往來香港及大陸，工作非常忙碌。在一九九〇年，我台灣一貫道的朋友到香港找我，跟我說姓名學的事，我毫不猶豫，決定改名；有一種浴火鳳凰、想要重新開始的感覺，於是在眾多名字中決定選用「晏平」這個名字。於一九九一年末，公司已經整頓得差不多，我請調回台。從此，我再也沒回一貫道。

我一直在等待，等待著我心中所要牽引的那個機緣。跟我推薦姓名學的朋友，她在一貫道得不到解脫，轉而去基督教。她一直來拉我去基督教，我都不為所動。我跟她說我心另有所屬，我在等待我的機緣。她問我那是甚麼？我說我也不知道，但遇到了我一定會知道。她很不死心，而我也非常的專一。有一次她告訴我上帝很靈驗，會到人們的心中；他還眞的跑到我心中來，我就問了：「我要的是究竟解脫的法，你有嗎？」他就退出去了。從此，我那位朋友就再也沒有來找我去基督教了。

我一年又一年的等待，我心中那股力量很強烈，但機緣就是不出現。好像就在身邊，就是不知道在哪裡，眞是苦。我宛如傻瓜一般，專一地、傻傻地等待著。漫無目的地等待是最煎熬的，十多年了，一直都沒有消息；還眞的是浴火鳳凰，讓我在火中浴了十幾年。我想我是罪業深重吧，於是我參加了九華山的朝山求懺悔。兩、三年過去了，仍然沒有消息，我眞的失望了；我想算了，還是好好賺錢吧。

這段期間，我還學了很多東西：八字、紫微斗數、易經卜卦、風水等等。

想藉此瞭解生命實相，依舊找不到出口。那段時間非常的流行唱財神咒，財神廟很夯，我也跟流行，跟人家到處跑。後來想想：這樣求財有道理嗎？我很虔誠的求財神，財就會到我家嗎？合理嗎？這麼多人求財神，他要給誰呢？這是他能決定的嗎？想想，這樣的求財道理實在說不通，我再也不盲目的跟著人家到處瞎跑了。

二〇〇八年，也就是我進正覺的前一年，我朋友帶我去密宗。我喜歡唱咒，但我不喜歡那樣的環境。他們所謂的佛像都怪怪的，恐怖的，很讓人不舒服。以前我看到喇嘛會害怕，遠遠看見喇嘛，我不是繞道而行，就是低頭快速走過，感覺非常地不好。說到求財，那他們更沒有能力了。有一次去參加他們舉辦的財源天母法會，我早上參加法會，下午就坐飛機去大陸處理事情，不但沒有接到訂單，事情並沒有解決，反而更嚴重。這不是正確的求財方式，不合道理。有一次，密宗道場中有位師兄拿了一幅男女抱在一起的唐卡給我看，我很反感，無法接受，我不想再去了，一點意思也沒有。現在想起來，眞的危險喔！

同樣在這一年，我還參加了人性心理學的課程，費用是非常高的。到了第五階的時候，說到世界末日問題，說台灣會沉沒，中國大陸只剩十分之一，美國剩十分之一，加拿大剩十分之一，還有不曉得是哪個地方我忘了，也剩下十分之一；台灣除非有五個開悟的人，或至少三個，才能免除於難，又說目前只有二位開悟的人。那時候老師有說要組團去西安考察，我們那一桌的家長是位比丘尼，她問我要不要報名，我說我不是工作人員，不能去。我當時心裡流著淚吶喊著：「我哪兒都不去，我要努力成爲那位開悟的人，保護台灣民眾；如果我不能開悟護眾，我就隨台灣的民眾一起沉下去，絕不苟活！」在今天看來，當時會相信台灣會沉沒，或許是很愚蠢的事；但是我當下的發願卻是至誠心的，沒有染污的。不曉得是不是這個緣故，而感動了諸佛菩薩；一個星期以後，我拿到了正覺上課的傳單，和《成佛之道》及《解脫道》的口袋書。我早上拿到傳單，晚上就完成報名開始上課了，非常地快速有效率。

進入正覺，有一種回到家的感覺，有一種苦盡甘來、快樂、幸福的感覺。我很清楚地知道就是它了，讓我苦等了二十年；就在身邊，卻無法相遇。感慨萬千，奈何！奈何！不管怎樣，進來就好，我要作的就是怎麼樣在最短的時間內把差距縮小。我花了一些時間瞭解整個環境，整理我的情緒以及計劃該怎麼用功；因爲工作的關係，我經常要到大陸及其他國家出差；可是我想認眞學法，不想讓工作阻礙我學習。於是我跪向 佛前請求，請 佛幫助我出差的時間都可以和上課時間錯開，讓我得以好好學法。我眞的對 如來的法有很大的渴求，也眞的很神奇，從此以後，我禪淨班的課就沒有缺過課。不是只有這件事，在往後的日子裏，只要是跟法有關的請求，佛沒有不幫我的，宛如我是 佛之驕子，我要甚麼就有甚麼，這讓我很感動。當然，佛這麼幫忙，我也不能讓 佛失望；我拋開過去，一切歸零，在正覺依著會裡的規矩重新好好地學習；這是我新一頁的人生，我必須珍惜，而且是分秒必爭。

正覺傳授的是如來了義無上大法，一路向上、直指人心，大快哉！我心生歡喜。雖說這時的我還沒有明心破初參，然而，根據我過往對生命實相的追求經驗，我非常的肯定唯有如來藏，一切的一切才能說得通；少了如來藏，一切都不圓滿，都支離破碎。生命的實相就是如來藏，有八識的和合運作才會有我們所看見的一切法。唯有通透八個識的運作，並依佛菩薩及善知識的聖教量和指導下去修行，才有可能眞正的到達解脫生死的彼岸。對於這一點，我深信不疑。也終於明白為何 佛以及大菩薩們要摧邪顯正，因為六識論的斷常邪見，以及因此而助長的西藏喇嘛教邪法，都只會使眾生永遠在生死海中流轉而沒有終了。這是多麼殘忍的一件事。佛大慈大悲，爲此一大事因緣而來，而我們也應該爲此而盡全力爲如來了義正法而努力，這是我堅定不移的認知。

跟隨著正覺傳授的步調努力學習，在禪淨班的時候，我清晨三、四點就起床練無相拜佛的功夫及作早課，八點再去上班。就這樣持之以恆。我所謂的早課，是我根據自己的情況及喜愛而設計的；如〈懺悔文〉、〈正覺同修會發願文〉、〈大勢至菩薩念佛圓通法門〉、《心經》、〈讚佛偈〉、〈正覺總持咒〉、〈陀羅尼神咒〉，以及針對我自己量身定做的〈懺悔發願文〉、〈勝鬘經發願文〉、〈十無盡願〉、〈普賢十大願王〉……等。我經常地唸，想把它牢牢地熏習成種。在正覺學法眞的很快樂，我每天都很期待著星期二及星期六的快點到來。我利用零碎的時間看書，假日整段的時間我保留下來作義工。

星期六我通常很早就到講堂，作完環境清潔工作，我就開始無相拜佛。有一次，在無相拜佛中我起了兩個作意；第一個作意，我問：「佛呀！如來藏到底在哪裡啊？」然後我就進入了一個境界中，我看到一個東西，跑得非常快；我也不遑多讓，立即追上；然後，它停止了，我說如來藏在這裡嗎？它又跑，我再追，它再度停止了，我耐心且溫柔地再問：「如來藏是在這裡嗎？」它又跑了，我也不死心，再追，它又停止了，我還是耐心且溫柔地問：「如來藏是在這裡嗎？」這時候它突然現出兩隻大眼睛，很用力地向我眨了兩下眼睛。我不是利根的人，這時候的我不懂；我很生氣地跟它說：「你玩弄我，不跟你玩了。」然後就退出了這個境界。

一個星期過後，我因爲有很多〈超意境〉的CD，想送一些給朋友聽；送出之前，我想自己要先聽過比較好，就在我拿出CD正放入音響時，忽然與「佛」一念相應，終於明白了，原來如此！祂是如此的平常卻是那麼的重要，沒有祂就等於沒有一切。我停住了幾分鐘，非常地淡定，沒有驚慌，沒有害怕，也沒有過分的歡喜。當我坐在捷運上的時候，有的人嘰嘰喳喳的講話，有人抓癢，有人睡覺，有人看著窗外，有人發呆，我看到「一具一具」

的如來藏，一切都是那麼的可愛，那麼的溫馨。

我以前從來沒有注意到，這讓我很感動。這一記突如其來的當頭棒喝，眼冒金星。但沒有金星，佛這時下手可眞不輕呀！但我心生歡喜。以前常常說當頭棒喝這四個字，可以理解意思，但沒有經驗過，原來當頭棒喝是這個滋味。很快地，我收拾一下心情，把它打包起來，放在心裡。畢竟離禪三的日子還早呢，我眼下該作的就是好好的熏習正知正見。

我以前在一貫道，他們講的大部分是儒家道家的東西，佛法很少著墨，我是進正覺才剛開始學佛法的，我的法義知見還很微弱。在禪淨班的兩年半，我努力地作義工，努力地熏習知見，認眞地作功夫，盡力地護持講堂，用功讀平實導師的書。在讀平實導師諸書的時候，總感覺好像佛菩薩架著我往前跑一樣，我看得很快，完全的融入情節中。除了《楞伽經詳解》及《勝鬘經講記》看得比較慢、比較吃力以外，在禪淨班的兩年半，我看完了平實導師的局版書大約百分之九十左右。如果沒有佛菩薩的加持，以一個新學佛法的我來說，很難辦到。

以前讀古人的書時，我總要求身體力行，這樣才能眞的報答古聖先賢；

對佛菩薩的聖教量更是如此，如果把佛法當成學問般的研究，那眞是對佛菩薩大不敬，而且對自己來說是非常大的損失。這可是究竟解脫的無上大法呀！可遇而不可求，當下應當把握機會才是。所以，我對 平實導師每週二的講經、每一本所寫的書，和親教師的教導，只要在我能理解的範圍內，我都在身口意行上儘量落實，這是我禮敬及報答師恩的方式之一。尤其是 導師週二的講經，常常 導師說個影，我就給它生個子。有一次，導師講說《法華經》，說到讚歎如來壽命無量之功德時，我當下就作意：我也要讚歎佛。

於是，我就寫下了讚佛偈如下：

如來大智大慈悲，壽命無量永不絕；循循善譬度眾生，有教無類全攝受。
了義勝妙如來法，邁向佛道解生死；如是大恩與大德，千思萬想難回報。
唯有紹繼佛家業，發光攝眾報佛恩，願佛慈愍常攝受，早成志業永不停。

還有很多，不勝枚舉。總之，在禪淨班階段，我過得很快樂，無憂無慮，快樂地學習。導師曾經提到那些退轉的學員，書上偶爾也有著墨；有一次，我心血來潮，問了下自己：這麼好的法，這麼好的學習環境，他們爲甚麼要退轉？我有一天也會退轉嗎？想到這裡，我非常地害怕，我不要退轉，絕不！

我要跟著平實導師學習這無上大法，我好不容易才進來正覺，我絕不能讓這種事情發生在我身上，我必須把所有可能造成退轉的因素全部斬除。

我發現他們之所以會退轉，絕大部分是因爲性障深厚，再加上嚴重慢心，才會如此不知天高地厚。因此，我非常用心修除性障，只要一現行，我就消滅它；一次不行就兩次，兩次不行就三次；總之，只要它膽敢現行，它就死定了。在修除性障這一塊，過程眞的非常辛苦；這只有自己知道，但不得不作。有慢心，其實最大的受害者是自己，絕對不會對別人有一絲絲的損傷。好在我並沒有甚麼嚴重的慢心，雖然如此，我也還是很注意這塊，只要一絲絲的念頭生出而被我察覺，都會立即處理，試著把它轉成清淨無染種子。

除了修除性障、慢心之外，還有個重要因素不容忽視，那就是增廣其他方面的福德資糧。沒有足夠的福德資糧，很難受得起無上大法，這是如來藏法則。另外，根據我個人的經驗，如果福德資糧多增廣一分，那麼修除性障也會容易一些；這對我來說很有吸引力，所以，我對各方面的福德資糧累積也很積極。我非常感謝那些退轉的人，讓我有機會、有因緣思考這些問題，我願意將我學習了義正法功德迴向給他們，盼他們早日回頭。

禪淨班接近尾聲了，終於可以報名禪三了；這是我期待已久的事，心中非常地歡喜。但也忐忑不安，因爲報名的人太多了，僧多粥少，這令我非常地憂心。就在等待期間，有一個晚上我作了個夢，在夢中我看到一位穿著染衣的師父和我對坐在一起，中間隔著走道；接著在禪三道場的禪堂上，忽然地，從 世尊的佛像上蹦出來一位很高大的菩薩，光著頭，走到師父那裡講些事情，表情嚴肅。之後，走到我這裡，很慈祥溫和地問我：「妳也想要，是嗎？」我點了點頭說「嗯」，然後他說：「那妳等一下。」說完，就往 主三和尚的小參室走去。夢醒後，我不知道這代表甚麼意思，總之，還沒收到錄取通知單，就無法放心。

煎熬的日子終究也會過去，寄發錄取通知單的日子終於到來；第一天查看信箱，沒有收到，有點失望。第二天再查看信箱，還是沒有收到，應該是沒有希望了。這時候非常地失望，我的心情洩到谷底，非常地難受。等待了二十年，再加上禪淨班的兩年半，我是那麼的努力，就想衝過這一關，可以進入內門到 平實導師的身邊修學增上慧學，爲甚麼就那麼地難。這時候的心情難以言喻。第三天，我帶著低潮的心情，無精打彩地、漫不經心地開了信箱，突然精神爲之一振，非常地訝異，有一封正覺寄來的信。我睜大了眼睛、張大了口，迫不及待地打開看個究竟：是錄取通知單欸！是錄取通知單欸！我欣喜若狂地喊著，眞的比中大樂透還高興。

終於上祖師堂參加禪三的日子到了，我的心情是愉悅的，我告訴自己：一定要把自己完全的交給 主三和尚與監香老師，一定要完全的相信他們。心中頂著與 佛一念相應的光環，這次我是胸有成竹、信心滿滿的，就等著這一天的到來。到了祖師堂，因爲是第一次上禪三，還是個菜鳥，對周遭的一切充滿了好奇，猶如劉姥姥進大觀園般，一切都是那麼的新奇。

第二天，終於要跟 主三和尚小參了；很緊張，也很雀躍。輪到我了，走入小參室，沒想到，主三和尚說我體驗不夠，要再多體驗些，沒幾秒就出來了，眞的很有失落感。我百般的不願意，但就在那一剎那，我清楚地看到意根、意識與身根的運作，我的意識是有話要說的，然而，想說卻張不了口；不想走出小參室卻一直往外走出去。原來是意根作一切的決定，我不明白爲何我的意根會作這樣的決定，我明明有很多話要說的。算了！只好繼續參究了。

說眞的，我也沒甚麼在參，因爲我對身邊發生的任何事都更加好奇。我老是東張西望的，走來走去。我尤其喜歡過堂，讓我見識到甚麼叫作眞正的禪師，對於 平實導師的深不可測好崇拜喔！我每天都期待過堂的時間趕快到來，這是個快樂時光。還有晚上的普說也是，雖然我有時候會去見一下周公。到了第三天，要跟監香老師小參了；敲了門、問了訊；老師問我第幾次來？我說第一次，居然直接叫我出去。晴天霹靂，我都還沒坐端正呢，就叫我出去。我可不依呢，好歹也要挖點寶再出去吧！再說啦，才幾秒的功夫就出去，那太沒面子了，再拖延一些時間跟老師哈啦哈啦博感情也好。

很快地，解三的時間到了，我就這樣懵懵懂懂的，都還沒有搞清楚狀況就下山了。白白地浪費了一次機會，只能認了，乖乖的進入進階班上課。很快地，我融入了環境，然後開始思索著要怎麼補強第一次禪三的缺陷，如何落實 主三和尙及監香老師的諄諄教導？上進階班要怎麼樣用功？畢竟，這又是另一個階段新的開始。

在進階班這段期間，我更加投入義工的工作，更加護持講堂，更加用功熏習知見；更加敢發願，只要是菩薩該發的願，我都發，因爲我從小就立志要當菩薩呀！都上進階班了，長大了些，應該更懂事，應該多作些。性障、慢心的修除，我想這是終其一生都要作的，生生世世都應該作的。除此之外，我還更加地觀察自己，整頓自己一些更微細的部分。到了進階班，我才明白甚麼是菩薩；說白了，沒進入正覺都當不了眞正的菩薩。這時候，突然覺得自己很幸運。

第二次的禪三，狀況其實與第一次差不多，但是，至少我搞清楚狀況了。第三次的禪三我開始緊張了，我非常肯定自己的觸證方向是正確的；如果拋棄而尋找另一個方向，那將背道而馳；如果守著原先的方向，那我應該朝哪一方面再去參究？我沒有個入處，開始覺得很辛苦，有壓力了。

到了第四次，我開始猶豫要不要報名了。我開始對自己沒有信心，自認爲對法義是那麼的不通達，我是不是應該留在進階班好好的學習，等法義通達了再說？我問自己：「我眞的準備好了嗎？我爲什麼要求明心？是爲了上增上班的虛榮心嗎？明心後的責任是甚麼？」是的！答案再清楚不過了。我很有自信，我眞的準備好了。在有大善知識出來弘傳如來了義大法的時候，應該傾全力相挺；至於自己的修學，且擱置一邊，就邊作邊學吧。

我因爲遮障的關係，沒能在第一時間到 平實導師身邊幫忙，感到相當自責；速求明心，刻不容緩。我都五十六歲了，要趁著身體還硬朗，趕緊作。所以我決定報名禪三，這也是我一直以來的願望，我必須克服困難。這一次眞的非常緊張，得失心很重。終於第四次上禪三了，在禪堂我向 佛稟白：「佛呀！弟子準備好了，請讓我趕緊過關吧。您看！我進了正覺，就摒除一切外緣，專心一致跟著正覺的腳步學習。還有，我受了菩薩戒後，立即回去見我的父母，謝謝他們對我的教導，並且告訴我的母親說：『我天生就是要吃如來飯的，以後回家的機會比較少。』請她不要擔心我，佛會照顧我的。還有呀！我很努力的修除性障，消除慢心，依著佛菩薩善知識的聖教量修學。我從小就立志要當菩薩，我沒有談戀愛，沒有沉迷於吃喝玩樂；我保持單身，就是等這一天可以全心全力爲正法作事。佛呀！弟子已經掏心掏肺啦！快點幫我啦！」就這麼的求佛。

這次禪三不同於前幾次，眞的如坐針氈，苦不堪言，每一次從小參室出來的心情都是沉重的。雖然如此，但至少這次是摸到邊了。只是還有一些微細處要整理，所以還要再來第五次。所以，第五次對我來說更是緊張，因爲在乎，我發現痛苦指數已經到達崩潰的臨界點，居然在第一個晚上被惡夢嚇醒。這是以前幾次不曾發生過的。而且我以前就很少作過惡夢，既然被惡夢嚇醒，我也不睡了，到大殿禮佛吧。

到了與 主三和尚小參時間，我劈哩啪啦講了一堆。每當我緊張的時候，講話很快，就像機關槍一樣，且語無倫次。我想過去四次跟 主三和尚講的話加起來都沒這次多。這次的過程是曲折的，內容就不再詳說。不管怎樣，總算過關了。到了最後階段，我終於發現這無上大法眞的不是那麼容易得的；祂是如此地微細，很難觀察得到。如果沒有平實導師這種重量級大菩薩的指導，根本不可能實現。難！難！難！尤其當 平實導師在為我們印證時，我細細地端詳著 導師，對我們這些弟子們是如此地慈悲，對如來與佛菩提大法是如此地恭敬與專一。這一幕眞的好美，永生難忘，盡未來際。

我總共參加了五次禪三才得以拿到金剛寶印，非常辛苦。這五次加起來的苦遠遠超過我二十年等待之苦。在這段日子裡，我整理出一個公式：佛的一念相應，只是個輪廓，加上平實導師的幫忙，加以完善之；再加上自己的自我處理，去疑增信，心得決定，才等於完整。得到無上大法，佛及平實導師的恩德是非常大的。如果沒有佛的因——一大事因緣而紆尊降貴下生娑婆，傳下如來藏了義無上大法，我們怎有機會得以解脫到彼岸？又如果沒有平實導師這種證量的菩薩摩訶薩不辭辛勞，一世又一世受生娑婆，爲人天表率，紹繼佛志，我們怎麼可能讀懂諸佛菩薩艱深難懂的經論？更不要說明心破初參了。這是非常實際的問題。

除此之外，也要感謝一下自己，因爲自己肯受教，願意聽從佛、菩薩及平實導師的教導，聞思修證，如說修行。這樣的自己是很棒的，雖然還不完美。所以，佛及平實導師的恩德是一定要報的，跟著佛及平實導師的腳步，爲正法而努力。因爲我們的努力，佛及平實導師一定會護持攝受我們；又因爲佛及平實導師的護持攝受，我們又更加努力以報佛恩師恩，然後佛及平實導師又更加的護持攝受我們，就這樣一直到永遠。在佛菩提道上，這算是最美麗、最溫馨的糾纏了，但我喜歡這樣的糾纏方式。

人家都說我福報很好，學習正法沒有甚麼遮障，其實不是這樣的。我想在成佛之前，每個人都會有遮障，只是多或少、遮障種類的不同罷了。我當然也不例外，記得在進正覺之後，我就沒有接觸其他道場；除了正覺出版的書，其他道場的書我也不看；我不想造成自己的困擾，我只想專心在正覺學法、學作菩薩。我是個非常專一的人，只要宗旨確定，很難再作改變，除了每個月一次九華山的朝山活動還有參加外。

我想，只是朝山而已，他們沒有說法，就沒有法義困擾的問題，所以我並沒有排斥。在兩三個月後，要在正覺受三歸五戒時，我是排在下午場；我想早上去朝山，下午回來受三歸五戒，時間剛剛好。哪裡知道我被困在山上，因為交通工具很多，全堵住了。這是不應該發生的，但就是發生了；我當下立即下決定：「**你今天困住了我，從此我不再上此山。**」就這樣，我沒有趕上那年在正覺的三歸五戒大典，而從此以後我再也沒有參加朝山活動了。也因此而更加意識到專一的內涵。

再者，剛剛加入推廣組，我第一次要開始發破密傳單的時候，就開始天旋地轉，不讓我發；但我沒被嚇到，我立即回應：「**我就是要發，你如果有本事的話，就讓我死掉，否則就給我滾開。**」然後，它就離開了。這樣的情況，總共連續六次；之後，就再也沒有發生過了。還有一次，我身上帶了幾十萬現金要去護持講堂，走在路上，我注意著周遭的環境。忽然，我發現前面迎來一位貴婦，不知道是甚麼時候蹦出來的，口中說著：「給我二十元，我兒子不要我了。」從妝扮行止上，她看起來雍容華貴，氣質高雅；但是眼神銳利，不懷好意地看著我。總之，一切都非常地怪異，不合常理。我第一個念頭蹦出來：「不會吧？才幾十萬而已，妳就要來考驗我，有那麼誇張嗎？」當擦身而過的時候，我們進入了沒有語言文字的對談，我說：「如是因、如是果，無是因、無是果。」過了一會兒，我回頭看，她也回頭看；然後，我走了過去，給她五十元，接著轉頭走人。

再有一件，有一次，我要上禪三的前夕，有個晚上，有個甚麼掐住我的脖子，說不准學這個法。我趕緊呼叫　世尊救我，世尊來了，他還是不放手；我又呼叫　觀世音菩薩，觀世音菩薩來了，他依然不放手。眞的很過分，居然對我最愛的世尊及　觀世音菩薩如此的大不敬；我生氣了，握起我的金剛拳，朝他的臉上揮了過去，並且大聲說道：「我就是要學這個法，怎樣？」然後他就灰飛煙滅了。

我是怎樣解讀以上的四個事件呢？外來的魔，不管甚麼魔，其實都不可怕，而且只會使我們越挫越勇；可是心魔呢，如果沒有適時地加以遏止或消滅，而越來越增長的話，那將有可能把自己帶向萬劫不復的地步，那眞是非常可怕的。所以正知正見與心得決定是很重要的，性障與慢心的消除，邪法的導正，這都是修除心魔的基本功，盡未來際都要去厲行的。其實，會有業障的現前，都是因爲過去世被無明遮障，不如理作意而作了不恰當的事情。所謂敢作敢當，我們應該眞誠地勇敢面對一切業障的現前，接受它，安忍住，並依著諸佛菩薩的聖教量而如理作意地把它轉變成爲清淨性，這才是最重要且應當要作的事情。

還有，懺悔及發願也是非常必要的；這是善法，這也是減輕業障的一個善巧方便。根據我的經驗，唯有這麼作才能眞正的改變命運，邁向坦途。我非常樂於這麼作。記得去年九月八日在我們正覺講堂舉辦的佛菩薩舍利安奉大典，這是個非常難得的喜慶日子，不是常常可以碰到，我把握住機會，儘量把我手中在那時可以動用的現金護持講堂，並將功德迴向供養　佛、觀世音菩薩，以及　玄奘菩薩；並藉由這次祂們安奉舍利的喜慶日子，在祂們面前眞誠懺悔往昔所造諸惡業，並且呼喚累劫冤親債主父母師長兄弟姊妹配偶子女，告訴他們：我正在學習如來藏了義正法，我願將功德迴向給他們，願他們都可以蒙 佛加被、生於善處，遇善知識，聽聞正法，早證菩提，究竟解脫。（編案：此次供奉大典之舍利中，有一顆很奇特的紅色舍利，請示如來後，確定爲觀世音菩薩的血舍利。）

請他們不要遮障我，不但不能遮障我，而且還要幫我排除遮障，讓我好好學習。我當著 佛、觀世音菩薩、玄奘菩薩聖像面前，保證一定跟著佛菩薩的腳步走在佛菩提道上，自度度他，不會落跑，也不會入無餘涅槃，請他們放心。這麼作了以後，內心非常舒坦，很是快樂。在儀式進行中，非常感動人，很多人都哭得唏哩嘩啦。當唱到讚美 玄奘菩薩的偈頌的時候，我心有所感，我作意也要寫偈供養，於是我就寫了讚 玄奘菩薩偈如下，這是一個難忘的日子：

西天繼絕學　此行實可嘉　破邪顯正風　標竿立典範
造作成唯識　破暗照萬年　佛經翻譯舉　利益諸佛子
清風不貪慕　只爲佛事業　平凡顯傲骨　實在且平易

後世當效法　如來家業興　眾生皆受益　釋慈笑兮兮

跟著 平實導師學法，我是放心的，心是輕安的。而且功德受用不斷地加深增廣，這是最能說服人的。而且我非常欽佩 導師的智慧，猶如一座大寶山，取之不盡，挖之不竭。當年 佛示現下生成佛的時候，外道猖獗，佛隨之踵至破邪顯正，立下後世典範；在 玄奘菩薩的年代，對正法的誤解嚴重，邪法興盛，於是 玄奘菩薩不辭千辛萬苦西天取經，開無遮大會，道出「若不摧邪難以顯正」的經典名句。回唐後，大舉翻譯佛經，後南方的慧能禪宗始能依之立於不敗之地，也利益當世及後世佛子，立下最佳楷模。平實導師要出來弘法之際，進入末法時期已久，環境的惡劣自然比以往更勝之而無不及。六識論的表相佛教的邪教導，讓佛弟子們只能繼續在生死海中流轉，傷害實在很大。西藏喇嘛邪教，偽稱藏傳佛教，竊佔佛教資源，同樣是六識論而落在五陰中；雙身修法即身成佛的謬論，更是無盡地戕害眾生。

這兩大勢力非常猖狂，平實導師以種智智慧，直接敞言生命本源如來藏妙義才是正法，八識和合才能有萬法出生；並明白地揭露成佛之道五十二個階位的修學次第，不只是聲聞的四向四果，以此定調。這一掌打向這兩大惡勢力，如果沒有深厚的內力，恐將被反彈回來的後作用力震得粉身碎骨。然而，不可否認的，這雖然是險招，卻也是最有效率的作法。雖然辛苦，卻是讓正法步上軌道最快速的作法。在一切就緒、向下紮根完成後，再以次法與定力來對學人補強紮根的深度與廣度，得以不懼狂風吹襲。這種種的作略，如果不是有一定證量的菩薩摩訶薩，是很難看清楚也難作得到的，尤其是對那兩大惡勢力的撥亂反正。就這個理由，說明了 平實導師是值得追隨的人。尤其是在佛菩提道上，一切要更加小心，如果跟錯了人，後果將不堪設想。想到這裡，就覺得自己很幸運，對二十年的等待之事，也就沒有那麼多埋怨了。

根據記載，自古以來，在叢林道場中，明心破初參本來就是非常困難的事，在這五次精進禪三的過程中，我深深地體會了這點。如果沒有 平實導師的幫忙，而能夠明心破初參的機率非常的微小，小到幾乎是零。因爲有 平實導師的幫忙，明心的品質才會那麼優良、那麼豐富，而不是只有輪廓而已。

這恩澤是非常大的，也是一定要報答的；而報答恩澤的最好方式，我想應該就是為正法久住而努力，這是我一貫的認知。我對 平實導師非常的有信心，我深信 導師帶領我們的方向一定是最快速有效成就佛道的方向。我非常樂意當 導師的棋子，我深信 導師下的每一步棋都步步精準。讓正法久住，不是只有 平實導師的責任，而是每一位佛子的責任。復興正法人人有責，把六識論導正，把西藏喇嘛邪教趕出佛教，或使其回歸正統佛教而摒棄外道法，必須大家共襄盛舉，然後方能共同成就佛道。最後，我要用一首偈頌讚美 平實導師；這是 平實導師講述《法華經》結束後，我有感而發時寫的。

在《法華經》的最後一堂課，平實導師依慣例，老婆地幫大家整理重點。這其實應該大家自己各自整理才對，最令我難忘的是最後一著，把《心經》觀自在菩薩、觀世音菩薩，於事上理上的釋義作個總結；這眞的是太絕太妙了，前所未聞。再次的感受到 導師的智慧深不可測，跟 導師受學眞的非常快樂，我絕對沒有跟錯人，我信心滿滿。

讚 平實菩薩偈：

憶往昔曾在佛陀座下　於那時正法興人天樂

因緣熟佛示現入涅槃　輾轉間幾個千禧過往
正法末外道與眞淒涼　人天苦迷失了彼岸路
於此時平實現悲憫生　再繼玄奘宗杲之大志
作摧邪顯正猛獅之吼　不畏辛勞智鬥群邪眾
講經說法著書救眾生　大慈悲領眾生到彼岸
挽狂瀾再現佛世正法　現曙光人天樂佛歡喜
有志者共興如來家業　讓正法再住世千萬年
此功德蓋世眾生受益　屆時彌勒摩頂地地增

再次的感謝佛恩師德，爲正法而努力，義不容辭，無怨無悔；絕不向橫逆低頭，生生世世直到永遠。願有志之士加入行列，共襄盛舉，讓有情眾生都可以在優良的環境下安心學法，同證解脫。

阿彌陀佛！

眼見佛性報告

——第三十七屆精進禪三

報告人：陳晏平

Date: April 24, 2017

二〇一七年四月十七日是我非常重要的日子之一，這一天我見性了，終於拿到 平實導師的眼見佛性的金剛寶印；幾經波折，多年宿願得以酬償；歡喜踴躍，天下沒有什麼事比這更令人快樂的事了。從開始報名見性到拿到平實導師的金剛寶印，我花了二年的時間，其間眞可謂吃盡了苦頭，宛如坐雲霄飛車；當我信心滿滿的時候，非常快樂，可是時間難熬，因爲還要等禪三的日子。好不容易等到禪三報名的日子到來，卻又發現完全沒有信心，這時候就非常苦啦！成天患得患失，這次上禪三更是痛苦指數破表。好在有驚無險，最終還是讓我拿到 平實導師的金剛寶印；這都要感謝 如來的加持以及 平實導師的攝受，如果只憑我自己的能力，根本不可能過關，眼見佛性這關眞的太難了。因爲這樣，所以我非常珍惜我的眼見佛性。

在平常週六的增上班或者週二的講經，導師常常提到見性必備的三個條件：定力、慧力、福德。然而，在我這次見性的經歷中，我發覺不只是僅僅這三個條件，還要：佛的加持、大善知識的攝受、深心對正法的恭敬。這六個條件都是很重要的，爲何這麼說呢？以下就是我的經歷，且聽我娓娓道來：

我是在二〇一四年四月明心破初參的，跟大部分的人一樣，那時我打算長期抗戰來準備眼見佛性這一關。可我萬萬沒有想到我會在二〇一五年四月就報名求見性，而且還被錄取了，這是出乎我的意料之外的。事情是這樣的，就在克勤祖師爺舍利安奉大典前後吧，我夢見了平實導師，用台語告訴我：「好拿見性報名表了，麥擱等了。」我可算是常常夢到導師，所以不會懷疑這個夢；可是我還是想要跟平實導師求證一下，畢竟，前輩們給我的印象是要破參以後好幾年才可以申請見性的。而且，週六增上班的課都會碰面，當面跟我說就好啦！幹嘛跑到夢裡來說呢？然而，導師太忙了，實在不忍打擾；有一個星期二晚上講經前，我在十樓拜佛，導師的聲音又跑進我的腦海裡：「叫妳拿，妳就拿，怎會這麼囉唆呀？」但我想想，還是要見導師當面問個明白；但是，當我拜完佛，回頭一看，那麼多的人在排隊等著見 導師，我若堅持要見 導師，導師回到家中時一定非常晚；我刹那間心生不忍，因此作罷。

過了幾天，有一個晚上又夢見 導師，還是談見性的事。夢境接二連三，這時候，拿報名表的事才定下來，而且還被錄取了。這時候的我是完全在狀況外的，我在完全搞不清楚的狀況下，就這樣上山了。或許就是因爲這樣，這一次在山上我是非常快樂的，一切的一切都讓我非常的歡喜，我的直覺告訴我：過關是沒有問題的。可是當 導師在最後一天預備要引導我的時候，我不知怎地就說「下次吧」；於是沒有引導，又拖到第二次。

到了第二次上山的時候，我才搞清楚狀況；這回可不好玩了，開始有壓力了。我這時候才知道什麼叫作翻牌這一件事，這一翻牌，很有可能就這輩子沒有見性的機會了，這個賭注太大了。在處理世間的事務上來說，如果沒有相當的把握，我是不會去作的。見性這關我完全沒辦法準確地估算出勝算值，貿然翻牌，不就等於飛蛾撲火嗎？我不是賭徒，我辦不到，我也沒有那個勇氣。要嘛就是有百分之百的把握，才去翻牌；不然就是「萬不得已、不得不」才去翻牌，可這二個因素我都沒有，所以，這回我仍然沒有翻牌的理由。

下山後，我開始思惟整理該何去何從，想想頭都洗下去了，我得有始有終，努力拼下去，不然眞說不過去。而我也終於明白原來見性這關，報名之前都要先跟導師小參檢驗看話頭功夫，導師說可以報名才報名。導師有道種智，可以判斷學子眼見佛性的因緣是否到了，這樣才不會浪費雙方的時間。既然是這樣，我得照規矩來。接下來，我都是先小參，然後依照導師的指示辦理。中間有二次，導師沒有來夢中叫我拿報名表，所以我就沒有報名；直到這一次，導師說我可以報名，我才報名，我是非常守規矩的。

這次我是充滿信心的，在這二年的準備中，我心無旁騖，我斬斷所有外緣，專心在見性的功夫上用功；其間我經歷了很多事，不斷地轉進，讓我成長很多；然而，我依舊無法面對翻牌這件事，我充滿了恐懼，我無法突破，我舉足不定，我患得患失；因爲我很在乎見性這一件事，這對我來說是多麼的重要。可是我都來山上這麼多次了，所謂事不過三，這次不面對也不行了，眞是痛苦指數破表。

不管我再怎麼不願意，在第三天晚上，我心中暗自下決定我得勇敢面對這一切；見性這一關，我都上山第三次了，不管結果怎樣，也該面對了。然而，更大的事情在後面等著呢，跟 導師報告的時候，導師說我參究的方向錯誤，跑到意識心的方向去了。怎麼會？這眞是晴天霹靂！我是很有把握的，我看話頭的功夫還算可以，清清楚楚而且活靈活現的；有好幾次我都進入不同時空看見如來藏的運作，之後，我看到的山河大地都是如夢如幻，人物、旁生道都如浮在空中般的不眞實；就算不中，亦不遠矣！怎就方向錯誤呢？在這重要的節骨眼蹦出了這個讓人不知怎麼辦的事件，眞是一大打擊，我想這回我是死定了。

我整理了一下心情，我想：自進正覺以來，我對 導師的教導是信受的；導師講經的時候怎麼說，只要是我能理解的範圍，我都盡量去作，我認爲這是最好的報恩。但 導師是不會騙我的，因此，再怎麼有把握，我還是全部拋棄，依照 導師給的方向重新來過。

好在有 導師的及時指導扭轉方向，否則這回見性無望。這在我見性以後，再回過頭來看這一切時，可以證明這一點。原來世界如幻、身心如幻不是那麼一回事，這跟我眼見佛性時眼見的如幻，眞是天壤之別呀！這也讓我見識到意識心在操弄意根的可愛模樣，也提高了我的警覺心。這件事說明了大善知識的重要性，沒有大善知識的攝受，在佛菩提道上很難快速成就，我這次的眼見佛性也不會成就。我眞的非常感謝 平實導師，無以言喻。跟在平實導師身邊學習，眞的很幸福又快樂。

把話再拉回來，在這節骨眼，也只能拼了。導師告訴我，如果再參不出來，就趕緊求佛。導師說見性這關 佛說了算，佛才是眞正法主，他只是代理佛作法主的事而已。我心想 導師的證量都這麼高了，當今無人能比，卻是如此地謙卑，對佛是如此地恭敬，此時所呈現的畫面是多麼地美呀！這時候的我是多麼感動，那種心情的悸動久久無法撫平；導師都這樣了，我當然更不敢造次，於是，我就趕緊去祈求 佛的加持。當我禮佛抬起頭來的時候，我看到了一些佛的示現，非常明顯；我又看了一下 觀世音菩薩聖像，沒有！再看了下 彌勒菩薩，也沒有，只有 佛才有。我趕緊跟 導師報告我的所見，導師說：「**佛擺明了就是要讓妳見性。**」哇！終於在絕望中看到一絲希望，佛都這麼示現了，這回可壯了膽了；有 佛當靠山，誰怕誰呀！趕緊再參。

雖然有 佛當靠山，但還是很緊張啦！在這裡我要感謝一隻蟲子，這或許是 佛把我踢進見性法海大門的臨門一腳，最關鍵的一腳，我參出也看見佛性了。事情是這樣的：第四天早上我在參究佛性的時候，摒除了先前錯誤的知見與方向，隨著 平實導師的指導去參究，我看到了祂的隨順性，於是我去跟 導師小參，導師說：「不是！再參。」我也認同 導師，這就如同如來藏對應了眞如，而佛性對應了隨順，隨順只是佛性的體性之一，但佛性的內涵究竟是什麼？眞令人費解！就在這個時候，有一隻少見的蟲子，這樣的蟲子我不曾見過，不知什麼時候爬到了我的手臂，我見狀很是驚慌，毫不猶豫立即把蟲子抖掉；就在這個時候我一念相應了，忽然知道什麼是佛性了，而且眼見分明。就如同 導師的預記一般，只要我參出佛性，必然眼見分明，眞是這個樣子的。

如來藏了眾生心行，如來藏如果沒有這個了知性，就無法出生萬法，就不能覺有情，眾生就不可能成佛；只要順著佛性修行，必可成佛。只是如果有佛或大善知識的幫忙，時劫會縮短很多；否則，時劫會拖得很長、很長、很長，但終究還是會成佛的。我看見蟲子在我手臂上，在慣習上面雖然驚慌，同時，另一方面我也非常淡定地看著祂的運作；如來藏了眾生心行，慈悲地滿足眾生的需求。五陰眾生在接受佛性流注的第一剎那，其實是跟佛性一樣的沒有染污，這是佛性與五陰重疊同調而無染污的時候；第二剎那的時候，有了一點變化，這個部分我無法觀行，這超出了我的能力；第三剎那的時候，佛性依舊諸入不會，但五陰世間有了覺想，「不會」與「覺想」重疊在一起，於是我知道佛性是什麼了。這是一個關鍵時刻，如果覺想是如理作意的，那麼就離佛道越近；如果覺想起了不如理作意思惟，那麼將背離佛道，甚至於導向萬劫不復之地步。這樣的發現眞是令人快樂！妙哉！妙哉！

我再到處走走看看，是的，活靈活現的。我要把我見性的功德也迴向給這隻小蟲子，願它早生善處、遇善知識、進修妙法；未來無量世後，如果有機緣，我也會度化牠的。我到了大殿頂禮 釋迦牟尼佛，起來的時候，又看到 佛的示現，我心中更加地篤定。跟 導師報告，導師勘驗後，給了我金剛寶印。終於過關了，如果沒有 佛的加持、導師的引導，我就無法參出、無法看見，平實導師也無法幫我印證，這次眞的令我大開眼界。

自從進了正覺以後，我並不常常求 佛，我也從不爲世間法的事求 佛，佛太忙了，我不應該給 佛添麻煩；但是，只要我在法上開口求 佛，佛都給我，要什麼有什麼，眞的宛如 佛之驕子；只是，我沒想到如見性這等大事，佛也給我。眞的太感動了！無以言喻。

平實導師說我福德夠、慧力夠、看話頭的功夫也可以，認爲我沒有問題的。我也相信 導師所說；然而，我在福德夠、慧力夠、定力夠這三個基本條件都具足的情況下，在見性這一關，依然感到吃力；我內心很清楚，沒有佛的加持，我見不了佛性，太深細了；沒有 平實導師的攝受指引，我無法走在正確的道路上；這證明了在佛菩提道上，佛的加持、大善知識的攝受是多麼的重要。

如果對大善知識不恭敬，對佛不恭敬，肯定對如來的法不會深心恭敬，那麼還會得到佛的加持、大善知識的攝受嗎？所以說，定力、慧力、福德只是基本功，佛的加持、大善知識的攝受、深心對正法的恭敬，也是缺一不可。這是我見性時，很深的一個體會。

在這四天三夜的參究過程中，有很多參究和指導的細節，我並沒有在這一篇報告中提出，我想幫那些求眼見佛性的學子們保留一些空間。其實，有時候知道太多反而會是一種障礙，見性這一關，越單純其實越好，因爲我領教過意識覺知心的那股「可愛」勁兒。還有，每一個人的狀況不同，學習與參究的方式也將不同。因此，如果想求見性的話，我衷心地鼓勵大家按照標準流程來走，也就是：報名前先跟 平實導師小參，然後，深心恭敬的依照 平實導師的指示修學。唯有具道種智的 平實導師才有能力準確、有效地指導見性這一件事。不管 導師怎麼說，都一定要信受，千萬不要用自己的意識覺知心，想去左右 導師來滿足自己的虛妄想。想想我們有幸能跟隨 平實導師這種重量級的大善知識、大菩薩摩訶薩學習，是多麼地幸運呀！想到這裡，我就有一種幸福的感覺。

雖然這麼快拿見性報名表，並不是我所預期的；然而，我卻是在破參後沒多久就開始計畫見性的努力方針。首先，我問我自己：我爲什麼要求見性？

我夠不夠資格見性？我先從心地上下手，然後，再擬出具體的作法。我之所以想求見性，是因爲這是佛菩提道的進程，我的目標是放在如夢觀現觀成就的修證。修證必須按部就班，如果想要儘速完成如夢觀的修證，其之前的如幻觀、陽焰觀階位就得趕緊修證。

我非常渴望生生世世都可以跟隨大善知識弘法利生，一直到 月光菩薩的到來；我非常感念 釋迦世尊在人壽百歲的時候下生成佛，在這麼惡劣的環境仍然不放棄任一眾生；那我也要護持 世尊的法直到最後一刻，以報答佛恩、師恩。我也非常的感謝 佛的十大弟子願意在 佛入涅槃後，在這麼惡劣的環境來住持正法，不管怎樣我都要全力護持住世的大菩薩摩訶薩，這是我最高的宗旨。

然而，我檢視一下自己的能力，實在還差很遠，要改善的地方還很多。末法時的眾生一世比一世更加頑劣、更加難度化，如果沒有很好的福德、慧力、定力，六度沒有修得很好，性障沒有好好地修除，心性沒有調到最柔和的狀態，身口意行沒有多分轉依如來藏，恐怕將拿末法的眾生沒輒。我希望我眞的能夠幫到住世的大善知識，而不是成爲其包袱，所以，我很用心、很積極地在這一塊用功。無論如何，我都要趕緊的到達如夢觀的修證，這樣可以更有效地幫助到住世的眞善知識、可以作更多的事。

雖然如夢觀的修證很難，而且，我的距離還差得非常非常地遠；但有目標就一定有動力，有動力就一定會積極地往前走。我不去想到底哪一世才可以完成如夢觀的修證，我只要保持一個「努力去作」的作意，未來終有水到渠成之日。像我現在就很積極地修集福德，彌勒菩薩即將來下生成佛，總不能兩手空空地見彌勒佛吧！我沒有辦法像轉輪聖王那樣有那麼大的福德供養佛，可是我可以像銀行存款那樣零存整付，一世又一世的累積，等見到彌勒佛的時候，應該也是一筆大數目吧。而且有大善知識帶著作，福德累積比較快；有組織地運作修福，其效益永遠大於個人單打獨鬥，這是千古不變的定律。我只要想到這個，內心就非常快樂，動力就源源不絕。所以，見性這一關，我的重點是放在心地上用心以及福德的累積。

有朋友知道我在求見性，建議我辭去大部分的執事，專心在無相拜佛的功夫上用功；可是我不願意這麼作，我永遠把手上的執事擺在第一位，努力的去作。在這末法的時代，有眞善知識住持正法，是多麼的不容易，無論如何都要全力以赴地護持，我這樣的作意是非常強烈底。

自從明心以後，無相拜佛的功夫我一天只花一個小時，而且國定例假日休息，講堂舉辦的禪一，我全部都參加（以前在禪淨班的時候，我都是早上三、四點就起來無相拜佛，七、八點才去上班，從無間斷。進階班的時候，親教師有規定要拜二個小時，就依照親教師的規定辦理。）看話頭的功夫，我是在走路、坐車、休息、用餐的時候持續練習；我很喜歡看話頭，因爲很得心應手、很輕鬆，就好像我天生就會看話頭似的；所以，練起來有很多時候都是不費吹灰之力的。

雖然如此，無相拜佛的功夫還是不能省掉的；有一次，我的妹妹上台北辦事住我那兒；我妹妹沒有學佛，爲了不讓她生起煩惱，所以我就大約一個星期沒有拜佛；但我發現我看話頭的功夫卻大大的減弱了、變吃力了。由此可知，沒有好好的作無相拜佛的念佛功夫，很難有穩定的看話頭功夫。

我在財布施方面也是很上心的，在還沒有進入正覺學法以前，我是捐款不落人後的。在職場上，我經常要去看工廠的生產進度以及品質控管，也要常常拜訪客人，那時候我就發現我們所攥的每一塊錢，其實是很多人一起努力才有的；所以，應該取之於社會，用之於社會。

以前在一貫道的時候，我也是很努力的捐款的，那時候的我沒有存款，是標準的月光族；當時的我總是想：我還年輕，錢再賺就有，但布施一定要及時。所以就非常樂意布施。進入正覺以後，學了如來藏大法，我才知道什麼才是「法大」。當親教師講到三輪體空的時候，我更是歡喜得不得了！不由自主地就是喜歡。明心之後，再去看工廠生產的時候，看到的是一尊又一尊的如來藏……，非常的感動，就覺得錢應該用在正法上。

慢慢地，我很少買化妝品、衣服、鞋子、皮包，很少出國旅遊，盡可能在法上用功，這樣可以省下很多錢。雖然我賺的錢不是很多，但我盡全力護持講堂，我永遠把護持講堂這件事擺在第一位。善知識難遇，既然遇上了，當然是要至誠心地全力護持，這關係到往後諸世佛菩提道的進程；另外一方面，對眞善知識恭敬護持，就是對 佛恭敬護持，因爲眞善知識所弘揚的法，正是 佛的了義正法；這麼一來，一定會得到眞善知識的攝受以及 佛的加持，還有諸佛菩薩也會喜歡，眞是一舉數得，我就是這麼盤算的。而且，也相信一定是這樣的，因此，我動力十足。

我很喜歡看書，這是從小就養成的習慣；一天沒看書，我就會覺得這一天過得沒滋沒味的。然而，眼見佛性這一關，跟有沒有看書、看多看少，一點關係也沒有，這跟世間法的邏輯完全不一樣，也跟明心這一關完全不同；有時候看書看多了，反而會是一種遮障；我不知道別人是不是這樣，但至少我是這樣的。

我在明心破初參沒有多久，就開始準備見性的修行了；無相拜佛一天一個小時，大部分的時間我都有拜，除非有特殊狀況。看話頭則是走路、坐車、休息的時候練習，因爲我還不是很清楚狀況，所以，看話頭不是練得很好；但在 導師的指導下，我進步很快。爲了練習看話頭，我上班的時候改用走路的方式去火車站搭車；我特喜歡看樹幹、樹葉、鳥兒、魚兒、狗兒、蟲子，還有，非常喜歡看瀑布、噴泉……等。總之，這時我是好奇寶寶，很多事情都可以吸引我的注意。

在練習看話頭的時候，我的心情是愉快的，我非常地喜歡，總感覺非常地親切，從不覺得這是件苦差事。剛開始我看靜態的東西，等看純熟了，看動態的東西；剛剛開始看動態的東西時，非常地吃力；但動態中看話頭久了，也就沒有問題了。在我練習看話頭的時候，走著走著、看著看著，很常進入定中看到一些東西。就舉兩個例子吧：有一次，我看到鳥兒在那邊嬉戲，我就把話頭帶上，眞的好可愛喔！接著，我把目標轉向蟲子，如同鳥兒般，也眞是可愛；再來，我看到一位老婦帶著一條老狗迎面而來，一個一個的話頭；就在這時，我進入定中，一切的一切都是平等平等。我看到了我少女時代所仰慕的高富帥偶像，現在看出他沒有比我高尚到哪裡，我也沒那麼差；老婦、狗兒、鳥兒、蟲子，大家都是平等平等，都是如來藏披著外衣：祂有時候披著人衣，有時候披著鳥衣，有時候披著狗衣、蟲衣。還有什麼可計較的呢？

也因爲這一件事，我完成了五法三自性的初分觀行，也完成了安立諦十六品心的少分初觀。還有一次，我看著來來往往的車子；這是一條小馬路，車速是不可能快的；這時候的我完全融入看話頭的情境，就在這時候，有一輛車子疾駛而過；依我的判斷，時速可能超過一百二；就在這麼小的馬路上，很快地，我也進入定中。速度太快了，我沒看清楚細節，只看到大概；這就好像五根、末那識、六識、阿賴耶識同坐在一部車上，突然緊急煞車，六識被彈出車外、得了輕微的腦震盪；五根、末那識、阿賴耶識則緊緊地綁在一起全然無恙。我只看到如來藏接收，然後傳遞，速度實在太快了，加上六識都得了「腦震盪」，我根本沒有辦法看到細節。爲什麼 佛看見明亮的金星就眼見佛性，成所作智現前而成就佛道，而我卻一無所知？佛在清晨看見金星時到底看到了什麼？我眞的非常想知道，這個畫面、這個作意深深地植入我心中。

雖然在這一方面有所失，但是，這件事讓我清楚地知道所謂的無住處涅槃就是處處都是涅槃；十無盡願在入地的時候要至誠心、無上意樂地發願，然後就在這個時候圓滿，無執無著，隨緣盡分地作了就是。除了無相拜佛及看話頭的練習之外，還要不斷地累積福德，不斷地作義工，積極地護持弘揚了義正法的講堂。我很看重的一個部分就是修除性障，在佛菩提道上這是非常重要的；除了次法，正法的修行也很重要，我試著在行住坐臥學習轉依如來藏。我就這樣一步一步地走，一步一步地學習。

以上是我在見性這一關的過程與心得分享，可以公開說明的部分，我盡可能地呈現出來，希望可以幫到那些明心後想要眼見佛性的菩薩。在這末法時期，我發願要跟隨眞善知識弘法利生，直到法沒。最重要的，有眞善知識住持正法，將會有很多眾生得以搭上法船；將來等到 彌勒菩薩下生成佛時，這些眾生都將獲得大利益。套句世間法來說，這是最大績效，再也沒有什麼比這更划算的了。然而，我不想孤單，我希望有更多菩薩來共襄盛舉，共同幫助所追隨的眞善知識住世荷擔如來家業；如果能夠這樣，那將是非常快樂的事。話說回來，以上所論述的過程與心得畢竟是我的故事，每個人的情況一定是不一樣的，強烈建議報名見性之前，一定要先跟導師小參，釐清努力的方向，以達事半功倍之效。

不管怎樣，定力、慧力、福德，這是要自己去努力的；這些都達到了，還要 佛的加持、大善知識的攝受、深心對正法的恭敬。自己其實眞的沒有那麼厲害，我之所以對這後面的三點感觸特別深，是有原因的。以前我是在一貫道學習的，不知怎麼的，就在一九八九年忽然很想離開，那種力量是非常強烈的；照說不應該這樣，因為當時正在開講《易經》，只講到一半；我對《易經》非常的喜愛，可以說是到了如癡如醉的地步；課還沒有講完，是不應該離開的。但我毅然決然地離開了，我不知道爲什麼；直到我進了正覺講堂學法一段時間以後，我才知道這是如來藏含藏著意根相應的不可知執受種子緣於正法的因緣；有眞善知識出世弘法，就不該留在外道。

那麼就應該一離開外道，就要馬上接軌正法才對呀！但是並沒有，我直到二〇〇九年才進入正覺，之間相隔了二十年。當我發現這一件事的時候，我立馬分析我進入社會以前的心性、思惟模式、作事的態度、與人相處的情形，以及出到社會以後的轉變有哪些，哪些是永不轉變的；然後再很淨心地去感覺我跟 平實導師的關係，沒有不好的感覺呀！根據我的分析，我不相信我的過去世會作出對不起 平實導師的事來，或者是對法有所不恭敬；但二十年這很明顯的就是個遮障，我不知道到底曾經出了什麼事。二十年欸！不算短的歲月，這可以學多少法呀！想到這裡，就非常的不快樂。

再來，明心這一關我去了山上五次才過關；可是，我在進正覺沒多久就觸證了，雖然粗糙，但還是摸到了邊，我都知道；但是，就是沒有辦法表達。我的腦筋都很清楚，但就是說不出口，不知如何表達。我不想離開小參室，但雙腳就是不聽使喚，一直往外走，這種感覺是非常苦的。我依然不相信我的過去世會作出對不起 平實導師的事來，或者是對法有所不恭敬。但這分明是遮障呀！不可能沒有理由的。平常我自己私底下思惟整理時，可是溜得很呢！怎麼上了禪三、碰上 導師就亂了套呢？

再說了，在世間法上我可也是能言善道的；舉個例來說，我在一九八九年就前往大陸發展；那時候好像是鄧小平先生南巡隔沒幾年吧？從那時開始我一直陪著大陸同胞走到現在；那個階段的大陸同胞可是個個都很能言善道的，很多台商是被唬得一愣一愣的，只有極少數人能夠反過來把他們唬得一愣一愣的，而我就是那極少數人之一。所以，沒有理由幾句話都講不清楚吧？可是事實展現出來就是遮障呀！其實，我心裡多少有點底，只是不願意面對這樣的我。

最後，這次見性這一關，我告訴我自己：一定要克服這個問題。但是，我仍舊無法簡單扼要地表達出我想表達的事，這不是我的水平。雖然不願意，但我不得不相信我過去生曾經對 導師作出不如理的事；因此，我在這裡公開懺悔，懇請 導師原諒我過去生因爲無明所造成的過失；從今爾後，盡未來際，對眞善知識都將更加深心地恭敬承事，也懇請　導師教導我。畢竟，未來無量劫將會遇到無量的眞善知識，我不想因爲自己的無知而傷害到任何一位眞善知識。萬一不小心下墮三塗，那可嗚呼哀哉了！賢劫千佛，我可不想錯過任何一尊呢。

我也會好好地依照聖教量如說修行，我會努力修除性障、調整心性。這件事積在我的內心一段時間了，都快七年了，我一直很在乎這二十年的光陰流失，這對我來說是一個夢魘，一直纏繞著我，讓我喘不過氣來；或者更準確地說，驕傲的我一直無法面對自己往昔所犯的過失，才會這樣的。如今說開了，心情變得比較輕鬆一些。我眞的相信對大善知識絕對不可以不如理，不管有意或無意；因爲我嚐到了苦頭，眞的很難受。以後一定會更加小心的。我前二次不敢翻牌的最大原因，其實是因爲這個遮障。這也就是爲什麼如今我會對　佛的加持、大善知識的攝受、深心對正法的恭敬，會有如此深的感受。

最後，我要將見性的功德迴向給　平實導師色身康泰、弘法順利、早成佛道，以及迴向給所有親教師們地地增上。也要迴向給我自己早日實證如夢觀。至於導師對弟子在明心與眼見佛性上的恩德，這很難說清楚，就心照不宣吧。

南無本師釋迦牟尼佛
南無本師釋迦牟尼佛
南無本師釋迦牟尼佛

弟子 陳晏平 恭敬合十

佛教正覺同修會〈修學佛道次第表〉

第一階段

＊以憶佛及拜佛方式修習動中定力。
＊學第一義佛法及禪法知見。
＊無相拜佛功夫成就。
＊具備一念相續功夫—動靜中皆能看話頭。
＊努力培植福德資糧，勤修三福淨業。

第二階段

＊參話頭，參公案。
＊開悟明心，一片悟境。
＊鍛鍊功夫求見佛性。
＊眼見佛性〈餘五根亦如是〉親見世界如幻，成就如幻觀。
＊學習禪門差別智。
＊深入第一義經典。
＊修除性障及隨分修學禪定。
＊修證十行位陽焰觀。

第三階段

＊學一切種智真實正理—楞伽經、解深密經、成唯識論…。
＊參究末後句。
＊解悟末後句。
＊透牢關—親自體驗所悟末後句境界，親見實相，無得無失。
＊救護一切衆生迴向正道。護持了義正法，修證十迴向位如夢觀。
＊發十無盡願，修習百法明門，親證猶如鏡像現觀。
＊修除五蓋，發起禪定。持一切善法戒。親證猶如光影現觀。
＊進修四禪八定、四無量心、五神通。進修大乘種智，求證猶如谷響現觀。

佛菩提二主要道次第概要表——二道並修，以外無別佛法

佛菩提道——大菩提道

遠波羅蜜多

資糧位

十信位修集信心 ——一劫乃至一萬劫

初住位修集布施功德（以財施爲主）。

二住位修集持戒功德。

三住位修集忍辱功德。

四住位修集精進功德。

五住位修集禪定功德。

六住位修集般若功德（熏習般若中觀及斷我見，加行位也）。

外門廣修六度萬行

見道位

七住位明心般若正觀現前，親證本來自性清淨涅槃。

八住位於一切法現觀般若中道。漸除性障。

十住位眼見佛性，世界如幻觀成就。

一至十行位，於廣行六度萬行中，依般若中道慧，現觀陰處界猶如陽焰，至第十行滿心位，陽焰觀成就。

一至十迴向位熏習一切種智；修除性障，唯留最後一分思惑不斷。第十迴向滿心位成就菩薩道如夢觀。

內門廣修六度萬行

初地：第十迴向位滿心時，成就道種智一分（八識心王一一親證後，領受五法、三自性、七種第一義、七種性自性、二種無我法）復由勇發十無盡願，成通達位菩薩。復又永伏性障而不具斷，能證慧解脫而不取證，由大願故留惑潤生。此地主修法施波羅蜜多及百法明門。證「猶如鏡像」現觀，故滿初地心。

二地：初地功德滿足以後，再成就道種智一分而入二地；主修戒波羅蜜多及一切種智。滿心位成就「猶如光影」現觀，戒行自然清淨。

解脫道：二乘菩提

→ 斷三縛結，成初果解脫

→ 薄貪瞋癡，成二果解脫

→ 斷五下分結，成三果解脫

入地前的四加行令煩惱障現行悉斷，成四果解脫，留惑潤生。分段生死已斷，煩惱障習氣種子開始斷除，兼斷無始無明上煩惱。

近波羅蜜多　　大波羅蜜多　　圓滿波羅蜜多

修道位　　究竟位

心、五神通。能成就俱解脫果而不取證，留惑潤生。滿心位成就「猶如谷響」現觀及無漏妙定意生身。

四地：由三地再證道種智一分故入四地。主修精進波羅蜜多，於此土及他方世界廣度有緣，無有疲倦。進修一切種智，滿心位成就「如水中月」現觀。

五地：由四地再證道種智一分故入五地。主修禪定波羅蜜多及一切種智，斷除下乘涅槃貪。滿心位成就「變化所成」現觀。

六地：由五地再證道種智一分故入六地。此地主修般若波羅蜜多——依道種智現觀十二因緣一一有支及意生身化身，皆自心眞如變化所現，「非有似有」，成就細相觀，不由加行而自然證得滅盡定，成俱解脫大乘無學。

七地：由六地「非有似有」現觀，再證道種智一分故入七地。此地主修一切種智及方便波羅蜜多，由重觀十二有支一一支中之流轉門及還滅門一切細相，成就方便善巧，念念隨入滅盡定。滿心位證得「如犍闥婆城」現觀。

八地：由七地極細相觀成就故再證道種智一分而入八地。此地主修一切種智及願波羅蜜多。至滿心位純無相觀任運恆起，故於相土自在，滿心位復證「如實覺知諸法相意生身」故。

九地：由八地再證道種智一分故入九地。主修力波羅蜜多及一切種智，成就四無礙，滿心位證得「種類俱生無行作意生身」。

十地：由九地再證道種智一分故入此地。此地主修一切種智——智波羅蜜多。滿心位起大法智雲，及現起大法智雲所含藏種種功德，成受職菩薩。

等覺：由十地道種智成就故入此地。此地應修一切種智，圓滿等覺地無生法忍；於百劫中修集極廣大福德，以之圓滿三十二大人相及無量隨形好。

妙覺：示現受生人間已斷盡煩惱障一切習氣種子，並斷盡所知障一切隨眠，永斷變易生死無明，成就大般涅槃，四智圓明。人間捨壽後，報身常住色究竟天利樂十方地上菩薩；以諸化身利樂有情，永無盡期，成就究竟佛道。

圓滿成就究竟佛果

← 七地滿心斷除故意保留之最後一分思惑時，煩惱障所攝色、受、想三陰有漏習氣種子全部斷盡。

煩惱障所攝行、識二陰無漏習氣種子任運漸斷，所知障所攝上煩惱任運漸斷。

← 斷盡變易生死成就大般涅槃

佛子蕭平實　謹製
（二〇〇九、〇二　修訂）
（二〇一二、〇二　增補）

佛教正覺同修會 共修現況 及 招生公告　2017/12/21

一、共修現況：（請在共修時間來電，以免無人接聽。）

台北正覺講堂 103 台北市承德路三段 277 號九樓　捷運淡水線圓山站旁
Tel..總機 02-25957295（晚上）（**分機：九樓**辦公室 10、11；知客櫃檯 12、13。**十樓**知客櫃檯 15、16；書局櫃檯 14。**五樓**辦公室 18；知客櫃檯 19。**二樓**辦公室 20；知客櫃檯 21。）
Fax..25954493

第一講堂　台北市承德路三段 277 號九樓

禪淨班：週一晚班、週三晚班、週四晚班、週五晚班、週六下午班、週六上午班（共修期間二年半，全程免費。皆須報名建立學籍後始可參加共修，欲報名者詳見本公告末頁。）

進階班：週一晚班、週三晚班、週四晚班、週五晚班（禪淨班結業後轉入共修）。

增上班：**瑜伽師地論詳解**：每月單數週之週末 17.50～20.50。平實導師講解，2003 年 2 月開講至今，預計 2019 年圓滿，僅限已明心之會員參加。

禪門差別智：每月第一週日全天　平實導師主講（事冗暫停）。

大法鼓經詳解　詳解末法時代大乘佛法修行之道。佛教正法消毒妙藥塗於大鼓而以擊之，凡有眾生聞之者，一切邪見鉅毒悉皆消殞；此經即是大法鼓之正義，凡聞之者，所有邪見之毒悉皆滅除，見道不難；亦能發起菩薩無量功德，是故諸大菩薩遠從諸方佛土來此娑婆聞修此經。平實導師主講，定於 2017 年 12 月底起，每逢周二晚上開講，第一至第六講堂都可同時聽聞，歡迎已發成佛大願的菩薩種性學人，攜眷共同參與此殊勝法會現場聞法，不限制聽講資格。本會學員憑上課證進入第一至第四講堂聽講，會外學人請以身分證件換證進入聽講（此為大樓管理處安全管理規定之要求，敬請諒解）；第五及第六講堂（B1、B2）對外開放，不需出示任何證件，請由大樓側門直接進入。

第二講堂　台北市承德路三段 267 號十樓。

禪淨班：週一晚上班。

進階班：週三晚班、週四晚班、週五晚班、週六下午班。禪淨班結業後轉入共修。

大法鼓經詳解：平實導師講解。每週二 18.50~20.50 影像音聲即時傳輸

第三講堂　台北市承德路三段 277 號五樓。

禪淨班：週六下午班。

進階班：週一晚班、週三晚班、週四晚班、週五晚班。

大法鼓經詳解：平實導師講解。每週二 18.50~20.50 影像音聲即時傳輸

第四講堂　台北市承德路三段 267 號二樓。

進階班：週一晚上班、週三晚上班、週四晚上班（禪淨班結業後轉入共修）。

大法鼓經詳解：平實導師講解。每週二 18.50~20.50 影像音聲即時傳輸

第五、第六講堂

念佛班 每週日晚上，第六講堂共修（B2），一切求生極樂世界的三寶弟子皆可參加，不限制共修資格。

進階班：週一晚班、週三晚班、週四晚班。

大法鼓經詳解：平實導師講解。每週二 18.50~20.50 影像音聲即時傳輸。第五、第六講堂爲**開放式講堂**，不需以身分證件換證即可進入聽講，台北市承德路三段 267 號地下一樓、地下二樓。每逢週二晚上講經時段開放給會外人士自由聽經，請由大樓側面梯階逕行進入聽講。**聽講者請尊重講者的著作權及肖像權，請勿錄音錄影，以免違法；若有錄音錄影被查獲者，將依法處理。**

正覺祖師堂 大溪區美華里信義路 650 巷坑底 5 之 6 號（台 3 號省道 34 公里處 妙法寺對面斜坡道進入）電話 03-3886110 傳眞 03-3881692 本堂供奉 克勤圓悟大師，專供會員每年四月、十月各三次精進禪三共修，兼作本會出家菩薩掛單常住之用。除禪三時間以外，每逢單月第一週之週日 9:00~17:00 開放會內、外人士參訪，當天並提供午齋結緣。教內共修團體或道場，得另申請其餘時間作團體參訪，務請事先與常住確定日期，以便安排常住菩薩接引導覽，亦免妨礙常住菩薩之日常作息及修行。

桃園正覺講堂（第一、第二講堂）：桃園市介壽路 286、288 號 10 樓（陽明運動公園對面）電話：03-3749363（請於共修時聯繫，或與台北聯繫）

禪淨班：週一晚上班（1）、週一晚上班（2）、週三晚上班、週四晚上班、週五晚上班。

進階班：週四晚班、週五晚班、週六上午班。

增上班：雙週六晚上班（增上重播班）。

大法鼓經詳解：平實導師講解。每週二晚上，以台北正覺講堂所錄 DVD 放映；歡迎會外學人共同聽講，不需出示身分證件。

新竹正覺講堂 新竹市東光路 55 號二樓之一 電話 03-5724297（晚上）

第一講堂：

禪淨班：週一晚上班、週五晚上班、週六上午班。

進階班：週三晚上班、週四晚上班（由禪淨班結業後轉入共修）。

增上班：單週六晚上班。雙週六晚上班（重播班）。

大法鼓經詳解：平實導師講解。每週二晚上，以台北正覺講堂所錄 DVD 放映。歡迎會外學人共同聽講，不需出示身分證件。

第二講堂：

禪淨班：週三晚上班、週四晚上班。

大法鼓經詳解：每週二晚上與第一講堂同時播放佛藏經詳解 DVD。

第三、第四講堂：裝修完畢，即將開放。

台中正覺講堂 04-23816090（晚上）

第一講堂 台中市南屯區五權西路二段 666 號 13 樓之四（國泰世華銀行樓上。鄰近縣市經第一高速公路前來者，由五權西路交流道可以快速到達，大樓旁有停車場，對面有素食館）。

禪淨班：週三晚上班、週四晚上班。

進階班：週一晚上班、週六上午班（由禪淨班結業後轉入共修）。

增上班：增上班：單週六晚上班。雙週六晚上班（重播班）。

大法鼓經詳解：平實導師講解。每週二晚上，以台北正覺講堂所錄 DVD 放映。歡迎會外學人共同聽講，不需出示身分證件。

第二講堂 台中市南屯區五權西路二段 666 號 4 樓

禪淨班：週一晚上班、週三晚上班、週六上午班。

進階班：週五晚上班（由禪淨班結業後轉入共修）。

大法鼓經詳解：每週二晚上與第一講堂同時播放佛藏經詳解 DVD。

第三講堂、第四講堂：台中市南屯區五權西路二段 666 號 4 樓。

嘉義正覺講堂 嘉義市友愛路 288 號八樓之一　電話：05-2318228

第一講堂：

禪淨班：週一晚上班、週四晚上班、週五晚上班、週六上午班。

進階班：週三晚上班（由禪淨班結業後轉入共修）。

增上班：單週六晚上班。雙週六晚上班（重播班）。

大法鼓經詳解：平實導師講解。每週二晚上，以台北正覺講堂所錄 DVD 放映。歡迎會外學人共同聽講，不需出示身分證件。

第二講堂 嘉義市友愛路 288 號八樓之二。

台南正覺講堂

第一講堂 台南市西門路四段 15 號 4 樓。06-2820541（晚上）

禪淨班：週一晚上班、週三晚上班、週四晚上班、週五晚上班、週六下午班。

增上班：增上班：單週六晚上班。雙週六晚上班（重播班）。

大法鼓經詳解：平實導師講解。每週二晚上，以台北正覺講堂所錄 DVD 放映。歡迎會外學人共同聽講，不需出示身分證件。

第二講堂 台南市西門路四段 15 號 3 樓。

大法鼓經詳解：每週二晚上與第一講堂同時播放佛藏經詳解 DVD。

第三講堂 台南市西門路四段 15 號 3 樓。

進階班：週三晚上班、週四晚上班、週六上午班（由禪淨班結業後轉入共修）。

大法鼓經詳解：每週二晚上與第一講堂同時播放佛藏經詳解 DVD。

高雄正覺講堂 高雄市新興區中正三路 45 號五樓 07-2234248（晚上）

第一講堂（五樓）：

禪淨班：週一晚班、週三晚班、週四晚班、週五晚班、週六上午班。

增上班：單週週末下午，以台北增上班課程錄成 DVD 放映之，限已明心之會員參加。

大法鼓經詳解：平實導師講解。每週二晚上，以台北正覺講堂所錄 DVD 放映。歡迎會外學人共同聽講，不需出示身分證件。

第二講堂（四樓）：

進階班：週三晚上班、週四晚上班、週六上午班（由禪淨班結業後轉入共修）。

大法鼓經詳解：每週二晚上與第一講堂同時播放佛藏經詳解 DVD。

第三講堂（三樓）：

進階班：週四晚班（由禪淨班結業後轉入共修）。

香港正覺講堂　☆已遷移新址☆

九龍觀塘，成業街 10 號，電訊一代廣場 27 樓 E 室。

（觀塘地鐵站 B1 出口，步行約 4 分鐘）。電話：(852) 23262231

英文地址：Unit E，27th Floor, TG Place, 10 Shing Yip Street, Kwun Tong, Kowloon

禪淨班：雙週六下午班 14:30-17:30，已經額滿。
雙週日下午班 14:30-17:30。
單週六下午班 14:30-17:30，已經額滿。

進階班：雙週五晚上班（由禪淨班結業後轉入共修）。

增上班：單週週末上午，以台北增上班課程錄成 DVD 放映之。

增上重播班：雙週週末上午，以台北增上班課程錄成 DVD 放映之。

大法鼓經詳解：平實導師講解。雙週六 19:00-21:00，以台北正覺講堂所錄 DVD 放映；歡迎會外學人共同聽講，不需出示身分證件。

美國洛杉磯正覺講堂　☆已遷移新址☆

825 S. Lemon Ave Diamond Bar, CA 91789 U.S.A.
Tel. (909) 595-5222（請於週六 9:00~18:00 之間聯繫）
Cell. (626) 454-0607

禪淨班：每逢週末 15：30~17：30 上課。

進階班：每逢週末上午 10：00~12：00 上課。

大法鼓經詳解：平實導師講解。每週六下午 13：00~15：00 以台北所錄 DVD 放映。歡迎各界人士共享第一義諦無上法益，不需報名。

二、招生公告

本會台北講堂及全省各講堂、香港講堂，每逢四月、十月下旬開新班，每週共修一次（每次二小時。開課日起三個月內仍可插班）；**但美國洛杉磯共修處之禪淨班得隨時插班共修。各班共修期間皆為二年半，全程免費，欲參加者請向本會函索報名表**（各共修處皆於共修時間方有人執事，非共修時間請勿電詢或前來洽詢、請書），**或直接從本會官方網站**(http://www.enlighten.org.tw/newsflash/class)**或成**

佛之道網站下載報名表。共修期滿時，若經報名禪三審核通過者，可參加四天三夜之禪三精進共修，有機會明心、取證如來藏，發起般若實相智慧，成為實義菩薩，脫離凡夫菩薩位。

三、新春禮佛祈福 農曆年假期間停止共修：自農曆新年前七天起停止共修與弘法，正月 8 日起回復共修、弘法事務。新春期間正月初一～初七 9.00～17.00 開放台北講堂、正月初一~初三開放桃園、新竹、台中、嘉義、台南、高雄講堂，以及大溪禪三道場（正覺祖師堂），方便會員供佛、祈福及會外人士請書。美國洛杉磯共修處之休假時間，請逕詢該共修處。

密宗四大派修雙身法，是外道性力派的邪法；又以生滅的識陰作為常住法，是常見外道，是假的藏傳佛教。

西藏覺囊巴以他空見弘揚第八識如來藏勝法，才是真藏傳佛教

佛教正覺同修會　弘法行事表

2017/12/07

1、**禪淨班**　以無相念佛及拜佛方式修習動中定力，實證一心不亂功夫。傳授解脫道正理及第一義諦佛法，以及參禪知見。共修期間：二年六個月。每逢四月、十月開新班，詳見招生公告表。

2、**進階班**　禪淨班畢業後得轉入此班，進修更深入的佛法，期能證悟明心。各地講堂各有多班，繼續深入佛法、增長定力，悟後得轉入增上班修學道種智，期能證得無生法忍。

3、**增上班 瑜伽師地論**詳解　詳解論中所言凡夫地至佛地等 17 師之修證境界與理論，從凡夫地、聲聞地……宣演到諸地所證無生法忍、一切種智之眞實正理。由平實導師開講，每逢一、三、五週之週末晚上開示，僅限已明心之會員參加。2003 年二月開講至今，預定 2019 年講畢。

4、**大法鼓經**詳解　詳解末法時代大乘佛法修行之道。佛教正法消毒妙藥塗於大鼓而以擊之，凡有眾生聞之者，一切邪見鉅毒悉皆消殞；此經即是大法鼓之正義，凡聞之者，所有邪見之毒悉皆滅除，見道不難；亦能發起菩薩無量功德，是故諸大菩薩遠從諸方佛土來此娑婆聞修此經。平實導師主講。定於 2017 年 12 月底開講，歡迎已發成佛大願的菩薩種性學人，攜眷共同參與此殊勝法會聽講。

本經破「有」而顯涅槃，以此名爲眞實的「法」；眞法即是第八識如來藏，《金剛經》《法華經》中亦名之爲「此經」。若墮在「有」中，皆名「非法」，「有」即是五陰、六入、十二處、十八界及內我所、外我所，皆非眞實法。若人如是俱說「法」與「非法」而宣揚佛法，名爲擊大法鼓；如是依「法」而捨「非法」，據以建立山門而爲眾說法，方可名爲眞正的法鼓山。此經中說，以「此經」爲菩薩道之本，以證得「此經」之正知見及法門作爲度人之「法」，方名眞實佛法，否則盡名「非法」。本經中對法與非法、有與涅槃，有深入之闡釋，歡迎教界一切善信（不論初機或久學菩薩），一同親沐 如來聖教，共沾法喜。由平實導師詳解。不限制聽講資格。

5、**精進禪三**　主三和尚：平實導師。於四天三夜中，以克勤圓悟大師及大慧宗杲之禪風，施設機鋒與小參、公案密意之開示，幫助會員剋期取證，親證不生不滅之眞實心——人人本有之如來藏。每年四月、十月各舉辦二個梯次；平實導師主持。僅限本會會員參加禪淨班共修期滿，報名審核通過者，方可參加。並選擇會中定力、慧力、福德三條件皆已具足之已明心會員，給以指引，令得眼見自己無形無相之佛性遍布山河大地，眞實而無障礙，得以肉眼現觀世界身心悉皆如幻，具足成就如幻觀，圓滿十住菩薩之證境。

6、**不退轉法輪經**詳解　本經所說妙法極爲甚深難解，時至末法，已然無有知者；而其甚深絕妙之法，流傳至今依舊多人可證，顯示佛學眞是義學而非玄談，其中甚深極妙令人拍案稱絕之第一義諦妙義，平實導師將會加以解說。待《大法鼓經》宣講完畢時繼續宣講此經。

7、**阿含經**詳解　選擇重要之阿含部經典，依無餘涅槃之實際而加以詳解，令大眾得以現觀諸法緣起性空，亦復不墮斷滅見中，顯示經中所隱說之涅槃實際—如來藏—確實已於四阿含中隱說；令大眾得以聞後觀行，確實斷除我見乃至我執，證得**見到**眞現觀，乃至**身證**……等眞現觀；已得大乘或二乘見道者，亦可由此聞熏及聞後之觀行，除斷我所之貪著，成就慧解脫果。由平實導師詳解。不限制聽講資格。

8、**解深密經**詳解　重講本經之目的，在於令諸已悟之人明解大乘法道之成佛次第，以及悟後進修一切種智之內涵，確實證知三種自性性，並得據此證解七眞如、十眞如等正理。每逢週二 18.50~20.50 開示，由平實導師詳解。將於《大法鼓經》講畢後開講。不限制聽講資格。

9、**成唯識論**詳解　詳解一切種智眞實正理，詳細剖析一切種智之微細深妙廣大正理；並加以舉例說明，使已悟之會員深入體驗所證如來藏之微密行相；及證驗見分相分與所生一切法，皆由如來藏—阿賴耶識—直接或展轉而生，因此證知一切法無我，證知無餘涅槃之本際。將於增上班《瑜伽師地論》講畢後，由平實導師重講。僅限已明心之會員參加。

10、**精選如來藏系經典**詳解　精選如來藏系經典一部，詳細解說，以此完全印證會員所悟如來藏之眞實，得入不退轉住。另行擇期詳細解說之，由平實導師講解。僅限已明心之會員參加。

11、**禪門差別智**　藉禪宗公案之微細淆訛難知難解之處，加以宣說及剖析，以增進明心、見性之功德，啓發差別智，建立擇法眼。每月第一週日全天，由平實導師開示，僅限破參明心後，復又眼見佛性者參加（事冗暫停）。

12、**枯木禪**　先講智者大師的《小止觀》，後說《釋禪波羅蜜》，詳解四禪八定之修證理論與實修方法，細述一般學人修定之邪見與岔路，及對禪定證境之誤會，消除枉用功夫、浪費生命之現象。已悟般若者，可以藉此而實修初禪，進入大乘通教及聲聞教的三果心解脫境界，配合應有的大福德及後得無分別智、十無盡願，即可進入初地心中。親教師：平實導師。未來緣熟時將於正覺寺開講。不限制聽講資格。

註：本會例行年假，自 2004 年起，改爲每年農曆新年前七天開始停息弘法事務及共修課程，農曆正月 8 日回復所有共修及弘法事務。新春期間（每日 9.00~17.00）開放台北講堂，方便會員禮佛祈福及會外人士請書。大溪區的正覺祖師堂，開放參訪時間，詳見〈正覺電子報〉或成佛之道網站。本表得因時節因緣需要而隨時修改之，不另作通知。

佛教正覺同修會　贈閱書籍 目錄　2015/09/29

1.**無相念佛**　平實導師著　回郵 10 元
2.**念佛三昧修學次第**　平實導師述著　回郵 25 元
3.**正法眼藏—護法集**　平實導師述著　回郵 35 元
4.**真假開悟簡易辨正法&佛子之省思**　平實導師著　回郵 3.5 元
5.**生命實相之辨正**　平實導師著　回郵 10 元
6.**如何契入念佛法門**（附：印順法師否定極樂世界）平實導師著 回郵 3.5 元
7.**平實書箋**—答元覽居士書　平實導師著　回郵 35 元
8.**三乘唯識**—如來藏系經律彙編　平實導師編　回郵 80 元
（精裝本　長 27 cm　寬 21 cm　高 7.5 cm　重 2.8 公斤）
9.**三時繫念全集**—修正本　回郵掛號 40 元（長 26.5 cm×寬 19 cm）
10.**明心與初地**　平實導師述　回郵 3.5 元
11.**邪見與佛法**　平實導師述著　回郵 20 元
12.**菩薩正道**—回應義雲高、釋性圓…等外道之邪見　正燦居士著 回郵 20 元
13.**甘露法雨**　平實導師述　回郵 20 元
14.**我與無我**　平實導師述　回郵 20 元
15.**學佛之心態**—修正錯誤之學佛心態始能與正法相應 孫正德老師著 回郵35元
附錄：平實導師著**《略說八、九識並存…等之過失》**
16.**大乘無我觀**—《悟前與悟後》別說　平實導師述著　回郵 20 元
17.**佛教之危機**—中國台灣地區現代佛教之真相（附錄：公案拈提六則）
平實導師著　回郵 25 元
18.**燈　影**—燈下黑（覆「求教後學」來函等）平實導師著　回郵 35 元
19.**護法與毀法**—覆上平居士與徐恒志居士網站毀法二文
張正圜老師著　回郵 35 元
20.**淨土聖道**—兼評**選擇本願念佛**　正德老師著　**由正覺同修會購贈** 回郵25 元
21.**辨唯識性相**—對「紫蓮心海《辯唯識性相》書中否定阿賴耶識」之回應
正覺同修會 台南共修處法義組 著　回郵25 元
22.**假如來藏**—對法蓮法師《如來藏與阿賴耶識》書中否定阿賴耶識之回應
正覺同修會 台南共修處法義組 著　回郵 35 元
23.**入不二門**—公案拈提集錦 第一輯（於平實導師公案拈提諸書中選錄約二十則，
合輯爲一冊流通之）平實導師著　回郵 20 元
24.**真假邪說**—西藏密宗索達吉喇嘛《破除邪說論》真是邪說
釋正安法師著　回郵 35 元
25.**真假開悟**—真如、如來藏、阿賴耶識間之關係　平實導師述著　回郵 35 元
26.**真假禪和**—辨正釋傳聖之謗法謬說　孫正德老師著　回郵 30 元

27.**眼見佛性**—駁慧廣法師眼見佛性的含義文中謬說

游正光老師著　回郵 25 元

28.**普門自在**—公案拈提集錦 第二輯（於平實導師公案拈提諸書中選錄約二十則，合輯爲一冊流通之）平實導師著　回郵 25 元

29.**印順法師的悲哀**—以現代禪的質疑為線索　恒毓博士著　回郵 25 元

30.**識蘊真義**—現觀識蘊內涵、取證初果、親斷三縛結之具體行門。
—依《成唯識論》及《唯識述記》正義，略顯安慧《大乘廣五蘊論》之邪謬

平實導師著　回郵 35 元

31.**正覺電子報** 各期紙版本　免附回郵　每次最多函索三期或三本。
（已無存書之較早各期，不另增印贈閱）

32.**現代人應有的宗教觀**　蔡正禮老師 著　回郵3.5元

33.**遠惑趣道**—正覺電子報般若信箱問答錄　第一輯　回郵20元

34.**遠惑趣道**—正覺電子報般若信箱問答錄　第二輯　回郵20元

35.**確保您的權益**—器官捐贈應注意自我保護　游正光老師 著　回郵10元

36.**正覺教團電視弘法三乘菩提 DVD 光碟（一）**

由正覺教團多位親教師共同講述錄製 DVD 8 片，MP3 一片，共 9 片。有二大講題：一爲「三乘菩提之意涵」，二爲「學佛的正知見」。內容精闢，深入淺出，精彩絕倫，幫助大眾快速建立三乘法道的正知見，免被外道邪見所誤導。有志修學三乘佛法之學人不可不看。（製作工本費 100 元，回郵 25 元）

37.**正覺教團電視弘法 DVD 專輯（二）**

總有二大講題：一爲「三乘菩提之念佛法門」，一爲「學佛正知見（第二篇）」，由正覺教團多位親教師輪番講述，內容詳細闡述如何修學念佛法門、實證念佛三昧，以及學佛應具有的正確知見，可以幫助發願往生西方極樂淨土之學人，得以把握往生，更可令學人快速建立三乘法道的正知見，免於被外道邪見所誤導。有志修學三乘佛法之學人不可不看。（一套 17 片，工本費 160 元。回郵 35 元）

38.**佛藏經** 燙金精裝本 每冊回郵 20 元。正修佛法之道場欲大量索取者，請正式發函並蓋用大印寄來索取（2008.04.30 起開始敬贈）

39.**喇嘛性世界**—揭開假藏傳佛教譚崔瑜伽的面紗　張善思 等人合著

由正覺同修會購贈　回郵 20 元

40.**假藏傳佛教的神話**—性、謊言、喇嘛教　張正玄教授編著　回郵 20 元

由正覺同修會購贈　回郵 20 元

41.**隨 緣**—理隨緣與事隨緣　平實導師述　回郵 20 元。

42.**學佛的覺醒**　正枝居士 著　回郵 25 元

43.**導師之真實義**　蔡正禮老師 著　回郵 10 元

44.**淺談達賴喇嘛之雙身法**—兼論解讀「密續」之達文西密碼

吳明芷居士 著　回郵 10 元

45.**魔界轉世**　張正玄居士 著　回郵 10 元

46.**一貫道與開悟**　蔡正禮老師 著　回郵 10 元

47.**博愛**—愛盡天下女人　正覺教育基金會 編印　回郵 10 元

48.**意識虛妄經教彙編**—實證解脫道的關鍵經文　正覺同修會編印　回郵25元

49.**邪箭囈語**—破斥藏密外道多識仁波切《破魔金剛箭雨論》之邪說
陸正元老師著　上、下冊回郵各 30 元

50.**真假沙門**—依 佛聖教闡釋佛教僧寶之定義
蔡正禮老師著　俟正覺電子報連載後結集出版

51.**真假禪宗**—藉評論釋性廣《印順導師對變質禪法之批判
及對禪宗之肯定》以顯示真假禪宗
附論一：凡夫知見 無助於佛法之信解行證
附論二：世間與出世間一切法皆從如來藏實際而生而顯
余正偉老師著　俟正覺電子報連載後結集出版　回郵未定

52.**假鋒虛焰金剛乘**—揭示顯密正理，兼破索達吉師徒《般若鋒兮金剛焰》。
釋正安 法師著　俟正覺電子報連載後結集出版

★ 上列贈書之郵資，係台灣本島地區郵資，大陸、港、澳地區及外國地區，請另計酌增（大陸、港、澳、國外地區之郵票不許通用）。尚未出版之書，請勿先寄來郵資，以免增加作業煩擾。

★ 本目錄若有變動，唯於後印之書籍及「成佛之道」網站上修正公佈之，不另行個別通知。

函索書籍請寄：佛教正覺同修會　103 台北市承德路 3 段 277 號 9 樓
台灣地區函索書籍者請附寄郵票，無時間購買郵票者可以等值現金抵用，但不接受郵政劃撥、支票、匯票。大陸地區得以人民幣計算，國外地區請以美元計算（請勿寄來當地郵票，在台灣地區不能使用）。欲以掛號寄遞者，請另附掛號郵資。

親自索閱：正覺同修會各共修處。　★請於共修時間前往取書，餘時無人在道場，請勿前往索取；共修時間與地點，詳見書末正覺同修會共修現況表（以近期之共修現況表爲準）。

註：正智出版社發售之局版書，請向各大書局購閱。若書局之書架上已經售出而無陳列者，請向書局櫃台指定洽購；若書局不便代購者，請於正覺同修會共修時間前往各共修處請購，正智出版社已派人於共修時間送書前往各共修處流通。 郵政劃撥購書及 大陸地區 購書，請詳別頁正智出版社發售書籍目錄最後頁之說明。

成佛之道 網站：http://www.a202.idv.tw　正覺同修會已出版之結緣書籍，多已登載於 成佛之道 網站，若住外國、或住處遙遠，不便取得正覺同修會贈閱書籍者，可以從本網站閱讀及下載。　書局版之《宗通與說通》亦已上網，台灣讀者可向書局洽購，售價 300 元。《狂密與眞密》第一輯~第四輯，亦於 2003.5.1.全部於本網站登載完畢；台灣地區讀者請向書局洽購，每輯約 400 頁，售價 300 元（網站下載紙張費用較貴，容易散失，難以保存，亦較不精美）。

＊＊假藏傳佛教修雙身法，非佛教＊＊

正智出版社 籌募弘法基金發售書籍目錄 2018/05/13

1.**宗門正眼**—公案拈提 第一輯 重拈 平實導師著 500 元
因重寫內容大幅度增加故，字體必須改小，並增爲 576 頁 主文 546 頁。比初版更精彩、更有內容。初版《禪門摩尼寶聚》之讀者，可寄回本公司免費調換新版書。免附回郵，亦無截止期限。（2007 年起，每冊附贈本公司精製公案拈提〈超意境〉CD 一片。市售價格 280 元，多購多贈。）

2.**禪淨圓融** 平實導師著 200 元（第一版舊書可換新版書。）

3.**真實如來藏** 平實導師著 400 元

4.**禪—悟前與悟後** 平實導師著 上、下冊，每冊 250 元

5.**宗門法眼**—公案拈提 第二輯 平實導師著 500 元
（2007 年起，每冊附贈本公司精製公案拈提〈超意境〉CD 一片）

6.**楞伽經詳解** 平實導師著 全套共 10 輯 每輯 250 元

7.**宗門道眼**—公案拈提 第三輯 平實導師著 500 元
（2007 年起，每冊附贈本公司精製公案拈提〈超意境〉CD 一片）

8.**宗門血脈**—公案拈提 第四輯 平實導師著 500 元
（2007 年起，每冊附贈本公司精製公案拈提〈超意境〉CD 一片）

9.**宗通與說通**—成佛之道 平實導師著 主文 381 頁 全書 400 頁售價 300 元

10.**宗門正道**—公案拈提 第五輯 平實導師著 500 元
（2007 年起，每冊附贈本公司精製公案拈提〈超意境〉CD 一片）

11.**狂密與真密** 一～四輯 平實導師著 西藏密宗是人間最邪淫的宗教，本質不是佛教，只是披著佛教外衣的印度教性力派流毒的喇嘛教。此書中將西藏密宗密傳之男女雙身合修樂空雙運所有祕密與修法，毫無保留完全公開，並將全部喇嘛們所不知道的部分也一併公開。內容比大辣出版社喧騰一時的《西藏慾經》更詳細。並且函蓋藏密的所有祕密及其錯誤的中觀見、如來藏見……等，藏密的所有法義都在書中詳述、分析、辨正。每輯主文三百餘頁 每輯全書約 400 頁 售價每輯 300 元

12.**宗門正義**—公案拈提 第六輯 平實導師著 500 元
（2007 年起，每冊附贈本公司精製公案拈提〈超意境〉CD 一片）

13.**心經密意**—心經與解脫道、佛菩提道、祖師公案之關係與密意 平實導師述 300 元

14.**宗門密意**—公案拈提 第七輯 平實導師著 500 元
（2007 年起，每冊附贈本公司精製公案拈提〈超意境〉CD 一片）

15.**淨土聖道**—兼評「選擇本願念佛」 正德老師著 200 元

16.**起信論講記** 平實導師述著 共六輯 每輯三百餘頁 售價各 250 元

17.**優婆塞戒經講記** 平實導師述著 共八輯 每輯三百餘頁 售價各 250 元

18.**真假活佛**—略論附佛外道盧勝彥之邪說（對前岳靈犀網站主張「盧勝彥是證悟者」之修正） 正犀居士（岳靈犀）著 流通價 140 元

19.**阿含正義**—唯識學探源 平實導師著 共七輯 每輯 300 元

20.**超意境** CD 以平實導師公案拈提書中超越意境之頌詞，加上曲風優美的旋律，錄成令人嚮往的超意境歌曲，其中包括正覺發願文及平實導師親自譜成的黃梅調歌曲一首。詞曲雋永，殊堪翫味，可供學禪者吟詠，有助於見道。內附設計精美的彩色小冊，解說每一首詞的背景本事。每片 280 元。【每購買公案拈提書籍一冊，即贈送一片。】

21.**菩薩底憂鬱** CD 將菩薩情懷及禪宗公案寫成新詞，並製作成超越意境的優美歌曲。 1.主題曲〈菩薩底憂鬱〉，描述地後菩薩能離三界生死而迴向繼續生在人間，但因尚未斷盡習氣種子而有極深沈之憂鬱，非三賢位菩薩及二乘聖者所知，此憂鬱在七地滿心位方才斷盡；本曲之詞中所說義理極深，昔來所未曾見；此曲係以優美的情歌風格寫詞及作曲，聞者得以激發嚮往諸地菩薩境界之大心，詞、曲都非常優美，難得一見；其中勝妙義理之解說，已印在附贈之彩色小冊中。 2.以各輯公案拈提中直示禪門入處之頌文，作成各種不同曲風之超意境歌曲，值得玩味、參究；聆聽公案拈提之優美歌曲時，請同時閱讀內附之印刷精美說明小冊，可以領會超越三界的證悟境界；未悟者可以因此引發求悟之意向及疑情，真發菩提心而邁向求悟之途，乃至因此真實悟入般若，成真菩薩。 3.正覺總持咒新曲，總持佛法大意；總持咒之義理，已加以解說並印在隨附之小冊中。本 CD 共有十首歌曲，長達 63 分鐘。每盒各附贈二張購書優惠券。每片 280 元。

22.**禪意無限** CD 平實導師以公案拈提書中偈頌寫成不同風格曲子，與他人所寫不同風格曲子共同錄製出版，幫助參禪人進入禪門超越意識之境界。盒中附贈彩色印製的精美解說小冊，以供聆聽時閱讀，令參禪人得以發起參禪之疑情，即有機會證悟本來面目而發起實相智慧，實證大乘菩提般若，能如實證知般若經中的真實意。本 CD 共有十首歌曲，長達 69 分鐘，每盒各附贈二張購書優惠券。每片 280 元。

23.**我的菩提路**第一輯　釋悟圓、釋善藏等人合著　售價 300 元

24.**我的菩提路**第二輯　郭正益、張志成等人合著　售價 300 元

25.**我的菩提路**第三輯　王美伶等人合著　售價 300 元

26.**我的菩提路**第四輯　陳晏平等人合著　售價 300 元

27.**鈍鳥與靈龜**—考證後代凡夫對大慧宗杲禪師的無根誹謗。
平實導師著 共 458 頁 售價 350 元

28.**維摩詰經講記** 平實導師述 共六輯 每輯三百餘頁 售價各 250 元

29.**真假外道**—破劉東亮、杜大威、釋證嚴常見外道見　正光老師著　200 元

30.**勝鬘經講記**—兼論印順《勝鬘經講記》對於《勝鬘經》之誤解。
平實導師述　共六輯　每輯三百餘頁　售價250 元

31.**楞嚴經講記** 平實導師述 共 **15** 輯，每輯三百餘頁 售價 300 元

32.**明心與眼見佛性**—駁慧廣〈蕭氏「眼見佛性」與「明心」之非〉文中謬說
正光老師著　共 448 頁　售價 300 元

33.**見性與看話頭** 黃正倖老師 著，本書是禪宗參禪的方法論。
內文 375 頁，全書 416 頁，售價 300 元。

34.**達賴真面目**—玩盡天下女人 白正偉老師 等著 中英對照彩色精裝大本 800 元
35.**喇嘛性世界**—揭開假藏傳佛教譚崔瑜伽的面紗　張善思 等人著　200 元
36.**假藏傳佛教的神話**—性、謊言、喇嘛教　正玄教授編著　200 元
37.**金剛經宗通**　平實導師述　共九輯　每輯售價 250 元。
38.**空行母**—性別、身分定位，以及藏傳佛教。

珍妮·坎貝爾著 呂艾倫 中譯 售價 250 元
39.**末代達賴**—性交教主的悲歌　張善思、呂艾倫、辛燕編著 售價 250 元
40.**霧峰無霧**—給哥哥的信　辨正釋印順對佛法的無量誤解

游宗明 老師著　售價 250 元
41.**第七意識與第八意識？**—穿越時空「超意識」

平實導師述　每冊 300 元
42.**黯淡的達賴**—失去光彩的諾貝爾和平獎

正覺教育基金會編著　每冊 250 元
43.**童女迦葉考**—論呂凱文〈佛教輪迴思想的論述分析〉之謬。

平實導師 著 定價 180 元
44.**人間佛教**—實證者必定不悖三乘菩提

平實導師 述，定價 400 元
45.**實相經宗通**　平實導師述　共八輯　每輯 250 元
46.**真心告訴您(一)**—達賴喇嘛在幹什麼？

正覺教育基金會編著　售價 250 元
47.**中觀金鑑**—詳述應成派中觀的起源與其破法本質

孫正德老師著　分為上、中、下三冊，每冊 250 元
48.**藏傳佛教要義**—《狂密與真密》之簡體字版　平實導師 著 上、下冊

僅在大陸流通　每冊 300 元
49.**法華經講義**　平實導師述　共二十五輯　每輯 300 元

已於 2015/05/31 起開始出版，每二個月出版一輯
50.**西藏「活佛轉世」制度**—附佛、造神、世俗法

許正豐、張正玄老師合著　定價 150 元
51.**廣論三部曲**　郭正益老師著　定價 150 元
52.**真心告訴您(二)**—達賴喇嘛是佛教僧侶嗎？

—補祝達賴喇嘛八十大壽

正覺教育基金會編著　售價 300 元
53.**次法**—實證佛法前應有的條件

張善思居士著　分為上、下二冊，每冊 250 元
54.**涅槃**—解說四種涅槃之實證及內涵　平實導師著 上下冊 各 350 元

預定 2018/09/30 出版上冊，11 月底出版下冊
55.**廣論之平議**—宗喀巴《菩提道次第廣論》之平議　正雄居士著

約二或三輯　俟正覺電子報連載後結集出版　書價未定
56.**末法導護**—對印順法師中心思想之綜合判攝　正慶老師著　書價未定

57.**菩薩學處**—菩薩四攝六度之要義　陸正元老師著　出版日期未定。
58.**八識規矩頌**詳解　○○居士 註解　出版日期另訂　書價未定。
59.**印度佛教史**—法義與考證。依法義史實評論印順《印度佛教思想史、佛教史地考論》之謬說　正偉老師著　出版日期未定　書價未定
60.**中國佛教史**—依中國佛教正法史實而論。○○老師 著　書價未定。
61.**中論正義**—釋龍樹菩薩《中論》頌正理。
孫正德老師著　出版日期未定　書價未定
62.**中觀正義**—註解平實導師《中論正義頌》。
○○法師（居士）著　出版日期未定　書價未定
63.**佛藏經講記**　平實導師述　出版日期未定　書價未定
64.**阿含經講記**—將選錄四阿含中數部重要經典全經講解之，講後整理出版。
平實導師述　約二輯　每輯 300 元　出版日期未定
65.**寶積經講記**　平實導師述　每輯三百餘頁 優惠價 300 元　出版日期未定
66.**解深密經講記**　平實導師述 約四輯　將於重講後整理出版
67.**成唯識論略解**　平實導師著　五～六輯　每輯300 元　出版日期未定
68.**修習止觀坐禪法要講記**　平實導師述　每輯三百餘頁
將於正覺寺建成後重講、以講記逐輯出版　出版日期未定
69.**無門關**—《無門關》公案拈提　平實導師著　出版日期未定
70.**中觀再論**—兼述印順《中觀今論》謬誤之平議。正光老師著 出版日期未定
71.**輪迴與超度**—佛教超度法會之真義。
○○法師（居士）著　出版日期未定　書價未定
72.**《釋摩訶衍論》平議**—對偽稱龍樹所造《釋摩訶衍論》之平議
○○法師（居士）著　出版日期未定　書價未定
73.**正覺發願文**註解—以真實大願為因 得證菩提
正德老師著　出版日期未定　書價未定
74.**正覺總持咒**—佛法之總持　正圜老師著　出版日期未定　書價未定
75.**三自性**—依四食、五蘊、十二因緣、十八界法，說三性三無性。
作者未定　出版日期未定
76.**道品**—從三自性說大小乘三十七道品　作者未定　出版日期未定
77.**大乘緣起觀**—依四聖諦七真如現觀十二緣起 作者未定　出版日期未定
78.**三德**—論解脫德、法身德、般若德。　作者未定　出版日期未定
79.**真假如來藏**—對印順《如來藏之研究》謬說之平議　作者未定 出版日期未定
80.**大乘道次第**　作者未定　出版日期未定　書價未定
81.**四緣**—依如來藏故有四緣。　作者未定　出版日期未定
82.**空之探究**—印順《空之探究》謬誤之平議　作者未定 出版日期未定
83.**十法義**—論阿含經中十法之正義　作者未定　出版日期未定
84.**外道見**—論述外道六十二見　作者未定　出版日期未定

正智出版社有限公司書籍介紹

禪淨圓融：言淨土諸祖所未曾言，示諸宗祖師所未曾示；禪淨圓融，另闢成佛捷徑，兼顧自力他力，闡釋淨土門之速行易行道，亦同時揭櫫聖教門之速行易行道；令廣大淨土行者得免緩行難證之苦，亦令聖道門行者得以藉著淨土速行道而加快成佛之時劫。乃前無古人之超勝見地，非一般弘揚禪淨法門典籍也，先讀爲快。平實導師著 200元。

宗門正眼—**公案拈提**第一輯：繼承克勤圜悟大師碧巖錄宗旨之禪門鉅作。先則舉示當代大法師之邪說，消弭當代禪門大師鄉愿之心態，摧破當今禪門「世俗禪」之妄談；次則旁通教法，表顯宗門正理；繼以道之次第，消弭古今狂禪；後藉言語及文字機鋒，直示宗門入處。悲智雙運，禪味十足，數百年來難得一睹之禪門鉅著也。平實導師著 500元（原初版書《禪門摩尼寶聚》，改版後補充爲五百餘頁新書，總計多達二十四萬字，內容更精彩，並改名爲《宗門正眼》，讀者原購初版《禪門摩尼寶聚》皆可寄回本公司免費換新，免附回郵，亦無截止期限）（2007年起，凡購買公案拈提第一輯至第七輯，每購一輯皆贈送本公司精製公案拈提〈超意境〉CD一片，市售價格280元，多購多贈）。

禪—悟前與悟後：本書能建立學人悟道之信心與正確知見，圓滿具足而有次第地詳述禪悟之功夫與禪悟之內容，指陳參禪中細微淆訛之處，能使學人明自眞心、見自本性。若未能悟入，亦能以正確知見辨別古今中外一切大師究係眞悟？或屬錯悟？便有能力揀擇，捨名師而選明師，後時必有悟道之緣。一旦悟道，遲者七次人天往返，便出三界，速者一生取辦。學人欲求開悟者，不可不讀。　平實導師著。上、下冊共500元，單冊250元。

真實如來藏：如來藏眞實存在，乃宇宙萬有之本體，並非印順法師、達賴喇嘛等人所說之「唯有名相、無此心體」。如來藏是涅槃之本際，是一切有智之人竭盡心智、不斷探索而不能得之生命實相；是古今中外許多大師自以爲悟而當面錯過之生命實相。如來藏即是阿賴耶識，乃是一切有情本自具足、不生不滅之眞實心。當代中外大師於此書出版之前所未能言者，作者於本書中盡情流露、詳細闡釋。眞悟者讀之，必能增益悟境、智慧增上；錯悟者讀之，必能檢討自己之錯誤，免犯大妄語業；未悟者讀之，能知參禪之理路，亦能以之檢查一切名師是否眞悟。此書是一切哲學家、宗教家、學佛者及欲昇華心智之人必讀之鉅著。　平實導師著　售價400元。

宗門法眼——**公案拈提**第二輯：列舉實例，闡釋土城廣欽老和尚之悟處；並直示這位不識字的老和尚妙智橫生之根由，繼而剖析禪宗歷代大德之開悟公案，解析當代密宗高僧卡盧仁波切之錯悟證據，並例舉當代顯宗高僧、大居士之錯悟證據（凡健在者，爲免影響其名聞利養，皆隱其名）。藉辨正當代名師之邪見，向廣大佛子指陳禪悟之正道，彰顯宗門法眼。悲勇兼出，強捋虎鬚；慈智雙運，巧探驪龍；摩尼寶珠在手，直示宗門入處，禪味十足；若非大悟徹底，不能爲之。禪門精奇人物，允宜人手一冊，供作參究及悟後印證之圭臬。本書於2008年4月改版，增寫為大約500頁篇幅，以利學人研讀參究時更易悟入宗門正法，以前所購初版首刷及初版二刷舊書，皆可免費換取新書。平實導師著 500元（2007年起，凡購買公案拈提第一輯至第七輯，每購一輯皆贈送本公司精製公案拈提〈超意境〉CD一片，市售價格280元，多購多贈）。

宗門道眼——**公案拈提**第三輯：繼宗門法眼之後，再以金剛之作略、慈悲之胸懷、犀利之筆觸，舉示寒山、拾得、布袋三大士之悟處，消弭當代錯悟者對於寒山大士……等之誤會及誹謗。亦舉出民初以來與虛雲和尚齊名之蜀郡鹽亭袁煥仙夫子——南懷瑾老師之師，其「悟處」何在？並蒐羅許多眞悟祖師之證悟公案，顯示禪宗歷代祖師之睿智，指陳部分祖師、奧修及當代顯密大師之謬悟，作爲殷鑑，幫助禪子建立及修正參禪之方向及知見。假使讀者閱此書已，一時尚未能悟，亦可一面加功用行，一面以此宗門道眼辨別眞假善知識，避開錯誤之印證及歧路，可免大妄語業之長劫慘痛果報。欲修禪宗之禪者，務請細讀。平實導師著 售價500元（2007年起，凡購買公案拈提第一輯至第七輯，每購一輯皆贈送本公司精製公案拈提〈超意境〉CD一片，市售價格280元，多購多贈）。

楞伽經詳解：本經是禪宗見道者印證所悟眞僞之根本經典，亦是禪宗見道者悟後起修之依據經典；故達摩祖師於印證二祖慧可大師之後，將此經典連同佛缽祖衣一併交付二祖，令其依此經典佛示金言、進入修道位，修學一切種智。由此可知此經對於眞悟之人修學佛道，是非常重要之一部經典。此經能破外道邪說，亦破佛門中錯悟名師之謬說，亦破禪宗部分祖師之狂禪：不讀經典、一向主張「一悟即成究竟佛」之謬執。並開示愚夫所行禪、觀察義禪、攀緣如禪、如來禪等差別，令行者對於三乘禪法差異有所分辨；亦糾正禪宗祖師古來對於如來禪之誤解，嗣後可免以訛傳訛之弊。此經亦是法相唯識宗之根本經典，禪者悟後欲修一切種智而入初地者，必須詳讀。平實導師著，全套共十輯，已全部出版完畢，每輯主文約320頁，每冊約352頁，定價250元。

宗門血脈—**公案拈提**第四輯：末法怪象—許多修行人自以爲悟，每將無念靈知認作眞實；崇尚二乘法諸師及其徒眾，則將外於如來藏之緣起性空—無因論之無常空、斷滅空、一切法空—錯認爲佛所說之般若空性。這兩種現象已於當今海峽兩岸及美加地區顯密大師之中普遍存在；人人自以爲悟，心高氣壯，便敢寫書解釋祖師證悟之公案，大多出於意識思惟所得，言不及義，錯誤百出，因此誤導廣大佛子同陷大妄語之地獄業中而不能自知。彼等書中所說之悟處，其實處處違背第一義經典之聖言量。彼等諸人不論是否身披袈裟，都非佛法宗門血脈，或雖有禪宗法脈之傳承，亦只徒具形式；猶如螟蛉，非眞血脈，未悟得根本眞實故。禪子欲知佛、祖之眞血脈者，請讀此書，便知分曉。平實導師著，主文452頁，全書464頁，定價500元（2007年起，凡購買公案拈提第一輯至第七輯，每購一輯皆贈送本公司精製公案拈提〈超意境〉CD一片，市售價格280元，多購多贈）。

宗通與說通：古今中外，錯誤之人如麻似粟，每以常見外道所說之靈知心，認作眞心；或妄想虛空之勝性能量爲眞如，或錯認物質四大元素藉冥性（靈知心本體）能成就吾人色身及知覺，或認初禪至四禪中之了知心爲不生不滅之涅槃心。此等皆非通宗者之見地。復有錯悟之人一向主張「宗門與教門不相干」，此即尚未通達宗門之人也。其實宗門與教門互通不二，宗門所證者乃是眞如與佛性，教門所說者乃說宗門證悟之眞如佛性，故教門與宗門不二。本書作者以宗教二門互通之見地，細說「宗通與說通」，從初見道至悟後起修之道、細說分明；並將諸宗諸派在整體佛教中之地位與次第，加以明確之教判，學人讀之即可了知佛法之梗概也。欲擇明師學法之前，允宜先讀。平實導師著，主文共381頁，全書392頁，只售成本價300元。

宗門正道—公案拈提第五輯：修學大乘佛法有二果須證解脫果及大菩提果。二乘人不證大菩提果，唯證解脫果；此果之智慧，名爲聲聞菩提、緣覺菩提。大乘佛子所證二果之菩提果爲佛菩提，故名大菩提果，其慧名爲一切種智函蓋二乘解脫果。然此大乘二果修證，須經由禪宗之宗門證悟方能相應。而宗門證悟極難，自古已然；其所以難者，咎在古今佛教界普遍存在三種邪見：1.以修定認作佛法，2.以無因論之緣起性空—否定涅槃本際如來藏以後之一切法空作爲佛法，3.以常見外道邪見（離語言妄念之靈知性）作爲佛法。如是邪見，或因自身正見未立所致，或因邪師之邪教導所致，或因無始劫來虛妄熏習所致。若不破除此三種邪見，永劫不悟宗門眞義、不入大乘正道，唯能外門廣修菩薩行。平實導師於此書中，有極爲詳細之說明，有志佛子欲摧邪見、入於內門修菩薩行者，當閱此書。主文共496頁，全書512頁。售價500元（2007年起，凡購買公案拈提第一輯至第七輯，每購一輯皆贈送本公司精製公案拈提〈超意境〉CD一片，市售價格280元，多購多贈）。

狂密與眞密：密教之修學，皆由有相之觀行法門而入，其最終目標仍不離顯教經典所說第一義諦之修證；若離顯教第一義經典、或違背顯教第一義經典，即非佛教。西藏密教之觀行法，如灌頂、觀想、遷識法、寶瓶氣、大聖歡喜雙身修法、喜金剛、無上瑜伽、大樂光明、樂空雙運等，皆是印度教兩性生生不息思想之轉化，自始至終皆以如何能運用交合淫樂之法達到全身受樂爲其中心思想，純屬欲界五欲的貪愛，不能令人超出欲界輪迴，更不能令人斷除我見；何況大乘之明心與見性，更無論矣！故密宗之法絕非佛法也。而其明光大手印、大圓滿法教，又皆同以常見外道所說離語言妄念之無念靈知心錯認爲佛地之眞如，不能直指不生不滅之眞如。西藏密宗所有法王與徒眾，都尚未開頂門眼，不能辨別眞僞，以依人不依法、依密續不依經典故，不肯將其上師喇嘛所說對照第一義經典，純依密續之藏密祖師所說爲準，因此而誇大其證德與證量，動輒謂彼祖師上師爲究竟佛、爲地上菩薩；如今台海兩岸亦有自謂其師證量高於釋迦文佛者，然觀其師所述，猶未見道，仍在觀行即佛階段，尚未到禪宗相似即佛、分證即佛階位，竟敢標榜爲究竟佛及地上法王，誑惑初機學人。凡此怪象皆是狂密，不同於眞密之修行者。近年狂密盛行，密宗行者被誤導者極眾，動輒自謂已證佛地眞如，自視爲究竟佛，陷於大妄語業中而不知自省，反謗顯宗眞修實證者之證量粗淺；或如義雲高與釋性圓…等人，於報紙上公然誹謗眞實證道者爲「騙子、無道人、人妖、癩蛤蟆…」等，造下誹謗大乘勝義僧之大惡業；或以外道法中有爲有作之甘露、魔術……等法，誑騙初機學人，狂言彼外道法爲眞佛法。如是怪象，在西藏密宗及附藏密之外道中，不一而足，舉之不盡，學人宜應愼思明辨，以免上當後又犯毀破菩薩戒之重罪。密宗學人若欲遠離邪知邪見者，請閱此書，即能了知密宗之邪謬，從此遠離邪見與邪修，轉入眞正之佛道。

平實導師著 共四輯 每輯約400頁（主文約340頁）每輯售價300元。

宗門正義—公案拈提第六輯：佛教有六大危機，乃是藏密化、世俗化、膚淺化、學術化、宗門密意失傳、悟後進修諸地之次第混淆；其中尤以宗門密意之失傳，爲當代佛教最大之危機。由宗門密意失傳故，易令世尊本懷普被錯解，易令世尊正法被轉易爲外道法，以及加以淺化、世俗化，是故宗門密意之廣泛弘傳與具緣佛弟子，極爲重要。然而欲令宗門密意之廣泛弘傳予具緣之佛弟子者，必須同時配合錯誤知見之解析、普令佛弟子知之，然後輔以公案解析之直示入處，方能令具緣之佛弟子悟入。而此二者，皆須以公案拈提之方式爲之，方易成其功、竟其業，是故平實導師續作宗門正義一書，以利學人。全書500餘頁，售價500元（2007年起，凡購買公案拈提第一輯至第七輯，每購一輯皆贈送本公司精製公案拈提〈超意境〉CD一片，市售價格280元，多購多贈）。

心經密意—心經與解脫道、佛菩提道、祖師公案之關係與密意。二乘菩提所證之解脫道，實依第八識心之斷除煩惱障現行而立解脫之名；大乘菩提所證之佛菩提道，實依親證第八識如來藏之涅槃性、清淨自性、及其中道性而立般若之名；禪宗祖師公案所證之眞心，即是此第八識如來藏；是故三乘佛法所修所證之三乘菩提，皆依此如來藏心而立名也。此第八識心，即是《心經》所說之心也。證得此如來藏已，即能漸入大乘佛菩提道，亦可因證知此心而了知二乘無學所不能知之無餘涅槃本際，是故《心經》之密意，與三乘佛菩提之關係極爲密切、不可分割，三乘佛法皆依此心而立名故。今者平實導師以其所證解脫道之無生智及佛菩提之般若種智，將《心經》與解脫道、佛菩提道、祖師公案之關係與密意，以演講之方式，用淺顯之語句和盤托出，發前人所未言，呈三乘菩提之眞義，令人藉此《心經密意》一舉而窺三乘菩提之堂奧，迥異諸方言不及義之說；欲求眞實佛智者、不可不讀！主文317頁，連同跋文及序文…等共384頁，售價300元。

宗門密意—公案拈提第七輯：佛教之世俗化，將導致學人以信仰作爲學佛，則將以感應及世間法之庇祐，作爲學佛之主要目標，不能了知學佛之主要目標爲親證三乘菩提。大乘菩提則以般若實相智慧爲主要修習目標，以二乘菩提解脫道爲附帶修習之標的；是故學習大乘法者，應以禪宗之證悟爲要務，能親入大乘菩提之實相般若智慧中故，般若實相智慧非二乘聖人所能知故。此書則以台灣世俗化佛教之三大法師，說法似是而非之實例，配合眞悟祖師之公案解析，提示證悟般若之關節，令學人易得悟入。平實導師著，全書五百餘頁，售價500元（2007年起，凡購買公案拈提第一輯至第七輯，每購一輯皆贈送本公司精製公案拈提〈超意境〉CD一片，市售價格280元，多購多贈）。

淨土聖道—兼評日本本願念佛：佛法甚深極廣，般若玄微，非諸二乘聖僧所能知之，一切凡夫更無論矣！所謂一切證量皆歸淨土是也！是故大乘法中「聖道之淨土、淨土之聖道」，其義甚深，難可了知；乃至眞悟之人，初心亦難知也。今有正德老師眞實證悟後，復能深探淨土與聖道之緊密關係，憐憫眾生之誤會淨土實義，亦欲利益廣大淨土行人同入聖道，同獲淨土中之聖道門要義，乃振奮心神、書以成文，今得刊行天下。主文279頁，連同序文等共301頁，總有十一萬六千餘字，正德老師著，成本價200元。

起信論講記：詳解大乘起信論**心生滅門**與**心眞如門**之眞實意旨，消除以往大師與學人對起信論所說**心生滅門**之誤解，由是而得了知眞心如來藏之非常非斷中道正理；亦因此一講解，令此論以往隱晦而被誤解之眞實義，得以如實顯示，令大乘佛菩提道之正理得以顯揚光大；初機學者亦可藉此正論所顯示之法義，對大乘法理生起正信，從此得以眞發菩提心，眞入大乘法中修學，世世常修菩薩正行。平實導師演述，共六輯，都已出版，每輯三百餘頁，售價250元。

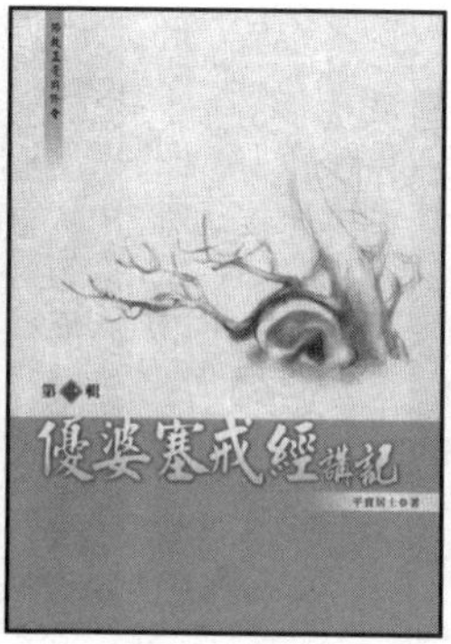

優婆塞戒經講記：本經詳述在家菩薩修學大乘佛法，應如何受持菩薩戒？對人間善行應如何看待？對三寶應如何護持？應如何正確地修集此世後世證法之福德？應如何修集後世「行菩薩道之資糧」？並詳述第一義諦之正義：五蘊非我非異我、自作自受、異作異受、不作不受……等深妙法義，乃是修學大乘佛法、行菩薩行之在家菩薩所應當了知者。出家菩薩今世或未來世登地已，捨報之後多數將如華嚴經中諸大菩薩，以在家菩薩身而修行菩薩行，故亦應以此經所述正理而修之，配合《楞伽經、解深密經、楞嚴經、華嚴經》等道次第正理，方得漸次成就佛道；故此經是一切大乘行者皆應證知之正法。平實導師講述，每輯三百餘頁，售價各250元；共八輯，已全部出版。

真假活佛—略論附佛外道盧勝彥之邪說：人人身中都有眞活佛，永生不滅而有大神用，但眾生都不了知，所以常被身外的西藏密宗假活佛籠罩欺瞞。本來就眞實存在的眞活佛，才是眞正的密宗無上密！諾那活佛因此而說禪宗是大密宗，但藏密的所有活佛都不知道、也不曾實證自身中的眞活佛。本書詳實宣示眞活佛的道理，舉證盧勝彥的「佛法」不是眞佛法，也顯示盧勝彥是假活佛，直接的闡釋第一義佛法見道的眞實正理。眞佛宗的所有上師與學人們，都應該詳細閱讀，包括盧勝彥個人在內。正犀居士著，優惠價140元。

阿含正義—唯識學探源：廣說四大部《阿含經》諸經中隱說之眞正義理，一一舉示佛陀本懷，令阿含時期初轉法輪根本經典之眞義，如實顯現於佛子眼前。並提示末法大師對於阿含眞義誤解之實例，一一比對之，證實唯識增上慧學確於原始佛法之阿含諸經中已隱覆密意而略說之，證實世尊確於原始佛法中已曾密意而說第八識如來藏之總相；亦證實世尊在四阿含中已說此藏識是名色十八界之因、之本—證明如來藏是能生萬法之根本心。佛子可據此修正以往受諸大師（譬如西藏密宗應成派中觀師：印順、昭慧、性廣、大願、達賴、宗喀巴、寂天、月稱、……等人）誤導之邪見，建立正見，轉入正道乃至親證初果而無困難；書中並詳說三果所證的**心解脫**，以及四果**慧解脫**的親證，都是如實可行的具體知見與行門。全書共七輯，已出版完畢。平實導師著，每輯三百餘頁，售價300元。

超意境CD：以平實導師公案拈提書中超越意境之頌詞，加上曲風優美的旋律，錄成令人嚮往的超意境歌曲，其中包括正覺發願文及平實導師親自譜成的黃梅調歌曲一首。詞曲雋永，殊堪翫味，可供學禪者吟詠，有助於見道。內附設計精美的彩色小冊，解說每一首詞的背景本事。每片280元。【每購買公案拈提書籍一冊，即贈送一片。】

鈍鳥與靈龜：鈍鳥及靈龜二物，被宗門證悟者說爲二種人：前者是精修禪定而無智慧者，也是以定爲禪的愚癡禪人；後者是或有禪定、或無禪定的宗門證悟者，凡已證悟者皆是靈龜。但後來被人虛造事實，用以嘲笑大慧宗杲禪師，說他雖是靈龜，卻不免被天童禪師預記「患背」痛苦而亡：「**鈍鳥離巢易，靈龜脫殼難**。」藉以貶低大慧宗杲的證量。同時將天童禪師實證如來藏的證量，曲解爲意識境界的離念靈知。自從大慧禪師入滅以後，錯悟凡夫對他的不實毀謗就一直存在著，不曾止息，並且捏造的假事實也隨著年月的增加而越來越多，終至編成「鈍鳥與靈龜」的假公案、假故事。本書是考證大慧與天童之間的不朽情誼，顯現這件假公案的虛妄不實；更見大慧宗杲面對惡勢力時的正直不阿，亦顯示大慧對天童禪師的至情深義，將使後人對大慧宗杲的誣謗至此而止，不再有人誤犯毀謗賢聖的惡業。書中亦舉證宗門的所悟確以第八識如來藏爲標的，詳讀之後必可改正以前被錯悟大師誤導的參禪知見，日後必定有助於實證禪宗的開悟境界，得階大乘眞見道位中，即是實證般若之賢聖。全書459頁，售價350元。

我的菩提路第一輯：凡夫及二乘聖人不能實證的佛菩提證悟，末法時代的今天仍然有人能得實證，由正覺同修會釋悟圓、釋善藏法師等二十餘位實證如來藏者所寫的見道報告，已爲當代學人見證宗門正法之絲縷不絕，證明大乘義學的法脈仍然存在，爲末法時代求悟般若之學人照耀出光明的坦途。由二十餘位大乘見道者所繕，敘述各種不同的學法、見道因緣與過程，參禪求悟者必讀。全書三百餘頁，售價300元。

我的菩提路第二輯：由郭正益老師等人合著，書中詳述彼等諸人歷經各處道場學法，一一修學而加以檢擇之不同過程以後，因閱讀正覺同修會、正智出版社書籍而發起抉擇分，轉入正覺同修會中修學；乃至學法及見道之過程，都一一詳述之。其中張志成等人係由前現代禪轉進正覺同修會，張志成原爲現代禪副宗長，以前未閱本會書籍時，曾被人藉其名義著文評論 平實導師（詳見《宗通與說通》辨正及《眼見佛性》書末附錄…等）；後因偶然接觸正覺同修會書籍，深覺以前聽人評論平實導師之語不實，於是投入極多時間閱讀本會書籍、深入思辨，詳細探索中觀與唯識之關聯與異同，認爲正覺之法義方是正法，深覺相應；亦解開多年來對佛法的迷雲，確定應依八識論正理修學方是正法。乃不顧面子，毅然前往正覺同修會面見平實導師懺悔，並正式學法求悟。今已與其同修王美伶（亦爲前現代禪傳法老師），同樣證悟如來藏而證得法界實相，生起實相般若眞智。此書中尚有七年來本會第一位眼見佛性者之見性報告一篇，一同供養大乘佛弟子。全書共四百頁，售價300元。

我的菩提路第三輯：由王美伶老師等人合著。自從正覺同修會成立以來，每年夏初、冬初都舉辦精進禪三共修，藉以助益會中同修們得以證悟明心發起般若實相智慧；凡已實證而被平實導師印證者，皆書具見道報告用以證明佛法之眞實可證而非玄學，證明佛法並非純屬思想、理論而無實質，是故每年都能有人證明正覺同修會的「實證佛教」主張並非虛語。特別是眼見佛性一法，自古以來中國禪宗祖師實證者極寡，較之明心開悟的證境更難令人信受；至2017年初，正覺同修會中的證悟明心者已近五百人，然而其中眼見佛性者至今唯十餘人爾，可謂難能可貴，是故明心後欲冀眼見佛性者實屬不易。黃正倖老師是懸絕七年無人見性後的第一人，她於2009年的見性報告刊於本書的第二輯中，爲大眾證明佛性確實可以眼見；其後七年之中求見性者都屬解悟佛性而無人眼見，幸而又經七年後的2016冬初，以及2017夏初的禪三，復有三人眼見佛性，希冀鼓舞四眾佛子求見佛性之大心，今則具載一則於書末，顯示求見佛性之事實經歷，供養現代佛教界欲得見性之四眾弟子。全書四百頁，售價300元，預定2017年6月30日發行。

我的菩提路第四輯：由陳晏平等人著。中國禪宗祖師往往有所謂「見性」之言，所言多屬看見如來藏具有能令人發起成佛之自性，並非《大般涅槃經》中 如來所說之眼見佛性。眼見佛性者，於親見佛性之時，即能於山河大地眼見自己佛性，亦能於他人身上眼見自己佛性及對方之佛性，如是境界無法爲尚未實證者解釋；勉強說之，縱使眞實明心證悟之人聞之，亦只能以自身明心之境界想像之，但不論如何想像多屬非量，能有正確之比量者亦是稀有，故說眼見佛性極爲困難。眼見佛性之人若所見極分明時，在所見佛性之境界下所眼見之山河大地、自己五蘊身心皆是虛幻，自有異於明心者之解脫功德受用，此後永不思證二乘涅槃，必定邁向成佛之道而進入第十住位中，已超第一阿僧祇劫三分有一，可謂之爲超劫精進也。今又有明心之後眼見佛性之人出於人間，將其明心及後來見性之報告，連同其餘證悟明心者之精彩報告一同收錄於此書中，供養眞求佛法實證之四眾佛子。全書380頁，售價300元，預定2018年6月30日發行。

維摩詰經講記：本經係 世尊在世時，由等覺菩薩維摩詰居士藉疾病而演說之大乘菩提無上妙義，所說函蓋甚廣，然極簡略，是故今時諸方大師與學人讀之悉皆錯解，何況能知其中隱含之深妙正義，是故普遍無法為人解說；若強為人說，則成依文解義而有諸多過失。今由平實導師公開宣講之後，詳實解釋其中密意，令維摩詰菩薩所說大乘不可思議解脫之深妙正法得以正確宣流於人間，利益當代學人及與諸方大師。書中詳實演述大乘佛法深妙不共二乘之智慧境界，顯示諸法之中絕待之實相境界，建立大乘菩薩妙道於永遠不敗不壞之地，以此成就護法偉功，欲冀永利娑婆人天。已經宣講圓滿整理成書流通，以利諸方大師及諸學人。全書共六輯，每輯三百餘頁，售價各250元。

真假外道：本書具體舉證佛門中的常見外道知見實例，並加以教證及理證上的辨正，幫助讀者輕鬆而快速的了知常見外道的錯誤知見，進而遠離佛門內外的常見外道知見，因此即能改正修學方向而快速實證佛法。游正光老師著。成本價200元。

勝鬘經講記：如來藏爲三乘菩提之所依，若離如來藏心體及其含藏之一切種子，即無三界有情及一切世間法，亦無二乘菩提緣起性空之出世間法；本經詳說無始無明、一念無明皆依如來藏而有之正理，藉著詳解煩惱障與所知障間之關係，令學人深入了知二乘菩提與佛菩提相異之妙理；聞後即可了知佛菩提之特勝處及三乘修道之方向與原理，邁向攝受正法而速成佛道的境界中。平實導師講述，共六輯，每輯三百餘頁，售價各250元。

楞嚴經講記：楞嚴經係密教部之重要經典，亦是顯教中普受重視之經典；經中宣說明心與見性之內涵極爲詳細，將一切法都會歸如來藏及佛性—妙眞如性；亦闡釋佛菩提道修學過程中之種種魔境，以及外道誤會涅槃之狀況，旁及三界世間之起源。然因言句深澀難解，法義亦復深妙寬廣，學人讀之普難通達，是故讀者大多誤會，不能如實理解佛所說之明心與見性內涵，亦因是故多有悟錯之人引爲開悟之證言，成就大妄語罪。今由平實導師詳細講解之後，整理成文，以易讀易懂之語體文刊行天下，以利學人。全書十五輯，全部出版完畢。每輯三百餘頁，售價每輯300元。

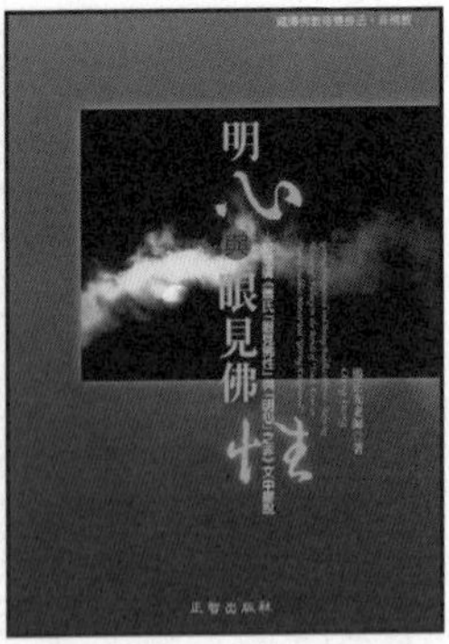

明心與眼見佛性：本書細述明心與眼見佛性之異同，同時顯示了中國禪宗破初參明心與重關眼見佛性二關之間的關聯；書中又藉法義辨正而旁述其他許多勝妙法義，讀後必能遠離佛門長久以來積非成是的錯誤知見，令讀者在佛法的實證上有極大助益。也藉慧廣法師的謬論來教導佛門學人回歸正知正見，遠離古今禪門錯悟者所墮的意識境界，非唯有助於斷我見，也對未來的開悟明心實證第八識如來藏有所助益，是故學禪者都應細讀之。游正光老師著　共448頁　售價300元。

菩薩底憂鬱CD將菩薩情懷及禪宗公案寫成新詞，並製作成超越意境的優美歌曲。1.主題曲〈菩薩底憂鬱〉，描述地後菩薩能離三界生死而迴向繼續生在人間，但因尚未斷盡習氣種子而有極深沈之憂鬱，非三賢位菩薩及二乘聖者所知，此憂鬱在七地滿心位方才斷盡；本曲之詞中所說義理極深，昔來所未曾見；此曲係以優美的情歌風格寫詞及作曲，聞者得以激發嚮往諸地菩薩境界之大心，詞、曲都非常優美，難得一見；其中勝妙義理之解說，已印在附贈之彩色小冊中。2.以各輯公案拈提中直示禪門入處之頌文，作成各種不同曲風之超意境歌曲，值得玩味、參究；聆聽公案拈提之優美歌曲時，請同時閱讀內附之印刷精美說明小冊，可以領會超越三界的證悟境界；未悟者可以因此引發求悟之意向及疑情，眞發菩提心而邁向求悟之途，乃至因此眞實悟入般若，成眞菩薩。3.正覺總持咒新曲，總持佛法大意；總持咒之義理，已加以解說並印在隨附之小冊中。本CD共有十首歌曲，長達63分鐘，附贈二張購書優惠券。每片280元。

禪意無限CD平實導師以公案拈提書中偈頌寫成不同風格曲子，與他人所寫不同風格曲子共同錄製出版，幫助參禪人進入禪門超越意識之境界。盒中附贈彩色印製的精美解說小冊，以供聆聽時閱讀，令參禪人得以發起參禪之疑情，即有機會證悟本來面目，實證大乘菩提般若。本CD共有十首歌曲，長達69分鐘，每盒各附贈二張購書優惠券。每片280元。

金剛經宗通：三界唯心，萬法唯識，是成佛之修證內容，是諸地菩薩之所修；般若則是成佛之道（實證三界唯心、萬法唯識）的入門，若未證悟實相般若，即無成佛之可能，必將永在外門廣行菩薩六度，永在凡夫位中。然而實相般若的發起，全賴實證萬法的實相；若欲證知萬法的眞相，則必須探究萬法之所從來，則須實證自心如來—金剛心如來藏，然後現觀這個金剛心的金剛性、眞實性、如如性、清淨性、涅槃性、能生萬法的自性性、本住性，名爲證眞如；進而現觀三界六道唯是此金剛心所成，人間萬法須藉八識心王和合運作方能現起。如是實證《華嚴經》的「三界唯心、萬法唯識」以後，由此等現觀而發起實相般若智慧，繼續進修第十住位的如幻觀、第十行位的陽焰觀、第十迴向位的如夢觀，再生起增上意樂而勇發十無盡願，方能滿足三賢位的實證，轉入初地；自知成佛之道而無偏倚，從此按部就班、次第進修乃至成佛。第八識自心如來是般若智慧之所依，般若智慧的修證則要從實證金剛心自心如來開始；《金剛經》則是解說自心如來之經典，是一切三賢位菩薩所應進修之實相般若經典。這一套書，是將平實導師宣講的《金剛經宗通》內容，整理成文字而流通之；書中所說義理，迥異古今諸家依文解義之說，指出大乘見道方向與理路，有益於禪宗學人求開悟見道，及轉入內門廣修六度萬行。講述完畢後結集出版，總共9輯，每輯約三百餘頁，售價各250元。

空行母—性別、身分定位，以及藏傳佛教：本書作者爲蘇格蘭哲學家，因爲嚮往佛教深妙的哲學內涵，於是進入當年盛行於歐美的假藏傳佛教密宗，擔任卡盧仁波切的翻譯工作多年以後，被邀請成爲卡盧的空行母（又名佛母、明妃），開始了她在密宗裡的實修過程；後來發覺在密宗雙身法中的修行，其實無法使自己成佛，也發覺密宗對女性岐視而處處貶抑，並剝奪女性在雙身法中擔任一半角色時應有的身分定位。當她發覺自己只是雙身法中被喇嘛利用的工具，沒有獲得絲毫應有的尊重與基本定位時，發現了密宗的父權社會控制女性的本質；於是作者傷心地離開了卡盧仁波切與密宗，但是卻被恐嚇不許講出她在密宗裡的經歷，也不許她說出自己對密宗的教義與教制下對女性剝削的本質，否則將被咒殺死亡。後來她去加拿大定居，十餘年後方才擺脫這個恐嚇陰影，下定決心將親身經歷的實情及觀察到的事實寫下來並且出版，公諸於世。出版之後，她被流亡的達賴集團人士大力攻訐，誣指她爲精神狀態失常、說謊……等。但有智之士並未被達賴集團的政治操作及各國政府政治運作吹捧達賴的表相所欺，使她的書銷售無阻而又再版。正智出版社鑑於作者此書是親身經歷的事實，所說具有針對「藏傳佛教」而作學術研究的價值，也有使人認清假藏傳佛教剝削佛母、明妃的男性本位實質，因此洽請作者同意中譯而出版於華人地區。珍妮·坎貝爾女士著，呂艾倫 中譯，每冊250元。

霧峰無霧—給哥哥的信：本書作者藉兄弟之間信件往來論義，略述佛法大義；並以多篇短文辨義，舉出釋印順對佛法的無量誤解證據，並一一給予簡單而清晰的辨正，令人一讀即知。久讀、多讀之後即能認清楚釋印順的六識論見解，與眞實佛法之牴觸是多麼嚴重；於是在久讀、多讀之後，於不知不覺之間提升了對佛法的極深入理解，正知正見就在不知不覺間建立起來了。當三乘佛法的正知見建立起來之後，對於三乘菩提的見道條件便將隨之具足，於是聲聞解脫道的見道也就水到渠成；接著大乘見道的因緣也將次第成熟，未來自然也會有親見大乘菩提之道的因緣，悟入大乘實相般若也將自然成功，自能通達般若系列諸經而成實義菩薩。作者居住於南投縣霧峰鄉，自喻見道之後不復再見霧峰之霧，故鄉原野美景一一明見，於是立此書名爲《霧峰無霧》；讀者若欲撥霧見月，可以此書爲緣。游宗明 老師著 售價250元。

假藏傳佛教的神話——性、謊言、喇嘛教：本書編著者是由一首名叫「阿姊鼓」的歌曲爲緣起，展開了序幕，揭開假藏傳佛教—喇嘛教—的神祕面紗。其重點是蒐集、摘錄網路上質疑「喇嘛教」的帖子，以揭穿「假藏傳佛教的神話」爲主題，串聯成書，並附加彩色插圖以及說明，讓讀者們瞭解西藏密宗及相關人事如何被操作爲「神話」的過程，以及神話背後的眞相。作者：張正玄教授。售價200元。

達賴真面目——玩盡天下女人：假使您不想戴綠帽子，請記得詳細閱讀此書；假使您不想讓好朋友戴綠帽子，請您將此書介紹給您的好朋友。假使您想保護家中的女性，也想要保護好朋友的女眷，請記得將此書送給家中的女性和好友的女眷都來閱讀。本書爲印刷精美的大本彩色中英對照精裝本，爲您揭開達賴喇嘛的眞面目，內容精彩不容錯過，爲利益社會大眾，特別以優惠價格嘉惠所有讀者。編著者：白志偉等。大開版雪銅紙彩色精裝本。售價800元。

喇嘛性世界——揭開假藏傳佛教譚崔瑜伽的面紗：這個世界中的喇嘛，號稱來自世外桃源的香格里拉，穿著或紅或黃的喇嘛長袍，散布於我們的身邊傳教灌頂，吸引了無數的人嚮往學習；這些喇嘛虔誠地爲大眾祈福，手中拿著寶杵（金剛）與寶鈴（蓮花），口中唸著咒語：「唵．嘛呢．叭咪．吽……」，咒語的意思是說：「我至誠歸命金剛杵上的寶珠伸向蓮花寶穴之中」！「喇嘛性世界」是什麼樣的「世界」呢？本書將爲您呈現喇嘛世界的面貌。當您發現眞相以後，您將會唸：「噢！喇嘛．性．世界，譚崔性交嘛！」作者：張善思、呂艾倫。售價200元。

末代達賴——性交教主的悲歌：簡介從藏傳僞佛教（喇嘛教）的修行核心——性力派男女雙修，探討達賴喇嘛及藏傳僞佛教的修行內涵。書中引用外國知名學者著作、世界各地新聞報導，包含：歷代達賴喇嘛的祕史、達賴六世修雙身法的事蹟，以及《時輪續》中的性交灌頂儀式……等；達賴喇嘛書中開示的雙修法、達賴喇嘛的黑暗政治手段；達賴喇嘛所領導的寺院爆發喇嘛性侵兒童；新聞報導《西藏生死書》作者索甲仁波切性侵女信徒、澳洲喇嘛秋達公開道歉、美國最大假藏傳佛教組織領導人邱陽創巴仁波切的性氾濫；等等事件背後眞相的揭露。作者：張善思、呂艾倫、辛燕。售價250元。

第七意識與第八意識？——穿越時空「超意識」：「三界唯心，萬法唯識」是佛教中應該實證的聖教，也是《華嚴經》中明載而可以實證的法界實相。唯心者，三界一切境界、一切諸法唯是一心所成就，即是每一個有情的第八識如來藏，不是意識心。唯識者，即是人類各各都具足的八識心王——眼識、耳鼻舌身意識、意根、阿賴耶識，第八阿賴耶識又名如來藏，人類五陰相應的萬法，莫不由八識心王共同運作而成就，故說萬法唯識。依聖教量及現量、比量，都可以證明意識是二法因緣生，是由第八識藉意根與法塵二法爲因緣而出生，又是夜夜斷滅不存之生滅心，即無可能反過來出生第七識意根、第八識如來藏，當知不可能從生滅性的意識心中，細分出恆審思量的第七識意根，更無可能細分出恆而不審的第八識如來藏。本書是將演講內容整理成文字，細說如是內容，並已在《正覺電子報》連載完畢，今彙集成書以廣流通，欲幫助佛門有緣人斷除意識我見，跳脫於識陰之外而取證聲聞初果；嗣後修學禪宗時即得不墮外道神我之中，得以求證第八識金剛心而發起般若實智。平實導師 述，每冊300元。

黯淡的達賴—失去光彩的諾貝爾和平獎：本書舉出很多證據與論述，詳述達賴喇嘛不爲世人所知的一面，顯示達賴喇嘛並不是眞正的和平使者，而是假借諾貝爾和平獎的光環來欺騙世人；透過本書的說明與舉證，讀者可以更清楚的瞭解，達賴喇嘛是結合暴力、黑暗、淫欲於喇嘛教裡的集團首領，其政治行爲與宗教主張，早已讓諾貝爾和平獎的光環染污了。　本書由財團法人正覺教育基金會寫作、編輯，由正覺出版社印行，每冊250元。

童女迦葉考—論呂凱文〈佛教輪迴思想的論述分析〉之謬：童女迦葉是佛世率領五百大比丘遊行於人間的歷史事實，是以童貞行而依止菩薩戒弘化於人間的大菩薩，不依別解脫戒（聲聞戒）來弘化於人間。這是大乘佛教與聲聞佛教同時存在於佛世的歷史明證，證明大乘佛教不是從聲聞法中分裂出來的部派佛教的產物，卻是聲聞佛教分裂出來的部派佛教聲聞凡夫僧所不樂見的史實；於是古今聲聞法中的凡夫都欲加以扭曲而作詭說，更是末法時代高聲大呼「大乘非佛說」的六識論聲聞凡夫極力想要扭曲的佛教史實之一，於是想方設法扭曲迦葉菩薩爲聲聞僧，以及扭曲迦葉童女爲比丘僧等荒謬不實之論著便陸續出現，古時聲聞僧寫作的《分別功德論》是最具體之事例，現代之代表作則是呂凱文先生的〈佛教輪迴思想的論述分析〉論文。鑑於如是假藉學術考證以籠罩大眾之不實謬論，未來仍將繼續造作及流竄於佛教界，繼續扼殺大乘佛教學人法身慧命，必須舉證辨正之，遂成此書。平實導師 著，每冊180元。

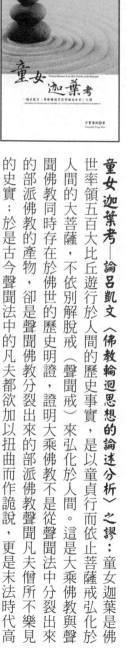

人間佛教—實證者必定不悖三乘菩提：「大乘非佛說」的講法似乎流傳已久，卻只是日本人企圖擺脫中國正統佛教的影響，而在明治維新時期才開始提出來的說法；台灣佛教、大陸佛教的淺學無智之人，由於未曾實證佛法而迷信日本人錯誤的學術考證，錯認爲這些別有用心的日本佛學考證的講法爲天竺佛教的眞實歷史；甚至還有更激進的反對佛教者提出「釋迦牟尼佛並非眞實存在，只是後人捏造的假歷史人物」，竟然也有少數人願意跟著「學術」的假光環而信受不疑，於是開始有一些佛教界人士造作了反對中國佛教而推崇南洋小乘佛教的行爲，使佛教的信仰者難以檢擇，導致一般大陸人士開始轉入基督教的盲目迷信中。在這些佛教及外教人士之中，也就有一分人根據此邪說而大聲主張「大乘非佛說」的謬論，這些人以「人間佛教」的名義來抵制中國正統佛教，公然宣稱中國的大乘佛教是由聲聞部派佛教的凡夫僧所創造出來的。這樣的說法流傳於台灣及大陸佛教界凡夫僧之中已久，卻非眞正的佛教歷史中曾經發生過的事，只是繼承六識論的聲聞法中凡夫僧依自己的意識境界立場，純憑臆想而編造出來的妄想說法，卻已經影響許多無智之凡夫僧俗信受不移。本書則是從佛教的經藏法義實質及實證的現量內涵本質立論，證明大乘佛法本是佛說，是從《阿含正義》尚未說過的不同面向來討論「人間佛教」的議題，證明「大乘眞佛說」。閱讀本書可以斷除六識論邪見，迴入三乘菩提正道發起實證的因緣；也能斷除禪宗學人學禪時普遍存在之錯誤知見，對於建立參禪時的正知見有很深的著墨。平實導師 述，內文488頁，全書528頁，定價400元。

見性與看話頭：黃正倖老師的《見性與看話頭》於《正覺電子報》連載完畢，今集結出版。書中詳說禪宗看話頭的詳細方法，並細說看話頭與眼見佛性的關係，以及眼見佛性者求見佛性前必須具備的條件。本書是禪宗實修者追求明心開悟時參禪的方法書，也是求見佛性者作功夫時必讀的方法書，內容兼顧眼見佛性的理論與實修之方法，是依實修之體驗配合理論而詳述，條理分明而且極爲詳實、周全、深入。本書內文375頁，全書416頁，售價300元。

中觀金鑑——詳述應成派中觀的起源與其破法本質：學佛人往往迷於中觀學派之不同學說，被應成派與自續派所迷惑；修學般若中觀二十年後自以為實證般若中觀了，卻仍不曾入門，甫聞實證般若中觀者之所說，則茫無所知，迷惑不解；隨後信心盡失，不知如何實證佛法；凡此，皆因惑於這二派中觀學說所致。自續派中觀所說同於常見，以意識境界立為第八識如來藏之境界，應成派所說則同於斷見，但又同立意識為常住法，故亦具足斷常二見。今者孫正德老師有鑑於此，乃將起源於密宗的應成派中觀學說，追本溯源，詳考其來源之外，亦一一舉證其立論內容，詳加辨正，令密宗雙身法祖師以識陰境界而造之應成派中觀學說本質，詳細呈現於學人眼前，令其維護雙身法之目的無所遁形。若欲遠離密宗此二大派中觀謬說，欲於三乘菩提有所進道者，允宜具足閱讀並細加思惟，反覆讀之以後將可捨棄邪道返歸正道，則於般若之實證即有可能，證後自能現觀如來藏之中道境界而成就中觀。本書分上、中、下三冊，每冊250元，已全部出版完畢。

真心告訴您（一）——達賴喇嘛在幹什麼？這是一本報導篇章的選集，更是「破邪顯正」的暮鼓晨鐘。「破邪」是戳破假象，說明達賴喇嘛及其所率領的密宗四大派法王、喇嘛們，弘傳的佛法是仿冒的佛法；他們是假藏傳佛教，是坦特羅(譚崔性交)外道法和藏地崇奉鬼神的苯教混合成的「喇嘛教」，推廣的是以所謂「無上瑜伽」的男女雙身法冒充佛法的假佛教，詐財騙色誤導眾生，常常造成信徒家庭破碎、家中兒少失怙的嚴重後果。「顯正」是揭櫫真相，指出真正的藏傳佛教只有一個，就是覺囊巴，傳的是 釋迦牟尼佛演繹的第八識如來藏妙法，稱為他空見大中觀。正覺教育基金會即以此古今輝映的如來藏正法正知見，在真心新聞網中逐次報導出來，將箇中原委「真心告訴您」，如今結集成書，與想要知道密宗真相的您分享。售價250元。

實相經宗通：學佛之目的在於實證一切法界背後之實相，禪宗稱之為本來面目或本地風光，佛菩提道中稱之為實相法界；此實相法界即是金剛藏，又名佛法之祕密藏，即是能生有情五陰、十八界及宇宙萬有（山河大地、諸天、三惡道世間）的第八識如來藏，又名阿賴耶識心，即是禪宗祖師所說的眞如心，此心即是三界萬有背後的實相。證得此第八識心時，自能瞭解般若諸經中隱說的種種密意，即得發起實相般若──實相智慧。每見學佛人修學佛法二十年後仍對實相般若茫然無知，亦不知如何入門，茫無所趣；更因不知三乘菩提的互異互同，是故越是久學者對佛法越覺茫然，都肇因於尚未瞭解佛法的全貌，亦未瞭解佛法的修證內容即是第八識心所致。本書對於修學佛法者所應實證的實相境界提出明確解析，並提示趣入佛菩提道的入手處，有心親證實相般若的佛法實修者，宜詳讀之，於佛菩提道之實證即有下手處。平實導師述著，共八輯，全部出版完畢，每輯成本價250元。

法華經講義：此書為平實導師始從2009/7/21演述至2014/1/14之講經錄音整理所成。世尊一代時教，總分五時三教，即是華嚴時、聲聞緣覺教、般若教、種智唯識教、法華時；依此五時三教區分為藏、通、別、圓四教。本經是最後一時的圓教經典，圓滿收攝一切法教於本經中，是故最後的圓教聖訓中，特地指出無有三乘菩提，其實唯有一佛乘；皆因眾生愚迷故，方便區分為三乘菩提以助眾生證道。世尊於此經中特地說明如來示現於人間的唯一大事因緣，便是為有緣眾生「開、示、悟、入」諸佛的所知所見──第八識如來藏妙眞如心，並於諸品中隱說「妙法蓮花」如來藏心的密意。然因此經所說甚深難解，眞義隱晦，古來難得有人能窺堂奧；平實導師以知如是密意故，特為末法佛門四眾演述《妙法蓮華經》中各品蘊含之密意，使古來未曾被古德註解出來的「此經」密意，如實顯示於當代學人眼前。乃至〈藥王菩薩本事品〉、〈妙音菩薩品〉、〈觀世音菩薩普門品〉、〈普賢菩薩勸發品〉中的微細密意，亦皆一併詳述之，開前人所未曾言之密意，示前人所未見之妙法。最後乃至以〈法華大意〉而總其成，全經妙旨貫通始終，而依佛旨圓攝於一心如來藏妙心，厥為曠古未有之大說也。平實導師述　已於2015/5/31起出版第一輯，每兩個月出版一輯，共有25輯。每輯300元。

西藏「活佛轉世」制度—附佛、造神、世俗法：歷來關於喇嘛教活佛轉世的研究，多針對歷史及文化兩部分，於其所以成立的理論基礎，較少系統化的探討。尤其是此制度是否依據「佛法」而施設？是否合乎佛法眞實義？現有的文獻大多含糊其詞，或人云亦云，不曾有明確的闡釋與如實的見解。因此本文先從活佛轉世的由來，探索此制度的起源、背景與功能，並進而從活佛的尋訪與認證之過程，發掘活佛轉世的特徵，以確認「活佛轉世」在佛法中應具足何種果德。定價150元。

真心告訴您(二)—達賴喇嘛是佛教僧侶嗎？補祝達賴喇嘛八十大壽：這是一本針對當今達賴喇嘛所領導的喇嘛教，冒用佛教名相、於師徒間或師兄姊間，實修男女邪淫，而從佛法三乘菩提的現量與聖教量，揭發其謊言與邪術，證明達賴及其喇嘛教是仿冒佛教的外道，是「假藏傳佛教」。藏密四大派教義雖有「八識論」與「六識論」的表面差異，然其實修之內容，皆共許「無上瑜伽」四部灌頂爲究竟「成佛」之法門，也就是共以男女雙修之邪淫法爲「即身成佛」之密要，雖美其名曰「欲貪爲道」之「金剛乘」，並誇稱其成就超越於（應身佛）釋迦牟尼佛所傳之顯教般若乘之上；然詳考其理論，則或以意識離念時之粗細心爲第八識如來藏，或以中脈裡的明點爲第八識如來藏，或如宗喀巴與達賴堅決主張第六意識爲常恆不變之眞心者，分別墮於外道之常見與斷見中；全然違背　佛說能生五蘊之如來藏的實質。售價300元。

涅槃：眞正學佛之人，首要即是見道，由見道故方有涅槃之實證，證涅槃者方能出生死，但涅槃有四種：二乘聖者的有餘涅槃、無餘涅槃，以及大乘聖者的本來自性清淨涅槃、佛地的無住處涅槃。大乘聖者實證本來自性清淨涅槃，入地前再取證二乘涅槃，然後起惑潤生捨離二乘涅槃，繼續進修而在七地心前斷盡三界愛之習氣種子，依七地無生法忍之具足而證得念念入滅盡定；八地後進斷異熟生死，直至妙覺地下生人間成佛，具足四種涅槃，方是眞正成佛。此理古來少人言，以致誤會涅槃正理者比比皆是，今於此書中廣說四種涅槃、如何實證之理、實證前應有之條件，實屬本世紀佛教界極重要之著作，令人對涅槃有正確無訛之認識，然後可以依之實行而得實證。本書共有上下二冊，每冊各四百餘頁，對涅槃詳加解說，每冊各350元。預定2018/9出版上冊，2018/11出版下冊。

解深密經講記：本經係 世尊晚年第三轉法輪，宣說地上菩薩所應熏修之唯識正義經典，經中所說義理乃是大乘一切種智增上慧學，以阿陀那識—如來藏—阿賴耶識爲主體。禪宗之證悟者，若欲修證初地無生法忍乃至八地無生法忍者，必須修學《楞伽經、解深密經》所說之八識心王一切種智；此二經所說正法，方是眞正成佛之道；印順法師否定如來藏之後所說萬法緣起性空之法，是以誤會後之二乘解脫道取代大乘眞正成佛之道，亦已墮於斷滅見中，不可謂爲成佛之道也。平實導師曾於本會郭故理事長往生時，於喪宅中從初七至第十七，宣講圓滿，作爲郭老之往生佛事功德，迴向郭老早證八地、速返娑婆住持正法；茲爲今時後世學人故，將擇期重講《解深密經》，以淺顯之語句講畢後將會整理成文，用供證悟者進道；亦令諸方未悟者，據此經中佛語正義，修正邪見，依之速能入道。平實導師述著，全書輯數未定，每輯三百餘頁，將於未來重講完畢後逐輯出版。

修習止觀坐禪法要講記：修學四禪八定之人，往往錯會禪定之修學知見，欲以無止盡之坐禪而證禪定境界，卻不知修除性障之行門才是修證四禪八定不可或缺之要素，故智者大師云「性障初禪」；性障不除，初禪永不現前，云何修證二禪等？又：行者學定，若唯知數息，而不解六妙門之方便善巧者，欲求一心入定，未到地定極難可得，智者大師名之爲「事障未來」：障礙未到地定之修證。又禪定之修證，不可違背二乘菩提及第一義法，否則縱使具足四禪八定，亦不能實證涅槃而出三界。此諸知見，智者大師於《修習止觀坐禪法要》中皆有闡釋。作者平實導師以其第一義之見地及禪定之實證證量，曾加以詳細解析。將俟正覺寺竣工啓用後重講，不限制聽講者資格；講後將以語體文整理出版。欲修習世間定及增上定之學者，宜細讀之。平實導師述著。

阿含經講記——小乘解脫道之修證：數百年來，南傳佛法所說證果之不實，所說解脫道之虛妄，所弘解脫道法義之世俗化，皆已少人知之；從南洋傳入台灣與大陸之後，所說法義虛謬之事，亦復少人知之；今時台灣全島印順系統之法師居士，多不知南傳佛法數百年來所說解脫道之義理已然偏斜、已然世俗化、已非眞正之二乘解脫正道，猶極力推崇與弘揚。彼等南傳佛法近代所謂之證果者多非眞實證果者，譬如阿迦曼、葛印卡、帕奧禪師、一行禪師……等人，悉皆未斷我見故。近年更有台灣南部大願法師，高抬南傳佛法之二乘修證行門爲「捷徑究竟解脫之道」者，然而南傳佛法縱使眞修實證，得成阿羅漢，至高唯是二乘菩提解脫之道，絕非究竟解脫，無餘涅槃中之實際尚未得證故，法界之實相尚未了知故，習氣種子待除故，一切種智未實證故，焉得謂爲「究竟解脫」？即使南傳佛法近代眞有實證之阿羅漢，尚且不及三賢位中之七住明心菩薩本來自性清淨涅槃智慧境界，則不能知此賢位菩薩所證之無餘涅槃實際，仍非大乘佛法中之見道者，何況普未實證聲聞果乃至未斷我見之人？謬充證果已屬逾越，更何況是誤會二乘菩提之後，以未斷我見之凡夫知見所說之二乘菩提解脫偏斜法道，焉可高抬爲「究竟解脫」？而且自稱「捷徑之道」？又妄言解脫之道即是成佛之道，完全否定般若實智、否定三乘菩提所依之如來藏心體，此理大大不通也！平實導師爲令修學二乘菩提欲證解脫果者，普得迴入二乘菩提正見、正道中，是故選錄四阿含諸經中，對於二乘解脫道法義有具足圓滿說明之經典，預定未來十年內將會加以詳細講解，令學佛人得以了知二乘解脫道之修證理路與行門，庶免被人誤導之後，未證言證，干犯道禁，成大妄語，欲升反墮。本書首重斷除我見，以助行者斷除我見而實證初果爲著眼之目標，若能根據此書內容，配合平實導師所著《識蘊眞義》《阿含正義》內涵而作實地觀行，實證初果非爲難事，行者可以藉此三書自行確認聲聞初果爲實際可得現觀成就之事。此書中除依二乘經典所說加以宣示外，亦依斷除我見等之證量，及大乘法中道種智之證量，對於意識心之體性加以細述，令諸二乘學人必定得斷我見、常見，免除三縛結之繫縛。次則宣示斷除我執之理，欲令升進而得薄貪瞋痴，乃至斷五下分結…等。平實導師述，共二冊，每冊三百餘頁。每輯300元。

＊喇嘛教修外道雙身法、墮識陰境界，非佛教＊

＊弘揚如來藏他空見的覺囊派才是真正藏傳佛教＊

總經銷：　飛鴻 國際行銷股份有限公司

231 新北市新店市中正路 501 之 9 號 2 樓

Tel.02－82186688（五線代表號）　Fax.02-82186458、82186459

零售：1.**全台連鎖經銷書局**：

三民書局、誠品書局、何嘉仁書店

敦煌書店、紀伊國屋、金石堂書局、建宏書局

諾貝爾圖書城、墊腳石圖書文化廣場

2.**台北市**：佛化人生 **大安區**羅斯福路 3 段 325 號 6 樓之 4　台電大樓對面

3.**新北市**：春大地書店 **蘆洲區**中正路 117 號

4.**桃園市**：御書堂 **龍潭區**中正路 123 號

5.**新竹市**：大學書局 **東區**建功路 10 號

6.**台中市**：瑞成書局 **東區**雙十路 1 段 4 之 33 號

佛教詠春書局 **南屯區**永春東路 884 號

文春書店 **霧峰區**中正路 1087 號

7.**彰化市**：心泉佛教文化中心 南瑤路 286 號

8.**高雄市**：政大書城 **苓雅區**光華路 148-83 號

明儀書局 **三民區**明福街 2 號\

青年書局 **苓雅區**青年一路 141 號

9.**宜蘭市**：金隆書局　中山路 3 段 43 號

10.**台東市**：東普佛教文物流通處 博愛路 282 號

11.**其餘鄉鎮市經銷書局**：請電詢總經銷**飛鴻**公司。

12.**大陸地區請洽**：

香港：樂文書店

旺角店 :香港九龍旺角西洋菜街 62 號 3 樓

電話 : (852) 2390 3723　email: luckwinbooks@gmail.com

銅鑼灣店 :香港銅鑼灣駱克道 506 號 2 樓

電話 : (852) 2881 1150　email: luckwinbs@gmail.com

廈門：廈門外圖臺灣書店有限公司

地址：廈門市思明區湖濱南路809 號 廈門外圖書城3 樓 郵編：361004

電話：0592-5061658（臺灣地區請撥打 86-592-5061658）

E-mail：JKB118＠188.COM

13.**美國：世界日報圖書部**：紐約圖書部　電話 7187468889#6262

洛杉磯圖書部　電話 3232616972#202

14.**國內外地區網路購書**：

正智出版社 書香園地　http://books.enlighten.org.tw/

（書籍簡介、經銷書局可直接聯結下列網路書局購書）

三民 網路書局　http://www.sanmin.com.tw

誠品 網路書局　http://www.eslitebooks.com

博客來 網路書局　http://www.books.com.tw
金石堂 網路書局　http://www.kingstone.com.tw
飛鴻 網路書局　http://fh6688.com.tw

附註：1.請儘量向各經銷書局購買：郵政劃撥需要八天才能寄到（本公司在您劃撥後第四天才能接到劃撥單，次日寄出後第二天您才能收到書籍，此六天中可能會遇到週休二日，是故共需八天才能收到書籍）若想要早日收到書籍者，請劃撥完畢後，將劃撥收據貼在紙上，旁邊寫上您的姓名、住址、郵區、電話、買書詳細內容，直接傳眞到本公司 02-28344822，並來電 02-28316727、28327495 確認是否已收到您的傳眞，即可提前收到書籍。 2.因台灣每月皆有五十餘種宗教類書籍上架，書局書架空間有限，故唯有新書方有機會上架，通常每次只能有一本新書上架；本公司出版新書，大多上架不久便已售出，若書局未再叫貨補充者，書架上即無新書陳列，則請直接向書局櫃台訂購。 3.若書局不便代購時，可於晚上共修時間向正覺同修會各共修處請購（共修時間及地點，詳閱**共修現況表**。每年例行年假期間請勿前往請書，年假期間請見共修現況表）。 4.郵購：郵政劃撥帳號 19068241。 5.正覺同修會會員購書都以八折計價（戶籍台北市者爲一般會員，外縣市爲護持會員）都可獲得優待，欲一次購買全部書籍者，可以考慮入會，節省書費。入會費一千元（第一年初加入時才需要繳），年費二千元。**6.尚未出版之書籍，請勿預先郵寄書款與本公司，謝謝您！** 7.若欲一次購齊本公司書籍，或同時取得正覺同修會贈閱之全部書籍者，請於正覺同修會共修時間，親到各共修處請購及索取；**台北市讀者**請洽：103 台北市承德路三段 267 號 10 樓（捷運淡水線 圓山站旁）請書時間：週一至週五爲 18.00~21.00，第一、三、五週週六爲 10.00~21.00，雙週之週六爲 10.00~18.00 請購處專線電話：25957295-分機 14（於請書時間方有人接聽）。

敬告大陸讀者：

大陸讀者購書、索書捷徑（尚未在大陸出版的書籍，以下二個途徑都可以購得，電子書另包括結緣書籍）：

1.廈門外國圖書公司：廈門市思明區湖濱南路 809 號 廈門外圖書城 3F
郵編：361004　電話：0592-5061658　網址：http://www.xibc.com.cn/

2.電子書：正智出版社有限公司及正覺同修會在台灣印行的各種局版書、結緣書，已有『**正覺電子書**』陸續上線中，提供讀者於手機、平板電腦上購書、下載、閱讀正智出版社、正覺同修會及正覺教育基金會所出版之電子書，詳細訊息敬請參閱『正覺電子書』專頁：http://books.enlighten.org.tw/ebook

關於平實導師的書訊，請上網查閱：
成佛之道　http://www.a202.idv.tw
正智出版社 書香園地　http://books.enlighten.org.tw/

中國網採訪佛教正覺同修會、正覺教育基金會訊息：

http://big5.china.com.cn/gate/big5/fangtan.china.com.cn/2014-06/19/content_32714638.htm

http://pinpai.china.com.cn/

★ 正智出版社有限公司售書之稅後盈餘，全部捐助財團法人正覺寺籌備處、佛教正覺同修會、正覺教育基金會，供作弘法及購建道場之用；懇請諸方大德支持，功德無量。

★ 聲 明 ★

本社於 2015/01/01 開始調整本目錄中部分書籍之售價，以因應各項成本的持續增加。

＊ 喇嘛教修外道雙身法、墮識陰境界，非佛教 ＊

＊ 弘揚如來藏他空見的覺囊派才是真正藏傳佛教 ＊

換書及道歉公告

《法華經講義》第十三輯，因謄稿、印製等相關人員作業疏失，導致該書中的經文及內文用字將「**親近**」誤植成「清淨」。茲為顧及讀者權益，自 2017/8/30 開始免費調換新書；敬請所有讀者將以前所購第十三輯初版首刷及二刷本，攜回或寄回本社免費換新，或請自行更正其中的錯誤之處；郵寄者之回郵由本社負擔，不需寄來郵票。同時對因此而造成讀者閱讀、以及換書的困擾及不便，在此向所有讀者致上最誠懇的歉意，祈請讀者大眾見諒！錯誤更正說明如下：

一、第 256 頁第 10 行~第 14 行：【就是先要具備「**法親近處**」、「**眾生親近處**」；法**親近**處就是在實相之法有所實證，如果在實相法上有所實證，他在二乘菩提中自然也能有所實證，以這個作為第一個**親近**處——第一個基礎。然後還要有第二個基礎，就是瞭解應該如何善待眾生；對於眾生不要有排斥或者是貪取之心，平等觀待而攝受、親近一切有情。以這兩個**親近**處作為基礎，來實行其他三個安樂行法。】。

二、第 268 頁第 13 行：【具足了那兩個「**親近處**」，使你能夠在末法時代，如實而圓滿的演述《法華經》時，那麼你作這個夢，它就是如理作意的，完全符合邏輯去完成這個過程，就表示你那個晚上，在那短短的一場夢中，已經度了不少眾生了。】

正智出版社有限公司 敬啓

國家圖書館出版品預行編目(CIP)資料

我的菩提路--第四輯 / 陳晏平等著. -- 初版. --
臺北市 : 正智, 2018.06
面 ; 公分
ISBN 978-986-95830-5-3 (平裝)

1.佛教修持

225.87 107006696

我的菩提路——第四輯

著　者：陳晏平 等人
校　對：高震國 孫淑貞 陳介源 傅素嫻 王美伶
出版者：正智出版社有限公司
電話：〇二 28327495　28316727（白天）
傳眞：〇二 28344822
111 台北郵政 73-151 號信箱
郵政劃撥帳號：一九〇六八二四一
正覺講堂：總機〇二 25957295（夜間）
總經銷：飛鴻國際行銷股份有限公司
231 新北市新店區中正路 501-9 號 2 樓
電話：〇二 82186688（五線代表號）
傳眞：〇二 82186458　82186459
初版首刷：公元二〇一八年六月底　二千冊
定　價：三〇〇元